U0442690

创新魔方

董新蕊
侯宁 莫胜钧
著

人民东方出版传媒
People's Oriental Publishing & Media
东方出版社
The Oriental Press

图书在版编目（CIP）数据

创新魔方 / 董新蕊，侯宁，莫胜钧 著. —北京：东方出版社，2023.1
ISBN 978-7-5207-3046-4

Ⅰ.①创… Ⅱ.①董…②侯…③莫… Ⅲ.①创新管理 Ⅳ.①F273.1

中国版本图书馆 CIP 数据核字（2022）第 212348 号

创新魔方
（CHUANGXIN MOFANG）

作　　者：	董新蕊　侯　宁　莫胜钧
责任编辑：	申　浩
出　　版：	东方出版社
发　　行：	人民东方出版传媒有限公司
地　　址：	北京市东城区朝阳门内大街 166 号
邮　　编：	100010
印　　刷：	北京联兴盛业印刷股份有限公司
版　　次：	2023 年 1 月第 1 版
印　　次：	2023 年 1 月第 1 次印刷
开　　本：	787 毫米×1092 毫米　1/16
印　　张：	22.75
字　　数：	340 千字
书　　号：	ISBN 978-7-5207-3046-4
定　　价：	76.00 元
发行电话：	（010）85924663　85924644　85924641

版权所有，违者必究
如有印装质量问题，我社负责调换，请拨打电话：（010）85924602　85924603

《创新魔方》顾问团队

投资专家顾问团队：

陈祥义，投资专家，中国社科院经济学博士、清华五道口金融学院金融硕士、北大光华管理学院 EMBA、兰州大学 MBA，曾任核心财经媒体高管和某大型金融机构高管。

刘世平，不良资产处置和大数据专家，现任北京紫金智能金融研究院秘书长、北京潍坊商会常务副会长，曾任中国银行山东分行、东方资产集团、天津金融交易所等单位高管。

文德，投资专家，管理学博士、上海大学特聘教授，同时担任多家上市公司合伙人股东。

王燕，投资专家，会计学博士、高级会计师、高级经济师。

刘士华，投资专家，历任审计署副司长、天瑞集团副总裁等职务。

高承君，有色金属冶金专业博士，融智有色创始人兼首席执行官。

技术专家顾问团队：

鞠维刚，技术专家、成果转化专家，中科院理学博士，先后就职于中国兵器工业 53 所、科技部、中科院理化所等单位。

刘辛军，清华大学长聘教授、博士生导师，教育部"长江学者"特聘教授、国家杰出青年科学基金获得者、国家"万人计划"领军人才、国家重点研发计划项目首席科学家。

杨毓馨，管理学博士，曾就职于武警部队经济管理部门，现就职于中国气象局。

沈传宝，网络空间安全专家，国家信息安全漏洞库特聘专家，荣获三项省部级科技创新一等奖，曾获得科技部"科技创新优秀个人"称号，北京华云安信息技术有限公司创始人兼首席技术官。

郭燕庆，外科医学专家，医学骨科博士、北京微医盟医生集团首席专家。

王一，知识产权技术专家，先后就职于国家知识产权局、华专卓海知识产权集团等单位。

朱大东，材料技术专家，管理学博士，现就职于江苏太平洋石英股份有限公司。

焦雨桐，数据专家，自动化博士，天天惠民有限公司联合创始人。

刘颖，法学专家，法学博士，人民大学博士后研究员，主要从事低碳能源法研究。

田雨卉，财务专家，现就职于全国中小企业股份转让系统有限责任公司。

王新果，汽车技术专家，先后就职于奇瑞、中联重科、合众新能源等公司。

成果转化顾问团队：

陈世文，万舟防水集团董事长，专业从事新型建筑防水技术与防水材料研发、推广与应用，是国内倡导"防水与建筑物同寿命""防水交工后终身免修"理念的防水技术专家。

刘化冰，成果转化专家，副研究员，知识产权出版社有限责任公司知识产权服务部主任，北京中知智慧科技有限公司副总经理，国家知识产权局领军人才和高层次人才，全国专利信息领军人才。

黄学光，成果转化专家，清华大学材料学博士，先后就职于国家知识产权局北京中心、同方威视、华米、卫蓝新能源等公司。

彭奕，成果转化专家，理学博士，现就职于科技部评估中心，科技创新链、产业链以及多角色定位的科技成果转化技术评估经验丰富。

翟晨阳，现任国家电力投资集团创新处副处长，在重大项目研发管理与成果转化、西方国家技术进出口管制体系及其应对策略等领域经验丰富。

张杰，管理学博士，研究员，具有专利代理师、律师、资产评估师资格。

北京三聚环保新材料股份有限公司联合创始人，现任三聚阳光知识产权服务集团公司董事长。

孙磊，航天技术专家，中国航天科工集团 206 所成果转化首席科学家。

彭勃，先后就职于中国人民银行和广西广投资产管理有限公司，现任中通数科执行董事，中通支付执行董事、总经理，北京泽风投资董事长等职务。

杨熙，培训专家，"熙说"工作室创始人。

胡波，中国技术创业协会企业市场融通委员会秘书长、中国技术创业协会科技创业导师。

王超，企业家，90 后海归硕士，北京大学 MBA，捷翼汽车零部件有限公司首席执行官。

孙伟，高级工程师，先后就职于中国电子信息产业发展研究院、长城软件、百分点科技集团等单位。

前　言

随着科技的发展，"创新"一词在社会发展进程中被提到了一个前所未有的受重视高度上。创新，从未像今天一样在短暂的时间内给予了人们如此丰富的想象空间和兑现梦想的机会，大部分人甚至一致认为创新已经成了21世纪企业发展的主题曲。

"New or Death"（不创新就死亡）。没有创新，每个行业、每个企业、每个产品、每个人，都将面临被淘汰的危险。

什么是创新？

创新，是思前人之所未想，行前人之所未动；

创新，是在经济和社会领域生产或采用、同化或开发一种增值新产品；

创新，是更新和扩大现有的产品、服务和市场；

创新，是发展新的生产方法和工艺；

创新是建立新的管理制度和商业模式……

创新是产品，是服务，是方法，是管理，是过程，也是结果。

根据1979年诺贝尔经济学奖得主阿瑟·刘易斯的"刘易斯拐点"的理论[1]，我们国家目前已经开始由劳动力经济转型为创新型经济。围绕创新，行业的部分主流看法认为创新的源头主要靠天赋，创新的过程是一个杂乱无章、无迹可循的过程，只有一小部分天赋异禀的创新天才才能真正地将具有革命性的创新成果推向市场。

事实上，创新的失败，更多的原因是创新者没有找到规律，没有好的方法论指引。创新，更多的是需要从确定性的方法里找到不确定因素的能力，

---

[1] 刘易斯拐点，即劳动力由过剩向短缺的转折点，是指在工业化进程中，随着农村富余劳动力向非农产业的逐步转移，农村富余劳动力由逐渐减少变为短缺，最终达到瓶颈状态。

就是利用一些成熟的方法论去试验和调整自己想法的优化过程。

创新需要天赋，更需要技巧和方法的指引。这就跟日常生活中的骑自行车、游泳等技能一样，需要花费时间去学习它、掌握它，可一旦学会了就会深入骨髓，深入大脑皮层内部，形成身体记忆，不会忘记。

作者在20多年从事技术研发、知识产权、成果转化、技术转移、产业运营、股权投资、企业管理的职业发展过程中深切体会到，创新不是像天外飞仙一样地无中生有，而是可以进行管理的，在管理过程中必须按照一定的方法论和规律进行有序管理。

在创新过程中，只要找对方法，有目的性地增加量的积累，最后凭借努力和思维是可以达到质变的。作者发现身边认识的创新达人基本上都是按照这样三个手段在平时积累创新的：

第一，及时记录，不要让创意平白飞掉。我们每天都有许多新点子，很多创意可能随时随地翩然而至，却因为没有立刻写下来而忘记了、消失了，因此不论是在车上、床上、工作中、会议上、交谈中、散步时、如厕时还是在睡梦中，一有什么创意想法，就马上用笔写下来或用手机通过录音、拍照、录像的形式记录下来再整理。不要让它无缘无故地飞走，错失了你的思想结晶。

第二，温故知新，定期复习以前的创意。"好记性不如烂笔头"，把平时积累的创意记录整理在一个专门的笔记本中做成"创新档案"，每周定期检查自己的创新档案，根据最新的见识和认识对创新档案进行更新和维护。

第三，精进不休，不断培养及完善创意。要秉承"宁可听有趣的人扯淡，也少陪无聊的人吃饭"的社交原则，通过有选择的社交增加创意的深度和范围，把相关的联合起来，尝试从各种角度去研究，时机一旦成熟，就把它用到生活、工作中来。

魔方，作为一种风靡全球的益智类游戏，当一个人了解并熟悉了魔方的运行规则和操作技巧后，就能在很短的时间内完成魔方的拼组。目前，玩魔方的人类最快复原时间为4.59秒，麻省理工学院的两名学生Ben Katz和Jared Di Carlo，他们采用了六个电机加上三枚摄像头的组合定制的控制器，设计并研发出一款可复原魔方的机器人，仅仅用时0.38秒就复原了一个三阶魔方[①]。

本书起名为《创新魔方》，目的有三：一是借鉴魔方的将不确定性变成确定性的玩法，将大家眼中无规律的创新活动变成一个个"创新魔方"；二是对现有创新的一些规律和方法进行总结，在现有的创新模式和创新方法论的基础上提供一种"创新模方"，供创新者进行模仿创新；三是为八个"创新魔方"总结设定简单易行的操作技巧，让创新者通过学习提升后能够玩转创新、爱上创新。

通过玩转"体系创新魔方"，助力创新者系统地建立创新方程；

通过玩转"产品创新魔方"，让创新者人人成为产品经理；

通过玩转"技术创新魔方"，让创新有迹可循，让创新者知晓创新不止于技术；

通过玩转"思维创新魔方"，让创新者先想到再做到；

通过玩转"营销创新魔方"，让创新者知晓洞悉消费者心态的重要性；

通过玩转"管理创新魔方"，让创新过程通过指挥棒谱写更美的旋律；

通过玩转"专利创新魔方"，让专利在保护之外为创新创造更大的价值；

通过玩转"硬科技创新魔方"，让知识产权和股权投资为硬科技创新赋能。

希望在上述八大创新魔方的加持下，以创新方法总结这种在创新活动中带有普遍性规律的方法和技巧，通过以一个个具体的创新过程的拆解，帮助读者寻求化解矛盾的"钥匙"，以创新思路萃取化繁为简的"药方"，以创新手段打开灵感的"锦囊"，使处处是创新之地、天天是创新之时、人人是创新之人，争取让创新者做到眼里有光、脚下有根、手里有活儿。

当然，真正的创新不止是方法论的问题，也不是人云亦云的简单模仿，而是要进行超越和再创造，进行有意识和无意识的长期碰撞和酝酿，这样才会冒出新的点子。

正如美国大发明家爱迪生所说："创新是这些创新的方法给予的1%的灵

[①] 仅用0.38秒！机器人还原魔方最快纪录刷新[EB/OL].（2021-05-20）https://www.sohu.com/a/225088982_613093

感，还需要付出99%的汗水才能成就。"多做事情、多读文献、多做调研、多与人交流、多思多想，都会提高你的原创性，因为工作量越大，找到创新方法的机会也越大。

"纸上得来终觉浅，绝知此事要躬行。"一句话，做就是了，不磨叽，不找借口。

董新蕊

2022年于北京金融街

目 录
Contents

第 1 章　体系创新魔方，创新方程式解答有迹可循
一、创新不是亦步亦趋，创新视角要会"从 0 到 1" / 004
二、创新不是天马行空，创新需要时空层次 / 008
三、创新过程不破不立，创新要破的三个思维定式 / 012
四、创新不是一蹴而就，创新可分为四个阶段 / 017
五、创新不是不可培养，创新所需的几种技能 / 019
六、创新不是天外飞仙，创新要训练六种思维 / 024
七、创新不是循规蹈矩，仍需遵循的七个戒律 / 028
八、创新不是俄罗斯轮盘赌，创新需要全局谋划 / 035
九、创新不是点对点的创新，创新是个系统工程 / 039
十、你的创新能力如何？知己知彼方能百战百胜 / 043

第 2 章　产品创新魔方，人人都是产品经理
一、仿生创新法，来自"造物主"的灵感 / 052
二、差异创新法，让你的产品非同凡响 / 058
三、系统创新法，创新来自有组织无纪律 / 063
四、跨界创新法，跨界不等于"乱炖" / 066
五、求简创新法，将至繁归于至简 / 070
六、迂回创新法，遇到难题转个弯儿 / 073
七、"退步"创新法，退步原来是向前 / 077
八、内外创新法，研发和获取"内外兼修" / 082
九、微创新，并不是"伪创新" / 086

I

第3章 技术创新魔方,创新并不是想象中那么难

一、程序重组创新法,打乱了重新来的创新 / 099

二、加法创新法,令 1+1>2 / 107

三、减法创新法,令 1−1>2 / 110

四、乘法创新法,令 1×1>2 / 113

五、除法创新法,令 1÷1>2 / 117

六、替代式创新法,替换后取而代之 / 120

七、换位创新法,主动让屁股去决定脑袋 / 123

八、移植创新法,他山之石为我所用 / 127

九、随机创新法,让创新随机但不随便 / 131

十、转换创新法,让创新拥有更多的可能性 / 134

第4章 思维创新魔方,创新先有想到才能做到

一、Like 创新法,喜欢的事儿立刻做 / 142

二、超前创新法,异想天开才能茅塞顿开 / 146

三、科幻创新法,努力让梦想成真 / 149

四、以毒攻毒创新法,借力打力的创新 / 155

五、场景创新法,创新要有仪式感 / 158

六、求异创新法,学会主动标新立异 / 164

七、发散创新法,找到你的"尤里卡" / 167

八、假设创新法,提出假设的能力就是创新能力 / 170

九、福尔摩斯创新法,逻辑思维引领创新 / 173

十、逆向创新法,反过来思考云开雾散 / 176

目 录

第 5 章　营销创新魔方，让创新为市场服务

一、盲点创新法，你是我的眼 / 181

二、痒点创新法，来啊快活啊 / 186

三、痛点创新法，多么痛的领悟 / 190

四、爽点创新法，这个 feel 倍儿爽 / 194

五、卖点创新法，酒干倘卖无 / 199

六、概念创新法，做颜色不一样的烟火 / 204

七、创意列举法，相逢是首歌 / 208

八、情怀创新法，回忆是思念的愁 / 211

九、定位创新法，夜光中最亮的星 / 213

十、模式创新法，一双隐形的翅膀 / 220

第 6 章　管理创新魔方，创新过程需要指挥家

一、管理创新法，企业创新的内容和路径 / 229

二、马斯洛创新法，需求决定一切 / 235

三、分布协作式创新法，三个臭皮匠超越诸葛亮 / 244

四、搭配创新法，好坏搭配创新不累 / 249

五、层次创新法，重组创新元素的颗粒度 / 251

六、七何创新法，创新灵感是问出来的 / 256

七、约束创新法，将限制转化为优势 / 261

八、"专精特新"创新法，让企业成为"隐形冠军" / 264

九、连接创新法，让万物互联互通 / 268

第 7 章 专利创新魔方，专利不止于保护创新

一、专利信息创新法，一座隐形的创新宝藏 / 276

二、专利规避创新法，风险的对面就是机会 / 280

三、专利空白点创新法，大胆尝试小心求证 / 285

四、专利布局创新法，围起来而攻之 / 290

五、专利挖掘创新法，创新的"六脉神剑" / 296

六、专利产业创新法，一流企业卖专利 / 299

七、专利营销创新法，超级专利就是超级符号 / 302

八、萃智创新法，专利创新的终极武器 / 306

九、专利运营创新法，软银攫取的"第一桶金" / 311

第 8 章 硬科技创新魔方，知识产权价值投资和股权投资

一、硬科技投资时代，追求精益求精的硬核实力 / 320

二、硬科技的首要任务，解决"卡脖子"技术 / 322

三、硬科技投资逻辑，下"硬功夫"啃"硬骨头" / 324

四、知识产权价值投资，专利的创新回报能力 / 329

五、专利技术量化评估，用精准打分来增加成功投资概率 / 334

六、知识产权尽职调查，风险和价值发现 / 343

七、专利侵权分析，做好专利的侵权预警和应对 / 347

第 1 章

体系创新魔方，创新方程式解答有迹可循

体系创新，是指创新者为实现其一特定的目的和任务，有意识地通过体系化、系统性的方法去实施创新行为，从而获得社会成果、物质成果、科技成果、文化成果等有价值的创新成果的活动。

在实际应用中，体系创新一般可以在以下五种情况中使用：

（1）产品创新：创新一种新产品，即新发明了一种消费者还不熟悉的产品，或新开发了某种产品的一种新功用；

（2）工艺创新：创新一种生产工艺或方法，即新应用了一种在实践中尚未被知悉的生产工艺或方法；

（3）市场创新：创新一个商业模式，即新应用的这种商业模式对于市场的开拓起到了意想不到的巨大作用；

（4）资源创新：创新一个供应链，即新获得一种原材料的供应来源。这种供应来源之前已存在，只是没有注意到或者打破了之前认为无法进入的误区；

（5）组织创新：创新实现一种新的组织，即新打破了之前的一种垄断地位或新造成了一种垄断地位。

从某种角度来说，体系创新是一个方程式的进阶过程，简单说来就是如下三步：

第一步，坚信某件事一定能做成；

第二步，找到新方法一心去做；

第三步，假如结果有效，一如既往去做；若结果无效，请重复第二步。

一、创新不是亦步亦趋，创新视角要会"从0到1"

中国航天事业的奠基人钱学森先生曾经说过："我们不能人云亦云、亦步亦趋，这不是科学精神，科学精神最重要的就是创新。"

创新需要从无到有，需要的是道家所说的"道生一，一生万物"的从0到1的突破过程。

"从0到1"的过程，意味着创新者需要善于通过爆品①研发、技术秘密、专利保护、品牌打造、市场网络、规模经济、资源整合、商业模式等手段形成壁垒，从而实现实质性的突破乃至垂直性的层级跨越，由此开辟一个只属于自己的蓝海市场，甚至成为这个市场中的唯一，这样的垄断足以让创新者享受丰厚的利润，进而激励社会不断创新发展。

在推崇创新的以色列，常见的现象是：在一个阳光明媚的下午，几位教授相约喝个咖啡聊个天，聊聊还有什么有意思的事情别人没有做，然后聊出个"从0到1"的奇思妙想，接着马上去找专业的团队去申请专利，之后会有专业的投资机构对接，在投资人的帮助下进行市场调研和创新成果的转化落地。在此模式的推动下，小小的以色列在美国纳斯达克上市的公司数量仅次于美国和中国，并且清一水儿的全是高科技公司。

"从0到1"的创新过程中，最需要的就是"创新视角"，即创新思考问题的角度、层面、路线或立场。在创新过程中尽量从多种角度多个层次观察同一个问题，并辅以多维度的思考和实践。

在实际操作过程中，我们可以从以下三个视角，尝试进行创新视角的扩展。

---

① 爆品就是在消费者中引起强烈反响的产品。爆品可能是一个单品，也可能是一个系列的产品。

1. "肯定—否定—存疑"视角

（1）创新思维中的"肯定视角",是指主动去肯定。当思考一个具体的事物、理念、观点的时候,首先从主观上认为它是正确的、优秀的、有价值的,然后沿着这种肯定视角的指引,寻找这种事物、方法以及理念的优点和价值。

（2）创新思维中的"否定视角",是指主动去否定。"否定视角"也可以理解为"反向视角",就是主动地从反面和对立面来思考一个事物,并在这种视角的支配下首先寻找这个事物或者观念的错误、危害、失败、劣势之类的负面价值。

（3）创新思维中的"存疑视角",是指主动去存疑。对于某些事物、观念或者问题,当用"肯定视角"或者"否定视角"一时难以判定时,那就不妨先把问题放在一旁,用存疑视角多问几个为什么,综合听取多方的意见,过一段时间再作判定。

2. "自我—他人—群体"视角

（1）创新思维中的"自我视角",是指以自我为中心观察和思考外界的事物,用我的目的、我的需要、我的态度、我的价值观、我的情感偏好、我的审美情趣等,作为"标准尺度"去衡量外在的事物和观念。

（2）创新思维中的"他人视角",是指在思维过程中尽力摆脱"自我"的狭小天地,尽量从别人的角度、用旁观者的眼光对同一事物和观念进行一番观察和思考,从另一个角度去发现创意。

（3）创新思维中的"群体视角",是指通过集思广益,用"头脑风暴"的方式,去找到更好的解决方案。

3. "无序—有序—可行"视角

（1）创新思维中的"无序视角"，是指在创新的时候，特别是在思维的初期阶段，应该尽可能地打破头脑中的所有条条框框，包括那些"法则""规律""定理""守则""常识"之类的东西，尝试让自己不遵循任何规矩地进行一番"混沌型"的无序思考。

（2）创新思维中的"有序视角"，是指在思考某件事情的时候，按照严格的逻辑来进行，争取透过现象看到本质，排除偶然性，重视必然性。

（3）创新思维中的"可行视角"，是指不能将创新只停留在思维阶段，必须实事求是地对观念和方案进行可行性论证，能够在实践中获得产品成功，在市场中获得商业成功。

在创新过程中没有任何一种方法论能保证最终的结果，更多的是通过不同创新视角出发的尝试和结合来实现的。比如，不粘锅的涂层材料——特氟龙最初是准备作为一种工业润滑剂而研发的，立顿袋装茶一开始是用来装茶叶样品的残渣供顾客免费品尝的，微波炉则是源于士兵对雷达的一次误操作而诞生的创意。

最后，关于创新视角的转变应该牢记的是，创新思维是一种习惯，要想拥有这种习惯必须通过认真地学习和多次地练习，逐渐掌握各种创新思维方法和科学有序的方法才是创新活动能够成功的坚实基础。

表 1-1 创新视角的具体视角列举

序号	视角类型	具体解释
1	时间视角	分为从过去、当下、未来的思维视角进行观察
2	立场视角	分为从自我、相关人、不相关人、群体、全局立场的视角看待事物和事件
3	认知视角	分为从感性、理性和中性视角看待事物
4	评判视角	分为从肯定、否定、存疑的视角来评判
5	对比视角	分为从求同和求异视角寻找合适的参照物进行对比

参见表1-1，扩展创新视角可以结合时间视角、立场视角、认知视角、评判视角、对比视角，按照以下三步进行：

第一，凡事敢想敢做。其实生活中很多人不是没创新思维，而是不敢想，被环境、社会、科技发展观等很多外在因素困住了思想，觉得如果这样做会行不通，也就不敢想，更不敢做了。要记住，任何创新都不是凭空产生的，是在敢于探索新事物的过程中才有了新的思维和想法。

第二，敢于发现问题，不墨守成规。创新往往属于敢于正视问题和善于发现问题的人。比如喝茶，以前大家都是泡茶喝，你会觉得泡茶是正常的，大家都这么干，所以你最多考虑的就是换套好茶具、不同的茶用不同温度的水泡而已。但是如果有人愿意发现问题，打破常规，就会创新。比如，国内知名的小家电品牌小熊就打起了煮茶器的主意，开发出一种特别的煮茶器，采用蒸汽喷淋的方式煮茶，充分释放天然分子，茶香醇厚，不过烈不过淡，颠覆了几千年来传统的煮茶观念。

第三，不断开拓眼界，打破惯例。一个人的眼界就决定了他的思维上限，所以多去关注喜欢领域的创新产品和事件，不一定哪个发现就跟你遇到的问题不谋而合，从而诞生新的创意。比如人人都知道打酥油非常累，但是打死也不会想到能打酥油的洗衣机。海尔公司就开拓创新视角，针对青藏高原地区推出了"能打酥油的洗衣机"这款产品，能够通过更换滚筒实现一机两用，产品一经推出就广受欢迎。

在具体执行"从0到1"的创新时，为了保证可行性，在实践中还必须进行以下"灵魂七问"：

（1）时机问题：现在开展这个创新，乃至发展成一个成熟的产品，时机合适吗？是过早，是时机恰好，还是已经失去了先机？

（2）前景问题：企业开创之初就要确认，市场容量大约有多大？是在一个大市场抢占小份额，还是在一个小市场抢占大份额？

（3）技术问题：支撑该创新的技术具有突破性吗？还是仅仅是改进型创新或商业模式创新？技术上如何实现，是自己解决还是通过外包解决？

（4）壁垒问题：你确定自己找到的是一个其他人没有发现的独特的创新机会吗？这个创新能用系统完善的知识产权保护形成壁垒吗？

（5）团队问题：能找到信得过的合适的技术、管理和营销团队吗？

（6）销售问题：产品造出来之后，是否有办法全面地促进销售？

（7）周期问题：未来5—10年，能保住自己的市场地位吗？未来10—20年，还有发展空间吗？

二、创新不是天马行空，创新需要时空层次

1. 创新需要时间和空间

在创新过程中，需要给创新一点时间和空间。换个角度说就是，宽阔的水面好养鱼，充足的时间好梦想，纵深的空间好创新。

（1）为创新留出宽松的空间。如果一个企业还在讨论创新岗位如何与绩效接轨，还很在意企业管理层对创新人员的意见和评价，甚至刻意去迎合管理层的喜好，那就难以形成真正的创新文化，也就不能取得实质性的较好的创新成果。一个公司或组织的创新团队，应是面向全体人员开放的，不唯职务论、不唯指标论、不唯绩效考核论，应该有合理的容错机制和较为宽松的空间，让创新者感受到创新是自由、安全、受鼓励的。

谷歌公司的大楼内设有健身房、游泳池、台球室，甚至还配备专门的按摩师，帮助员工迅速消除疲劳，恢复工作状态。办公大楼内随处可见咖啡厅和白色书写板，目的是方便员工在喝咖啡时随时记下各种新创意。一名Google产品经理对此表示："你坐在办公室时，灵感并不一定会来；或许就在你在宽松的办公空间内走动时，灵感却会不期而至。"

（2）为创新留出充足的时间。创新不是一蹴而就的，而是在不断的实践和试错中逐渐产生。从创意到创新到落地，所需要的时间往往是不确定的，因此需要给参与创新的员工留出一定的容错、缓冲时间。

谷歌公司有一个"70/20/10"原则，即公司70%的资源配置给搜索引擎等核心业务，20%分配给新型产品，10%分配给全新的产品。通过这样的资源配比，既能保证核心业务的发展，也能给予新型业务支持，鼓励产品创新。

为了达到这样的资源配比，谷歌鼓励员工拿出20%的时间来研究自己喜欢的项目，以此激发员工的创造力和创新精神，这就是著名的谷歌"20%时间"工作方式。谷歌的很多服务如谷歌语音、谷歌新闻、谷歌地图、谷歌翻译、谷歌邮箱等都是员工"20%时间"的产物。

2. 创新的时空层次

一般而言，在创新的过程中，创新的层次性表现在空间和时间两个方面，更多时候创新需要从时间和空间两个方面同时切入。

创新中的时间层次性主要是根据创新所用时间的长短划分，比如可分为世纪（以100年为单位）创新、累年（以20—30年为单位）创新、年代（以10年为单位）创新、年度（以年月为单位）创新四个层级。比如，相对论、基因论等理论属于世纪级的创新，产业革命和科技革命属于累年创新，某一局部新学说或换代产品的研制通常属于年代创新，而普通思想和技术创新大多属于年度创新。

创新中的空间层次性主要是根据创新发生地域的大小来划分，比如可分为世界级别的创新（如诺贝尔自然科学类奖），国内顶级的创新（如国家科学技术奖、国家科技进步奖），省市级别的创新和企业级别的创新四个层级。

更深入一步，如果从比创新更高层面的发明创造的角度进行层级划分（参见表1-2），从高到低可以分为重大发明、大型发明、中型发明、小型发明和微型发明五个级别，并且按照创新程度的高低、占比、知识来源和参考文献量进行了统计。整体而言，发明创造层级越高，创新难度越大，占比也更小，需要做的准备工作也更多。

表 1-2　发明创造级别的五个层级剖析

发明创造级别	创新程度高低	比例	知识来源	参考文献量
微型发明	对已有系统的简单改进（洗地瓜洗衣机、打酥油洗衣机、能录音的钢笔）	32%	个人的知识和经验积累	10 篇
小型发明	为解决技术冲突而进行的少量改进（共享单车、微信、多摄像头手机）	45%	公司或行业内已有的理论、知识和经验	100 篇
中型发明	对系统进行了根本性的改进（鼠标、无叶风扇、SpaceX 飞船）	18%	结合本行业以外的方法和知识	1000 篇
大型发明	采用全新原理对已有系统进行创新（内燃机、芯片、集成电路、氢燃料电池）	4%	充分挖掘和利用科学知识、原理	10000 篇
重大发明	罕见的科学原理导致一种新发明、发现（计算机、形状记忆合金、蒸汽机、晶体管、留声机）	<1%	根据自然规律的新发现	100000 篇

需要注意的是，不同层次的创新活动在时间和空间上并不是孤立的，而是相互作用相互协调的，可在时空交点上进行多维联合创新：高层次创新可以引领中低层次创新，而中低层次创新则能支持高层次创新。

因而只有把各个层次创新都重视起来，并搞好层级间的协同创新，才能真正推动创新体系的发展。

【典型案例】爱因斯坦突破时间和空间界限，提出相对论

1900 年，著名教授普朗克和儿子在自家的花园里散步时，灵感涌现，提出了量子力学假设及普朗克公式。但是接下来他沮丧地发现，这一理论破坏了他一直崇拜并虔诚地奉为权威的牛顿的经典物理学理论，最终"无奈"宣布取消自己的假设。

1904 年，25 岁的爱因斯坦则敢于冲破权威光环，大胆认可普朗克的假设并向纵深引申，提出了光量子理论，奠定了量子力学的基础。随后他又主动从破坏牛顿的绝对时间和空间的理论的角度出发，创立了震惊世界的"相对论"，一举成名，也让自己成了一个更伟大的新权威。

【典型案例】时空双层次着手，解决城市停车难问题

"小区和办公楼车位不够，每天都发愁车停哪儿，每天都在抢车位""学校一放学，校门口就堵车""购物 5 分钟，排队停车要 1 小时"……随着我国私人汽车保有量的急剧增加，停车难问题已是困扰各个大城市管理的重要难题。

有些城市的管理者从空间和时间双层次着手，多管齐下制定了很多相关的创新措施，很好地解决了城市停车难的问题：

第一，向横向空间要车位。挖潜符合条件的城市边角闲置用地，向道路、闲置地块、立交桥底、小区边角等"要车位"。

第二，向纵向空间要车位。通过建设立体停车楼、立体停车库，开发地下空间，改造楼顶空间等形式，结合控制智能化、结构模块化、通道并行化等方案进行创新。对于某些方案，用户在取车时可通过手机终端和停车 App 预约取车时间并支付停车费用，通过车牌识别以及人脸识别功能实现 90 秒内停取车。

第三，通过错峰向时间要车位。比如，推动商用停车场、政府机关等单位和周边住宅集聚区错时共享车位，推动机关和企事业单位在双休日和节假日向周边居民共享停车位，推动小区向周边企事业单位员工在工作日共享停车位。

第四，通过空间与时间的协调要车位。比如，在晚上将双行道改单行道以"腾车位"。

三、创新过程不破不立，创新要破的三个思维定式

世界上唯一不变的，唯有不断变化！

现实生活中，我们每个人都在有意无意之间形成了自己所惯用的、格式化的思考模型，当面对外界事物或现实问题的时候，我们能够不假思索地把它们纳入自己特定的思考模型，并沿着特定的思维路径对它们进行思考和处理，这就是思维定式。

我们生活在一个被大部分人所"默认"了的世界，生活在默认的世界让我们感觉安全、踏实，但与此同时也就不自知地杀死了很多新鲜的想法和创新的可能性。

而更多的时候，创新需要"一针捅破天、一锤干倒山"的气概，需要有破除权威定式、从众定式和知识经验定式的不破不立的决心和勇气。

想要创新，首先要解开禁锢自己思维的"枷锁"和"定式"，比如：追求完美、不敢冒险、随波逐流、符合规矩、怕被笑话、我不擅长、我没时间、我怕失败等习惯。

"思维枷锁"的类型以及"解锁"方法可进一步扩展为表1-3中所列的七种类型：

表1-3 思维枷锁的几种类型及解锁技巧

序号	枷锁类型	解释	解锁技巧
1	自我定势型	时刻坚持自我立场，排斥他人观点	主动跳出自我，尝试换位思考
2	牛角定势型	缺乏想象力，一条路走到黑，不懂得拐弯，也叫作"一根筋"	尝试变通，不钻牛角尖，尝试接受他人意见
3	从众定势型	以大众看法为准则，随波逐流	学会独立思考，不盲从他人

(续表)

序号	枷锁类型	解释	解锁技巧
4	权威定势型	不敢挑战权威，盲目服从权威，缺乏质疑胆量	培养质疑精神，敢于尝试挑战权威
5	经验定势型	一味盲从过往的经验，不肯改变	从日常小事做起，主动跳出经验主义
6	思维定势型	习惯性地用一种思维模式进行思考	尝试逆向思考，打破惯性思维
7	本能定势型	只按照自己的本能进行思考，凭感觉和直觉进行判断	尝试多思考，并养成勤动手、多验证的习惯

最主要的，创新最需要打破以下三个定势：权威定势、从众定势和经验定势。

1. 破除"权威定势"

在很多领域，人们习惯了引用权威的观点，不假思索地以权威的是非为是非，对权威的尊崇甚至演变为神化和迷信，这就是权威定势。

权威定势的形成主要通过两条路径：第一条路径，是在从少年儿童长到成年过程中所接受的家长、老师给予的不可违背的"教育权威"；第二条路径是由老一辈口口相传的习俗、社会生活习惯或书本上的专门知识所形成的不可推翻的"专业权威"。

权威定势的强化有时候往往是基于一些团体有意识的培植，而且权威确立之后常会产生"泛化现象"，即把个别专业领域内的权威扩展到社会生活的其他领域内进行推广。

权威定式导致出现了很多曲折又难以理解的世相，就如同安徒生的童话《皇帝的新装》中讲的一样。

权威定式有利于融入惯常思维的大圈子，却有害于创新思维，在需要推陈出新的时候，它使人们很难突破旧权威的束缚。因此，历史上的很多创新常常是从挑战各种权威开始的。

在中世纪的欧洲"地心说"是西方宗教坚持的权威观点，由于那时的宗教在西方的社会生活中占据着绝对的统治地位，一切与宗教相悖的观点都被称作"异端学说"，一切违背宗教观点的人都会受到教会的严厉惩罚。在此背景下，伽利略和布鲁诺等人为了科学，敢于挑战权威，置生死于不顾，才破除了教皇提出的自己是宇宙中心的观点，提出了当时更为先进的"日心说"理论。

2. 破除"从众定式"

人类是一种群居性的动物，这就要求群体内的个体为了生存，需要保持某种程度上的一致性，随大溜，这就是从众定式，也叫作"羊群效应"。

从众定式的根源在于，为了将群体生活维持下去，每个人都必须在行动上奉行"个人服从群体，少数服从多数"的准则；然而，这个准则不久便会成为普遍的思维，而成为"从众定式"。

从众定式会使个人有归宿感和安全感，以众人之是非为是非，人云亦云，即使错了也无须独自承担责任来免责，但是同时也造成了缺乏自己深思熟虑独立思考的弊端。

20世纪中期，美国和苏联都已具备了把火箭送上天的技术条件。相比之下，当时美国在这方面的实力比苏联更强。但双方都存在一个卡脖子的共性问题：火箭的推动力不够，摆脱不了地心引力，不能把人造卫星送入既定的运行轨道。

怎么解决这个问题呢？当时大家都认为，办法只能是再增加所串联的火箭的数量，以进一步增强推动力。美苏两国的专家都各自尽力设法不断增加火箭的数量。尽管火箭增加了不少，但由于在推力增大的同时自身重量也在增加，还是解决不了实质的问题。

后来，苏联的一位青年科学家摆脱了不断增加串联火箭的从众思维。他突破这一思维定式而产生了一个新的设想：只串联上面的两个火箭，下面的火箭改用20个发动机并联。经过严密的计算、论证和实践检验，这个办法终于获得成功。这样一来，火箭的初始动力就一下子大大地增强了，达到了足以摆脱地心引力的程度。于是，一个长时间令成百上千专家束手无策的技术难题，由于这样一个简单的新设想的提出，而很快便得到了解决。1957年10月4日，苏联抢在美国之前，首先将比美国人造卫星重8倍的人造卫星送上了天。

3. 破除"经验定式"

知识是创新力的基础，但是当一个人的知识积累到了一定程度后，反而有可能成了创新的禁锢。这是因为一个人的知识结构受到自身经验、获取信息的可靠性、记忆的牢固程度等因素的影响，导致自认为正确的事情可能事实上未必正确。

知识与经验有许多不同之处，一个人掌握与了解的一些事物的现象与本质是知识，如何运用其所了解的事物的现象与本质则是经验，一般地把这两种定式统称为"知识经验定式"。"知识经验定式"在以下三个方面为创新构成了"思维枷锁"：

第一，知识经验本身是一种限定或框架，使大部分人难以想到框架之外的事物。

第二，知识与现实并不能完全吻合，而过去的经验也不一定适用于现在和未来。

第三，知识经过"纯化"之后，常常只提供唯一的标准答案，既不能完全符合现实，也会扼杀人的创新思维。知识经验具有不断增长、不断更新的特点，从而有可能使我们看到它们的相对性，经过比较发现其局限性，进而开阔眼界，增强创新能力。知识经验又是相对稳定的，而且知识是以严密的逻辑形式表现出来的，因而又有可能导致对它们的崇拜，形成固定的思维模式，由此削弱想象力和造成创新能力的下降。

不得不承认，特斯拉、蔚来汽车等新能源汽车企业，仿佛武侠小说里自带主角光环的少年一样，那个刚出道被看衰、供应商只能选二流、生存靠融资、技术粗糙的愣头青，一通花里胡哨的操作后，竟成了时代的引领者；而当传统汽车巨头强如宝马、奔驰、奥迪和保时捷，以更炉火纯青的电动化技术自信转身时，却发现怎么也追不上。虽然从售后运营、资本运作、成本控制、精益生产等维度来看，特斯拉们都是在竞争中处于弱势的一方，但是这一切的一切都是因为特斯拉的"不破不立"！通过创新之后的不计成本地打造领先时代的标签，当技术逐渐成熟时，标签也根深蒂固了，可以被模仿，但难以被超越。

这一幕大家似曾相识，在过去的 10 年间，iPhone 已经从早期都是小毛病的技术"尝鲜者"使用的一款小众产品，逐步发展成为一股占主导地位的经济力量，创造出价值数万亿美元的公司。

而破除思维定式，激活创造性思维，从原有的思维框框里跳出来，大致要经过以下四个步骤：

第一步，识别原始观念。遇到一个问题需要解决，或者有一件事想要去做；甚至想改变某个情况，或学习一门新的知识等，这些都是一个人的原始观念。

第二步，进入预备阶段。为了解决想要解决的那个"问题"，可以尝试搜索解决这个问题的所有可能方法，然后尽可能多地搜集与之相关的资料。例如到图书馆阅读有关书籍、上网查询类似的解决方案、与专家交谈交换想法、进行社会调研等。这一步，是让你去提出问题，分析问题，考虑解决问题所要用到的信息，时刻准备接受新的观念，这些都是激发创造性思维的启动器按钮。

第三步，进入酝酿状态。这一阶段是属于潜意识自由活动的阶段。不要让大脑陷入高强度高压力的状态之中，先把问题放在一旁，让大脑补充能量。比如外出散散步、打个球运动一下、看看风景、睡个午觉、喝杯咖啡聊个天等。

第四步，终至创新开窍阶段。这是思维创造过程的最高阶段，就像有一盏明灯闪现在你眼前一样，周遭的一切都突然变得井井有条，让人有种"文章本天成，妙手偶得之"的感觉。

四、创新不是一蹴而就，创新可分为四个阶段

国学大师王国维在《人间词话》中说过人生有三重境界，创新的过程其实与此非常类似，在此基础上可把创新划分为四个阶段。

第一阶段　创新准备阶段

"昨夜西风凋碧树，独上高楼，望断天涯路。"

准备阶段是创造性思维活动过程的第一个阶段，这个阶段是搜集信息、整理资料、寻找问题和做规划的阶段。由于对要解决的问题存在许多未知，所以要搜集前人已有的知识经验，来对问题形成新的认识，从而为创造活动的下一个阶段做准备。

据说，爱迪生为了发明电灯，发明团队光搜集资料整理成的笔记就有200多本，总计达4万多页。任何发明创造都不是凭空杜撰，都是在日积月累、大量观察研究的基础上进行的。

第二阶段　创新酝酿阶段

"衣带渐宽终不悔，为伊消得人憔悴。"

创新的酝酿阶段主要对前一阶段所搜集的信息、资料进行学习、消化和吸收，在此基础上，找出问题的关键点，以便考虑寻找解决这个问题的各种策略。在这个过程中，对于有些问题由于一时难以找到有效的答案，通常会把它们暂时搁置。但思维活动并不会因此而停止，这些问题会每时每刻萦绕在头脑中，甚至转化为一种潜意识，让人下意识去做。在这个过程中，会让人产生狂热的状态，这非常有利于创新。

有一次，牛顿在实验室里做实验，用餐时间早过了，可他一直没有吃饭。不知什么时候，他把手边的怀表当作鸡蛋顺手丢在锅里煮了，而他却仍在聚精会神地做着实验呢。

第三阶段　创新豁朗阶段

"众里寻他千百度，蓦然回首，那人却在灯火阑珊处。"

创新的豁朗阶段，也叫作顿悟阶段。经过前两个阶段的准备和酝酿，思维已达到一个相当成熟的阶段，在解决问题的过程中，常常会进入一种豁然开朗的状态，这就是所谓的灵感闪现后的顿悟。

1898年，鲁特玻璃公司（Root）年轻的工人亚历山大·山姆森在同女友约会时，发现女友穿着一套筒形连衣裙，显得臀部突出，腰部和腿部纤细，身材窈窕，曲线柔美，非常好看。约会结束后，他突发灵感，根据女友穿着这套裙子的形象设计出一个玻璃瓶。经过无数次的反复修改，他不仅将瓶子设计得非常美观，还把瓶子的容量设计成刚好一杯水大小，而且使用非常安全，易握，不易滑落。

当时可口可乐的首席执行官坎德勒在市场上看到了亚历山大·山姆森设计的玻璃瓶后，认为非常适合作为可口可乐的玻璃瓶包装。经过一番讨价还价，最后可口可乐公司以600万美元（购买力约相当于现在的5亿美元）的天价买下此专利，蜂腰玻璃瓶后来也成了可口可乐公司的重要知识产权和标识之一。

第四阶段　创新验证阶段

"知之愈明，则行之愈笃；行之愈笃，则知之益明。"[①]

创新验证阶段又叫具体实施阶段，主要是把通过前面三个阶段形成的方法和策略，进行可行化检验，以求得到更合理的实施方案去最终实施落地。这是一个不断"否定——肯定——否定"的循环过程，即通过不断的实践检验

---

① 出自朱熹《朱子语类》卷十四·大学一，原文如下：知与行，工夫须著并到。知之愈明，则行之愈笃；行之愈笃，则知之益明。二者皆不可偏废。

优化，得出最恰当的创新结果的过程。

清代著名书画家、文学家郑板桥自幼爱好书法，立志掌握古今书法大家的要旨。他每日勤学苦练，虽然反复临摹名家字帖，但是进步不大，为此深感苦恼。他有一次在睡梦中竟在妻子的背上画来画去练起了书法，妻子问他这是在干什么，他说是在练字。妻子嗔怪道："人各有一体，你体是你体，人体是人体，你老在别人的体上缠什么？"

郑板桥听后，猛然醒悟：书法贵在独创，自成一体，老是临摹别人的碑帖，怎么行呢！从此以后，他力求创新，摸索着把自己画竹的绘画技巧渗透在书法艺术中，最终形成了自己独特的风格——"板桥体"，刚里带柔、清新奇特、错综穿插、新颖别致的风格被后人形象地称为"六分半书"。

五、创新不是不可培养，创新所需的几种技能

创新技能不是与生俱来的，更多的技能是可以培养、需要培养的，就像一个人从婴幼儿开始成长为成人的过程一样，需要从手、足、口、眼、脑等多方面进行循序渐进的综合能力的训练和培养。

创新技能的培养一般从以下七个角度出发：

创新技能一　观察和洞悉的能力

创新者往往需要一双慧眼来识珠，来发现被普通人忽略的细节，尝试从不同于常人的角度看问题，才能看到未来可能的机会，从而挖掘出潜在的创新"遗珠"和创新机会。

爱迪生并非第一个发明电灯的人，保守地说，爱迪生至少是第 23 个慧眼发现电灯的未来，并对其进行针对性研发的人。

1878 年，爱迪生在与物理学家巴克（G.Barker）闲谈时，得知了英国发明

家斯旺的白炽灯研究结果后，敏感地发现了商机，遂指派手下的科学家乌普顿（F.Upton）等进行自己实验室的电灯研发工作。爱迪生通过一系列商业手段获得了大量投资，助力他的白炽灯研究。经过成百上千次的试验后，终于在1879年，爱迪生实验室采用碳化棉丝制成了约工作300小时的持久的白炽灯，然后进行公开展示，并在1880年将灯泡的连续工作时长提高到了1200小时，终于实现了白炽灯的低成本、长时间实际应用。

创新技能二　发问和质疑的能力

陶行知说："创造千千万，起点是一问。"爱因斯坦也说："提出一个问题比解决一个问题更重要。"

创新者需要通过发问和质疑，来洞悉了解现状，并能够借此跳出现实的各种制约和束缚，充分了解能够改变现状或改进现状的问题，从而激发新的见解、找到新的联系、发现新的方向和可能性。

在发问和质疑时要遵循"stay hungry，stay foolish"（求知若饥，求问若愚）[①]的原则，不害怕出丑，要有勇气敢于开口发问，要有自信敢于频繁发问。在此过程中，你的客户、竞争对手、供应商、股东、公司员工、合作伙伴、同学、好友、当地社区、政府、社会活动者，都可以成为发问的来源。

创新技能三　探索和解决问题的能力

一个真正的创新者不但需要有新的解决方法的假设和设想，还需要躬身入局，亲自参与进去，甚至大多数时候还需要把自己变成解决问题的关键因素。具体来说，就是需要有较强的动手能力，来检验和验证创新的假设和设想正确与否。

动手能力一般包括科学研究的实验设计和实验实施能力、实验资料的收集整理和分析能力，以及技术创新的工程、机械、产品等的设计、生产制造

---

① 引自苹果公司创始人乔布斯2005年在斯坦福大学毕业典礼上的发言。

和测试能力等。

居里夫妇开始研究放射性元素时，几乎什么基础设施都没有，只有从朋友那儿借来一间破旧的贮藏室作实验室；又用平时积攒的钱购置了一些必需的仪器设备。居里夫妇就是在这样简陋的条件下对几十千克沥青铀矿石进行了一系列的处理，最终找到具有放射性的新元素——钋。钋找到了，居里夫妇却没止步，因为在提炼钋的过程中，他们发现分离出的另一种化合物具有更强烈的放射性。他们分析这是又一种未知的放射性元素，并把这种元素称为镭。

为了证实镭的存在，居里夫妇又投入了更加艰苦的工作，无论是严寒还是酷暑，居里夫妇都没日没夜地干着。经过整整4年的奋斗，通过几万次提炼，他们终于在1902年将梦寐以求的镭盐分离出来。

1903年，居里夫妇因为发现镭元素而荣获诺贝尔物理学奖。

创新技能四　跨界整合和交际交流的能力

创新者必须广泛交友，形成一个社交圈，规划性地强化一些弱人际关系沟通能力，从自己创新人际网中的不同背景的人口中迅速获得不同的观点，进行各种资源的快速整合。

但要注意的是，一定不要仅仅为了社交而社交，要通过带着问题积极地和不同的人进行交谈，寻找新的想法和解决方案。

第一，至少要加入自己本行的一个职业团体，定期参加各种聚会，要经常跟那些有想法的人士交往，彼此交换意见。经常听到有很多创新人士说"我在某个会议中忽然得到一个灵感"或"我在昨天的聚会中忽然心血来潮"。

第二，多参加几个本行以外的团体，争取实现多方资源信息汇聚之后的相互增值。通过各种机缘，认识那些在其他行业工作的人士，通过与其交流来开阔眼界和获取启发。你很快就会知道，这样做对你的创新会有多大的促进效果。

创新技能五　合理有效利用零碎时间的能力

哪有整块的时间让你一直去做创新？创新一定要合理有效利用零碎时间，创新者需要在零碎时间里随手看看书做笔记，或者用记事本记录沿途观察到的新鲜事物、大脑里灵光一现的想法或者想到的要做的事，也可用相机或手机拍照。

等到有大块时间时，将记录的题目列提纲写出来，再逐渐形成条理清楚的经验笔记、有深度的文章或者发明创造方案。

北宋大文学家欧阳修毕生勤奋治学，官居高位还珍惜分分秒秒读书不辍，流传下来的"三上""三多"之典故，值得创新人士学习和借鉴。政事缠身的欧阳修，不放过每一寸马上、枕上、厕上的细碎光阴，将旅途中的马背上、睡前和如厕的点滴时光，都一点点收集起来，用在了读书和治学上。

欧阳修还指出："为文有三多，看多、证多、商量多也。""三多"，即多看书，认真学习别人的写作经验；多练习写作，在实践中不断提高；多与别人商量，多和朋友切磋商讨，多借鉴别人的长处，力争让文章达到完美境界。

创新技能六　争取成为 T 型人才

知识面广泛同时又在某一领域有所专长，这种人才被形象地称为 T 型人才，这往往也是创新过程中最需要的人才类型。

狭义上讲，T 型人才，横向代表专业基础知识广博，而竖向则代表具有精深的专业技能。就像一枚图钉一样（图 1-1），只有在一定的横向面积和纵向深度的双重作用下，图钉才能更易更好地钉入木板。

广义上讲，T 型人才就是既有专业深度，又有思维广度，能够跨界思考和探索；既能够在一个点上专注、投入其中，同时又能够对外部世界保持开放的心态，接纳不同的意见；既能够对问题做根源思考，又能够从系统的角度做整合解决方案设计。

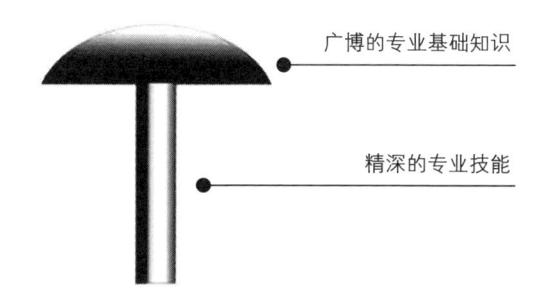

图1-1 T型人才架构示意图

在创新过程中，拥有"T"型知识结构的人才，往往能够产生更多、更好的创新想法并加以执行实现，具体可以从以下三个维度体现出来：

（1）纵轴代表专业深度，横轴代表思维广度。

一个人专业的深度和宽度，决定了其创新的面积。因此，一个人要获得较好的创意，既要在某个专业领域有深厚的知识和技能，同时又要对其他领域和学科有着浓厚的兴趣和求知欲。

达·芬奇，现代学者称他为"文艺复兴时期的创新代表人"。爱因斯坦认为达·芬奇的科研成果如果在当时就发表并应用的话，人类科技可以提前30—50年。达·芬奇作为大画家，推出了体现精湛的艺术造诣的《蒙娜丽莎》《最后的晚餐》等作品；他还擅长雕刻、音乐、发明、建筑，通晓数学、生理、物理、天文、地质等学科，提出了装甲车、潜水艇、机器人、降落伞、机关枪等发明创新构思。

（2）纵轴代表专注和参与，横轴代表接纳和开放。

创新者既要保持对内在某个点的专注，不断精进地投入并参与其中，又要对外部其他看似不相关的领域保持足够的开放，对不同的做法选择性地接纳。现在市场竞争的概念已经不仅仅是同行业之间的竞争了，而是任何一个行业切过来，都有可能在很短的时间内跨界以奇制胜。

《三体》中有句话叫作"我消灭你，与你无关"。致命的对手可能就隐藏在你看不见或者视而不见或者闻所未闻的地方。

比如，打败康师傅和统一方便面的，不是白象、今麦郎等其他方便面品牌，而是美团、饿了么等外卖平台；

打败绿箭口香糖的，不是益达，而是微信、手游，因为以前在超市收银台前排队缴费的时候，大家觉得无聊就往购物篮里拿上两盒口香糖，而今天大家都在看微信、刷朋友圈、玩手游；

打败摩的和"黑车"的，不是更廉价的出租车，不是城管加强管理，而是共享单车……

（3）纵轴代表根源思考，横轴代表整合设计。

创新者既要把根扎得足够深，看到问题的本源；又需要高屋建瓴，系统地去整合资源设计解决方案。

乔布斯当年上大学时，对所学课程不感兴趣，就纯粹出于兴趣翘课去学习美术字体。等后来他创立苹果公司，动手开发麦金托什电脑时，美术字体在视窗系统中派上了大用场，成为当时唯一提供此功能的电脑，为众多出版商、广告公司和设计人员所青睐。

乔布斯后来就这事总结经验说："所谓创新，就是你在人生路上无意间布下很多点，当时看不出什么，等到某日你能力够了回头一看，这些点原来能串成一条线，伟大的创新就如探囊取物一般唾手可得了。"

六、创新不是天外飞仙，创新要训练六种思维

创新思维，是指发明或发现一种新的处理某件事情，或表达某种事物的思维过程，并以新颖独特的方式对已有信息进行加工、改造、重组从而获得有效创意的思维活动和方法。

创新思维是在一般思维的基础上发展起来的，它更多的还是后天培养与训练的结果。卓别林为此说过一句话："和拉提琴或弹钢琴相似，思考也是需要每天练习的。"

我们可有意识地从以下六个方面培养自己的创新思维：

1. 展开"幻想"的翅膀

心理学家和医学家共同发现，人脑有四个功能区：一是从外部世界接受感觉的感受区，二是将这些感觉收集整理起来的贮存区，三是评价收到的新信息的判断区，四是按新的方式将旧信息结合起来的想象区。而一个普通人的大脑不可能这四部分功能都擅长，比如不善于运用想象区功能的人就不善于创新。一般人只用了想象区的15%，其余的还处于"休眠"状态。开垦这块处女地就要从培养幻想思维入手。

想象力、幻想力是人类运用储存在大脑中的信息进行综合分析、推断和设想的思维能力。幻想不仅能引导我们发现新的事物，而且还能激发我们作出新的努力和探索，指引我们进行创造性劳动。

爱因斯坦说过："想象力比知识更重要，因为知识是有限的，而想象力概括着世界的一切，推动着进步，并且是知识进化的源泉。"爱因斯坦的"狭义相对论"的提出基础，正是从他幼时幻想人跟着光线跑，并能努力赶上它的想法开始切入的。

2. 培养发散思维

所谓发散思维，是指倘若一个问题可能有多种答案，那就以这个问题为中心，将思考的方向往外散发，找出的答案越多越好，而不是只专注于找那一个所谓的正确答案。人在发散思维中，可左冲右突在所适合的各种答案中，从而能充分地展现自己的创造性思维。

1979年诺贝尔物理学奖获得者、美国科学家格拉肖说："涉猎多方面的学问可以开阔思路……对世界或人类社会的事物形象掌握得越多，越发散，越有助于抽象思维。"

1974年，美国政府为了清理给自由女神像翻新扔掉的废料，向社会广泛招标。但几个月过去了，仍无人问津。远在法国旅行的一位犹太商人从报纸上看到这个消息后，立即飞往纽约。看过自由女神像下堆积如山的废旧铜块、螺丝和木料后，他没有提任何条件，当即签下合同。

这位犹太商人的举动令众多纽约商人纷纷嘲笑。因为在纽约，当地政府对垃圾处理有十分苛刻的规定，并且弄不好还会受到当地众多环保组织的法律起诉，甚至会导致破产。

然而，就在大家等着看他"吃不了兜着走"的笑话时，犹太商人开始了他的清理工程——他组织工人将废料进行分类，然后把废铜熔化之后铸成小自由女神像，并用水泥块和废木料做底座；把废铅、废铝加工成纽约广场造型的钥匙型饰物；最后，他甚至还把从自由女神像身上扫下的灰尘都包了起来，命名为"自由女神的馈赠"，然后将其出售给花店作为高价定制花土使用。

结果不到3个月的时间，犹太商人让一堆废料变成了350万美元的现金。

3. 发展直觉思维

直觉思维，是指对一个问题未经逐步分析，仅依据内心的感知迅速地对问题答案作出判断、猜想、设想或者在对疑难百思不得其解之时，突然对问题有"灵感"和"顿悟"。

直觉思维，有时表现为提出怪问题，有时表现为大胆的猜想，有时表现为一个不假思索的回答等。

直觉在创新中有时发挥着非常积极的作用，其功能体现在两个方面：帮助人们迅速作出优化选择；帮助人们作出创造性的预见。很多对未来事物结果的"预感""预言"都是来自直觉思维。

青年数学家阿普顿刚到爱迪生实验室工作时，爱迪生想考考他的实验能力，于是给了他一只实验用的灯泡，叫他计算灯泡的容积。一个小时过去了，爱迪生回来发现阿普顿仍然忙着测量和计算。爱迪生说："要是我，就往灯泡里灌水，将水倒入量杯，就知道灯泡的容积了。"

毫无疑问，身为数学家的阿普顿，他的计算才能及逻辑思维能力是令人钦佩的，然而这个问题表明，对于某些实际问题的解决能力，他所缺少的恰恰是像爱迪生那样经过实践锻炼出来的直觉思维能力。

4. 培养思维的流畅性、灵活性和独创性

流畅性、灵活性和独创性是创新力的三个重要因素：流畅性是针对刺激能很流畅地作出反应的能力，灵活性是指随机应变的能力，独创性是指对刺激作出不寻常的反应。

20 世纪 60 年代，美国心理学家曾采用所谓急骤的联想或暴风雨式的联想的方法来训练大学生们思维的流畅性。训练时，要求学生像夏天的暴风雨一样，迅速地抛出一些观念，不容迟疑，也不要考虑质量的好坏，或数量的多少，评价在结束后进行。速度越快表示越流畅，讲得越多表示流畅性越高。这种自由联想与迅速反应的训练，对于思维，无论是质量，还是流畅性，都有很大的帮助，可促进创造思维的发展。

5. 培养强烈的求知欲

古希腊哲学家柏拉图和亚里士多德都曾说过，哲学的起源乃是人类对自然界和人类自己所有存在的惊奇。他们认为：积极的创造性思维，往往是从人们感到"惊奇"时，在情感上燃起对这个问题追根究底的强烈的探索兴趣时开始的。

求知欲会激发自己创造性学习的欲望，促使人去探索科学，去进行创造性思维，而只有在探索过程中，才会不断地激起好奇心和求知欲，才会处于不断"跃跃欲试"的创新阶段。在求知欲的加持下，人心中的一个小支点，甚至可以撑起撬动创新世界的大杠杆。

如果深入研究那些在科学、文学、艺术等领域拥有杰出贡献的名人、大家，你会发现许多共同点，其中突出的一方面就是他们都拥有强烈的好奇心与求知欲。牛顿正是由于对苹果落地的强烈好奇才发现了万有引力；安徒生正是因为对探知社会风俗、人情百态的热切愿望才成就了《安徒生童话》。

6. 培养持之以恒的毅力

很多时候，创新不是一蹴而就，也不是三天打鱼两天晒网，它需要顽强拼搏的毅力、持之以恒的决心、永不放弃的精神，它需要每天努力一点点，朝着自己的目标一步步脚踏实地地前行，直至在"不经意间"走向创新成功的彼岸。正如郑板桥在其《竹石》一诗中所说的一样："咬定青山不放松，立根原在破岩中。千磨万击还坚劲，任尔东西南北风"。

文艺复兴时期的著名画家达·芬奇，小时候特别喜欢画画。父亲看到他对画画的浓厚兴趣便给他请了一位名师，然而老师刚开始什么也没有教他，只是让他坚持画蛋。对此达·芬奇便觉得画下去没有意义，开始三心二意起来。

这时，老师告诉达·芬奇"如果你能在纸上画出两个相同的鸡蛋，我便不再让你画蛋了"，达·芬奇觉得自己能做到，就开始画了起来，但事与愿违，无论他怎么去画，也画不出两个相同的鸡蛋。看他很是疑惑，这时老师才告诉他："你不要以为画蛋很容易，要知道，1000个鸡蛋中，没有完全相同的两个鸡蛋，即便是同一个鸡蛋，从不同角度去看也会呈现不同的样子，所以要在纸上将鸡蛋画好，那肯定要下功夫才行。"

从此以后，达·芬奇开始每天坚持画鸡蛋，并在不同角度下去研究画出鸡蛋的轮廓。经过坚持不懈的努力，他终于将鸡蛋画得惟妙惟肖，最终更创作出了《蒙娜丽莎》《最后一顿晚餐》等世界名画。

七、创新不是循规蹈矩，仍需遵循的七个戒律

我们都知道，要想创新，第一条就是不能循规蹈矩。

但是，完全不守规矩的创新是不存在的，就像风筝一样，有根风筝线牵

着反而飞得更高更稳。同样地，创新在天马行空的同时还是要遵循一定的准绳和"戒律"。

第一戒　戒放松过度

在持续的较大的工作压力之下是很难创新的，创新需要休闲，需要闲情逸致，需要有"吃饱了撑的""如何令人更懒"的想法，才能有动力去改变现状，去尝试创新。

适度放松有助于在创新过程中获得灵感，但是过度放松往往会让人没有灵感，甚至因此产生阻碍创新进程的拖延症。创新过程中的适当焦虑感，能够给大脑巨大的压力，灵感往往迸发于这样的紧迫感之下。创新，往往需要创新者主动跳出舒适区来给自己一定的挑战。

马丁·路德·金著名的《我有一个梦想》的演讲，香港著名词作人黄霑的《沧海一声笑》《我的中国心》《男儿当自强》等经典歌词，都是在适当的压力之下迸发出灵感后一蹴而就的。

第二戒　戒急于求成

"苟日新，日日新，又日新。"①

对于创新而言，灵感需要迸发，但是创造力并不全是以"灵感迸发"的方式爆发而出，而是需要十年磨一剑的决心和毅力。

《蒙娜丽莎》的创作开始于 1503 年，完成时已是 1519 年。达·芬奇前后付出了 16 年时间来打磨一幅画，使其终成一代名画。

同样，创新突破不能急于求成，必须潜下心来，以十年磨一剑的精神和把冷板凳坐热的坚强意志力，踏踏实实把基础打牢。

扩展开来看，人们往往认为创新属于那些"年轻的天才"所为。其实在真实的创新世界里，创造力有两个生命周期："年轻的天才"和"年长的大

---

① 出自《礼记·大学》，意思是：如果能够一天创新，就应该保持天天创新，然后还要不断创新。

师",两者各有优势,前者如短跑冲刺,冲得更快;后者如马拉松,往往行得更远。

对20世纪获得诺贝尔自然科学奖的得主的年龄统计显示(表1-4),80%以上的诺贝尔奖得主都是在该领域积累10年以上的职龄、在35岁以上时产生成果,并在50岁左右最终获奖的。

表1-4　20世纪获得诺贝尔自然科学奖的得主的年龄统计表[1]

获奖年龄分类	1901—1920年	1921—1940年	1941—1960年	1961—1980年	1981—2000年
产生成果的生理年龄(岁)	37.64	37.74	37.16	38.35	39.18
产生成果的职业年龄(岁)	11.63	12.08	12.01	12.07	11.92
获奖时的生理年龄(岁)	50.73	48.82	52.36	56.27	61.33
获奖时的职业年龄(岁)	26.0	24.0	26.4	29.2	33.93

第三戒　戒瞻前顾后

创新面前,迷信权威、瞻前顾后是很难有进展的,创新就是要敢于想前人所未想,做前人所未做。千里之行始于足下,一定要敢于尝试。

爱因斯坦曾经说过:"想别人不敢想的,你就已经成功了一半;做别人不敢做的,你就会成功另一半。"

拍立得的创始人兰德说:"当我快要找到一个问题的答案时,极重要的是,专心工作一段时间。在这个时候,一种本能的反应似乎就出现了。在你的潜意识里容纳了这么多可变的因素,你不能容许被打断。如果你被打断

---

[1] 刘俊婉.杰出科学家论文影响力的社会年龄分析[J].情报学报,2010,29(1):121-127.

了，你可能要花上一年的时间才能重建这60个小时打下的基础。"

美国默克尔牙膏公司生产了一种泡沫十分丰富的牙膏，投放市场后很受欢迎，因为当时不少消费者认为泡沫丰富的牙膏就是好牙膏。可是几年以后，其销售业绩却停滞下来，每个月仅能维持大致差不多的销量，很多创新专家提供了不少建议，可是收效甚微。董事会决定有偿征集建议，谁的建议能让销售额翻一番，就奖励谁10万美元。有名年轻人将建议写在一张纸条上，交给了总裁，公司按照年轻人的建议去实施更换新包装之后，牙膏的销售额果然翻了一番。

其实，年轻人的建议很简单：将现有的牙膏开口扩大1毫米！因为大多数消费者挤牙膏都有一个相同的习惯，挤出与牙刷前端的刷毛相同的宽度，口径加粗1毫米，每天牙膏的用量自然会多出不少。

第四戒　戒"盲目崇拜"

一言堂、家长制和领袖崇拜，是很多传统企业多年流传下来的管理潜规则。对权威管理者的狂热崇拜自然会对管理效率提升有一定的成效，但随之而来也会产生教条主义和"中层管理层盲目服从"的现象，导致在大多数情况下，创新也随之消解甚至消失。

创新过程需要质疑权威，甚至要在某些情况下偏激地推崇"质疑无可置疑之事"。[1]

宝丽来公司依靠拍立得相机获得了巨大的成功，但是宝丽来公司后来在创新上却止步不前，其主要原因就是创始人兰德本人在公司中模仿IBM公司推行的"强文化"。当时IBM这个蓝色巨人拥有自己的如军歌一样响亮振奋的"司歌"，所有员工也必须穿着和公司主题色一致的深蓝色西装。

后来乔布斯那著名的《1984》广告战，其宣战的对象正是垄断性的"建制代表"IBM。《1984》解释了苹果公司的哲学和目标，那就是平民百姓——而非政府和大公司——才拥有掌管科技的权利。乔布斯的颠覆式创新理念后

---

[1] 语出自塔塔集团主席拉丹-塔塔（Ratan Tata）。

来成就了苹果,他自然也成为神一样的存在,但性格偏执暴躁的他也建立了一个制度:在高管中定期选择一个人,扮演专门反对他、提出不同意见的"魔鬼代言人"①。

第五戒　戒莽撞激进

彼得·蒂尔在《从0到1》一书里说:"先发制人是一种手段,而不是最终的目的……如果之后进入的人赶上你并把你打败,那做第一个进入的人不会给你带来任何好处。"

真正的创新者,奉行一种"温和的激进主义",他们在内心坚持的同时也拥有弹性,同时懂得计算风险,做时间的朋友,保持合理的"创新风险组合"。

一项对美国3000多家初创企业的研究表明,大约3/4的公司之所以失败,是因为"激进创新"过早地扩大规模而造成的,最终成了创新的"先烈"而不是"先驱"。而另一项研究证明,"开拓型"企业的失败率为47%,而"保守型"企业的失败率仅为8%。

早在1996年,拉里·佩奇(Larry Page)和谢尔盖·布林(Sergey Brin)就琢磨出了应该如何大幅度地改进互联网搜索,但他俩并没有"先发制人"地大举出来搞公司,而是"保险地"待在斯坦福大学继续研究生学习,直到1998年市场需求更为成熟的时候才开始创业,成立谷歌。

"铱星系统"是摩托罗拉公司设计的全球移动通信系统,旨在变革全球手机通信。"铱星系统"是多种高科技结合的产物,它是世界上第一个投入使用的大型低轨道移动通信卫星系统,开创了全球个人通信的新时代,使人类在地球上任何"能见到天的地方"都可以进行无缝隙的通信联络。"铱星系统"因此被美国《大众科学》杂志评为1997—1998年度全球最佳产品之一,曾被数百名中国院士评为1998年世界十大科技成就之一。然而铱星在1年后就申请破产,曾经的辉煌和几十亿美元的投资化为乌有。其申请破产时距其将业

---

① 苹果的这套管理制度类似于中国历史上源远流长的谏官制度,为了弥补由帝王独断所可能造成的对王朝根本利益的损害,列朝都采取了一系列措施,而谏官制度便是其中重要的一环。"谏官"又称"谏臣",指规谏君过之臣、劝谏天子过失之官。

务投放市场仅仅几个月。

"铱星系统"失败的主要原因是科技过于先进，以致相关周边产业因技术尚未成熟而无法支援，因而无法降低成本，反而让诺基亚、爱立信等行动更迅速而且更为专注的竞争者采用更加简单而省钱的方法纷纷占领了铱星的市场。

第六戒　戒迷信创新联合体

毫无疑问，最近几年流行的"创新联合体"的理念颇具吸引力：创新个体越多，智慧的力量就越大，联合起来可以共同承担创新的成本和风险，大家在分摊风险和投资的同时还可以共享各种具有互补性的知识、资源和能力。这样做在一定程度上既降低了总的开发费用，又加快了创新进入市场的速度，有助于更好地影响、操控产业环境，为参与其中的各方创造了双赢。

创新联合体的概念听起来是理想的，可实际上，它们不可避免地带来了一些新的问题：有时不但没有加快发展，反而行动缓慢而笨重，而且经常会增加而不是降低创新的成本、风险和复杂性。

况且，就算是成功的创新联合体也不一定会转化为利润而长期将创新坚持下去。

大多数人会认同 Linux 是一个基于创新联合体的成功的软件联盟。1991年8月25日，当时还只是芬兰赫尔辛基大学计算机科学专业的 Linus Torvalds 推出了旨在替代微软 Windows 系统的 Linux 系统，其展示了一种可能性，那就是将其免费开源并组建了一个全球性的开发者社区，让一个个程序员成为其创新联合体的"合伙人"。

但是，一个显而易见的事实是，它很难从免费的产品里赚到钱，从而很难坚持将其持续地、系统地进行精进式创新。于是，Linux 难以避免地存在易用性较差、不易安装、不易配置、应用软件不易使用等痛点，而且一直没能彻底解决。

第七戒　戒忽视知识产权保护

世界知识产权组织（WIPO）的有关统计显示，"如果没有知识产权制度和知识产权保护，世界上21%的发明创造不会产生，另有26%的发明创造不会向社会公开。世界上60%以上的药品发明不会被研制出来，65%以上的药品发明不会被应用。"

因为知识产权制度从法律层面确定了创新成果的财产归属关系，这样创新成果就会受到法律保护，企业创新投入以及创新人员的投入都能得到相应的回报，从而激励企业继续加大创新投入，实现创新驱动发展。

进入21世纪后，知识资本崛起并已经成为经济竞争的焦点。据《财富》杂志统计：世界500强企业的资产构成中，1978年有形资产占95%，无形资产仅占5%；但到了2018年，有形资产占比降低到20%以下，而无形资产的占比则提高到80%以上。这代表了企业投资的趋势，同时现代企业竞争优势也体现在知识资本上，尤其是体现在技术、设计、创新等软实力方面。

另外，知识产权对于创新的促进还有以下作用：

第一，知识产权能够通过前期未雨绸缪的布局，在一定程度上帮助创新者成功跨越从科技研发到企业初建阶段的"创新死亡谷"。

第二，知识产权能够通过知识产权入股、IP证券化、质押融资等手段，帮助创新者渡过从产品投入生产到大规模产业化之间的"达尔文之海"。

第三，由于知识产权保护先申请者权益的特点，无论是个人还是企业要想保护自己的创新成果和无形资产，必须重视知识产权的申请和保护，如果忽视了对创新成果的知识产权保护，历尽千辛万苦研发出来的创新结果就是为他人作嫁衣，甚至可能变成自己后续研发的障碍。

我们常说的知识产权包括哪些类别呢？全球各国的划分大同小异，比如在我国，根据2021年1月1日开始实施的《中华人民共和国民法典》，知识产权是指权利人依法就下列客体所享有的专有的权利：

（一）作品；

（二）发明、实用新型、外观设计等专利；

（三）商标；

（四）地理标志；

（五）商业秘密；

（六）集成电路布图设计；

（七）植物新品种；

（八）法律规定的其他客体。

其他客体具体而言还包括著作权、软件著作权、域名、GUI图形界面、传统非物质文化遗产、技术秘密等。

八、创新不是俄罗斯轮盘赌，创新需要全局谋划

创新不是俄罗斯轮盘赌①式的孤注一掷，而是在有据可循的前提下思虑周全、全局谋划、有备用方案。

即便如乔布斯一样的创新狂热者，当年在启动iPhone手机项目时也会兵分两路：一个团队研发代号为P1的滚轮手机，另一个团队研发代号为P2的多点触屏手机。

围绕创新，很多人认为创新的源头主要靠天赋，创新的过程主要靠运气，只有创新天才才能真正将具有革命性的创新成果推向市场。事实上，创新是可以提前谋划的，在谋划过程中需要按照一定的方法论和规律进行有序管理。

在中国几千年历史上的创新过程中，因为没有重视创新方法的系统总结和谋划，而造成了很多遗憾。

中国发明了火药，但是没有生产出先进的火枪火炮武器；中国很早就发

---

① 俄罗斯轮盘赌（Russian roulette）是一种残忍的赌博游戏，后来常用作形容搏命式赌博。

明了指南针，但是没有成为航海大国；中国从几千年前就有了中草药，可是到现在为止很多中药的理论还没有系统地弄清楚，更为可惜的是中药专利被外国抢注的多达1000多项，超过80%的中成药处方专利在日本、韩国、德国企业手里，如美国申请了"人参蜂王浆"专利，韩国申请了"牛黄清心丸"专利等。

为什么会出现这种情况呢？首先是历史上封建社会的统治者不太重视科技创新，其次是因为我国一直没有把创新方法进行系统的归纳逻辑、总结技巧的传统。"工欲善其事，必先利其器。"因此，要重视创新方法的总结，应当把创新方法作为我们从创意转化为能力、从能力转化为价值的一个基本功。

举例而言，德国是一个非常重视创新的国家，在经过了200余年的历练之后，创新服务体系已经很完善，但是德国仍然非常重视它的创新体系和创新软环境建设，具体表现在：

第一，创新架构和创新模式建设。德国政府非常重视创新架构的构建，并在宏观战略布局上不断更新、不断调整、不断完善。

第二，创新体系和创新机构建设。德国通过各种创新研究联合会、基础研究机构、成果转化的机构和平台建设机构组建创新体系，这四套体系并驾齐驱，创新链条的各个环节都设有专门的机构去向前推进和落实。

第三，创新人才培养和教育体系建设。在德国的教育或者人才培育体系中，非常重视不同类型人才的培育。德国认为世界上人才分三大类，第一类人才叫精英，占世界人口不到1%，这些人提出改变性的创新；第二类人才叫管理人才，也叫操盘手，占人口总数的10%以内，把任务交给他们，他们能够顺顺利利完成，而且能把这个队伍组织起来，能把事情办好；第三类人才就是一般劳动者，占人口总数的90%以上。另外，德国大学里有一个专门的职位就是创新导师，并不教课，也不专门搞研究，他是要辅导这些年轻人，如何在创新过程中能够走向成功。这些学生找到创新导师，能够随时提问题，创新导师能够给他们引荐，像这些技术学什么课程，这些技术可以找哪些企业去沟通；你要是发展这个技术，需要资金的话，有哪些金融机构可以帮助你——创新导师就是引路的人。这样的教育体系，特别有利于创造型人才、创新人才的培育和激发，它能够最大限度地发掘每个人的潜质和潜能，让这个人在某一个领域发挥巨大作用。

【典型案例】华为研发从"赌"到体系化的转变

华为公司 CEO 任正非曾经说过："科研是赌博！不敢干就注定要失败！干事情就必须赌博，要有胆量！不去干、不敢干就会落后！"早期的华为研发为了快速赶超国际一流的研发水平，采取了多种"急功近利"的赌博式做法，但是后来的华为从创新实践中一步步走出了"创新是赌博"的怪圈，通过系列化的流程和体系保障了产品研发的成功不再依赖于某个天才、某个产品。

让创新成功从偶然成为必然，华为是如何做到的呢？

这很大一部分归功于华为公司在 1996 年之后，将研发和创新体系化地分为三大平行的部门[①]：

（1）战略规划办，即产品战略研究规划办公室，负责公司整体的产品战略研究和输出，指导中研部的产品研发方向，目标是回答"做什么产品"，避免"做错产品"。

（2）中研部，主要组织产品的会战，一旦认定某项产品的市场潜力，就全力以赴地攻坚，其任务是一定要实现产品研发的目标，避免出现无法向市场按时交付产品的情况。

（3）中试部，负责产品的小批量生产验证测试、产品生产工艺、产品从研发转生产前的成熟度研究，目标是"做好产品"，发现产品可能存在的质量问题并在研发早期加以解决。

并且三个部门分工明确：

战略规划办主抓的是预研立项，主要是瞄准世界一流水平，通过考

---

① 张利华. 华为研发 [M]. 机械工业出版社，2017.

察、征求顾问来评估其创造性、突破性；对人员工作经验和能力要求较高，这一项大概占总科研费用的30%，属于规划层。

中研部主抓的是项目研制，对时间、质量、经费等卡得比较紧，是落实"打硬仗"的过程，属于管理层。

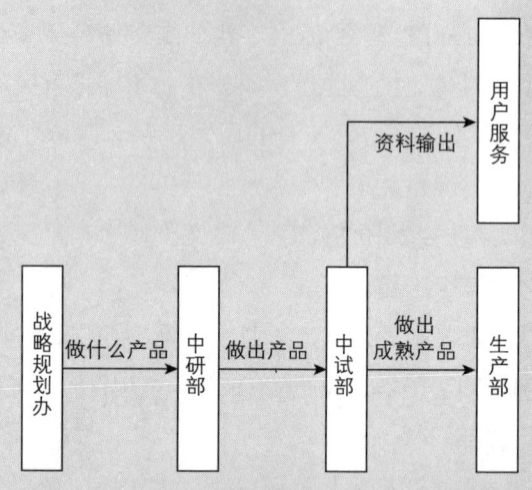

图1-2 华为从"赌"到系统的研发三大部门架构图

中试部主抓的是控制质量、成熟度，属于控制层。

在此基础上，华为在发展队伍、扩展产品的同时总结研发技术管理的经验，参照国际公司的规范化管理，逐步形成了一整套科学的研发管理体系和方法，使产品创新、技术创造不再是一项赌博，而成为一件在企业战略控制中的事情。

九、创新不是点对点的创新，创新是个系统工程

著名的"李约瑟的难题"①中说道：中国有着几千年的文明史，有着令国人骄傲的"四大发明"，据自然科学大事年表统计，在公元 1001 年至 1500 年的宋元明时期，世界重大科技成就中国占有 58%。李约瑟在《中国科学技术史》中写道："中国古代的发明和发现往往是超过同时代的欧洲的，特别是 15 世纪以前更是如此。但中国的航海业、军工业、印刷业、传媒业等现代工业却没有成长起来。"李约瑟把近代中国落后的原因归结为知识产权制度缺失。

其实还有一点重要的原因，那就是五千年来的中国科技界缺少系统性、体系化的创新，中国的发明创造大部分都是"点对点"和"点到线"的发明，没有形成"面"和"体"的创新体系，自然难以系统地发展现代工业。

苹果公司在推出手机时，既没有占领技术的制高点，也没有去建立一套通信标准，而是通过把用户的体验做到极致，一样把全球的手机市场搅了个天翻地覆，天下无敌。这种响应市场需求而对现有技术的整合，是一种系统化、体系化的创新。

戴尔公司（Dell）根据系统创新法则提出了"虚拟整合"的理念，并没有以垂直整合的方式去并购各个电脑零件的制造商，而是以信息化和松散联系实现了一个"严密的合作供应链"。

系统创新在实际应用过程中具有整体性、结构性、立体性、动态性、协调性等特征，需要从这五个角度系统地进行思考。

---

① 李约瑟难题，由英国学者李约瑟（Joseph Needham，1900—1995）提出，他在其编著的 15 卷《中国科学技术史》中正式提出此问题，其主题是："尽管中国古代对人类科技发展做出了很多重要贡献，但为什么科学和工业革命没有在近代的中国发生？"

1. 系统创新的整体性角度

系统创新的整体性角度，是指采取"总—分—总"的方式，将创新对象的整体作为创新的出发点，首先要从整体上对创新对象进行合理拆分，将其拆分为一个个创新子目标，对各个创新子目标完成突破之后，再对所获得的一个个创新点进行有效整合和整体创新。

2. 系统创新的结构性角度

系统创新的结构性角度，是指要主动从系统的结构出发，去认识系统的整体功能，并从中寻找系统最优结构，进而获得最佳的系统功能。

系统创新的结构性角度，必须把创新的重点放在结构创新上，首先找出决定创新的核心结构要素，将其作为"树干"，分别对"树干"发散出来的"树枝"的结构进行创新，最后形成系统结构创新的优化方案，构成创新"大树"。

3. 系统创新的立体性角度

系统创新的立体性角度，是指要跳出点、线、面思考的局限，从上下左右、四面八方去思考问题，在多个角度、多个角色、不同心态、不同时间、不同文化、不同环境因素组合的基础上思考，也就是要改变传统的横向思考的习惯，变成"立起来多维度思考"。

因此，系统创新的一个具体场景是立体化创新法，也称多元创新法、全方位创新法、整体创新法、空间创新法或多维型创新法。

4. 系统创新的动态性角度

系统创新的动态性角度，是指在创新过程中，根据外界变化进行实时的动态调整，尽力寻求一种"静中有动"的平衡状态。

它有两个假定条件：一是假设系统内部各创新要素的结构及位置不是固定不变的，而是随时间不断变化的；二是假设系统总是与外部环境不断地进行物质、能量、信息等要素的交换活动。

5. 系统创新的协调性角度

系统创新的协调性角度，是指在创新中要对创新对象从多侧面、多因素、多功能、多结果等角度进行综合协调。这需要创新者摒弃孤立的思考习惯，站在全局的、全面的高度上，对创新对象的成分、层次、结构、功能、内外联系方式等方面作出考察和分析，着眼于全局来协调、解决创新过程中遇到的各种问题和矛盾。

通用电气（GE）是重视系统创新的典范。爱迪生在最初设立GE时就制定了系统创新的准则，也就是"良性循环"准则[①]：

（1）专注于真正的问题，并系统性地解决问题，通过一系列的发明和创新，解决人类进入电气时代所面临的问题。

（2）将发明技术专利化，专利标准化，使GE在专利和产品方面具备竞争的壁垒和优势。

（3）控制价值链中的关键因素，即控制研发、专利、产品和服务，逐步建立起一套系统创新的方法。

（4）根据需求或创造需求，建立网络，然后利用自己的优势开发使用产品，利用这一策略而迫使网络提供者不断建立更强、更大、更复杂的电气系统，而GE将会为之提供这些系统。

---

① 良性循环，是指事物之间相互关联、互为依托，组成多个循环滋生链条，形成共同促进的因果关系。

【典型案例】港珠澳大桥的系统化创新

2018年10月23日，港珠澳大桥正式通车运营。它是世界上最长的跨海大桥，拥有世界上最深的海底沉管隧道；它的建设，创造了400多项新专利、7项世界之最。大桥连接珠海、澳门特区和香港特区，实现了三地一小时交通经济生活圈。对于粤港澳大湾区未来的发展，它的经济和社会价值将无法估量。

当初大桥的设计却经历了一个艰难的过程。

第一个难点就是登陆点的选择。设计师孟凡超带着设计团队沿着伶仃洋西岸一步一步去寻找最佳的登陆点。终于在要进入拱北关口时，孟凡超突然发现在澳门关和珠海关之间有一个50米宽的过渡地带，足以构成一个六车道的通道。

第二个难点是动物保护。动物保护专家指出，港珠澳大桥所跨越的伶仃洋海域正好经过中华白海豚栖息地，中华白海豚是国家一级保护动物，被称为"水中大熊猫"，必须保护好。设计团队仔细研究中华白海豚的生活习性，想尽一切办法尽可能减少工程对中华白海豚的干扰和影响。为此，他们创造性提出了大型化、工厂化、标准化、装配化的"四化"建设理念。所有大型构件全部在工厂完成，再运抵海上安装，最大限度减少海上作业的人员、时间和装备数量，从而把对中华白海豚生活的干扰降到最低。

而"四化"建设理念的提出，更是一种立体化创新思路的实践和创新，它彰显了中国桥梁建设者的智慧，这也是在世界桥梁界首次公开亮相的高端建设理念。最终孟凡超带领团队完成了大桥三种总体设计方案，分别是全桥、全隧和桥岛隧组合方案。

技术问题：考虑生态环境、经济效益、航船和航空限高的影响。解决方案：桥—岛—隧集群的主体工程，它包含约6.7公里沉管隧道和22.9公里跨海桥梁，以及为实现桥梁和隧道转换而修建的海中人工岛。

专利技术：规避丹麦 EPS 技术（遥控水下调节架），开发出全新的"半刚性"沉管结构，把沉管深埋的构想变成现实，第一次做到了海底隧道"滴水不漏"，同时开发出了"搭积木"安装工艺。而在岛隧工程的设计建设中，申请的专利达到 400 多项，并形成了桥隧工程的一个新标准。

十、你的创新能力如何？知己知彼方能百战百胜

各位创新爱好者，面对以下单选题，请务必跟从自己内心的第一反应，如实地、毫不犹豫地选择其中一个答案。

1. 你的性别（   ）
A. 男   B. 女

2. 你的年龄（   ）
A. 小于 15 岁   B. 15—20 岁   C. 21—30 岁   D. 30 岁以上

3. 你的学历（   ）
A. 大学本科以下   B. 大学本科   C. 硕士研究生   D. 博士研究生

4. 如果有人让你去做一件以前从没做过的事，你会（   ）
A. 拒绝去做，因为我讨厌不确定的事
B. 对此十分感兴趣，但又有几分恐惧，从而犹豫不决
C. 只要不违法，我会不假思索地去做
D. 如果我认为那是一件正确的事，我会很乐意地去做

5. 你去朋友家拜访时，发现他家的家具摆设很不合理，看着特别别扭。

这时你会（　　）

　　A. 怕得罪人，对此不发表评论

　　B. 心想如果这是你的家，你会怎样去改变这个屋子的摆设

　　C. 直抒己见地批评

　　D. 表达观点的同时指出自己的意见

6. 你会对大多数人深信不疑的东西表示怀疑吗？（　　）

　　A. 很少　　　　　B. 经常　　　　　C. 有时候　　　　　D. 会主动质疑

7. 当你翻到设计标语或广告文案比赛的有奖征文广告时，你会（　　）

　　A. 看也不看一眼便把它翻过去了

　　B. 毫不在意地看一眼

　　C. 细看其内容，以求对这次比赛的要求有进一步的了解

　　D. 很自信，真想设计些东西出来拿去比赛

8. 如果让你整个下午照顾一个孩子，而这个孩子又吵着闹着说没劲，你会（　　）

　　A. 想出一些有趣的游戏，让他度过一个愉快的下午

　　B. 让他别吵，一边儿玩去

　　C. 教他如何找些东西自己去玩

　　D. 随他便，只要保证他的安全即可

9. 当你自己做菜时，你会（　　）

　　A. 主动尝试想出一种新的烹饪法，而不是按照食谱上所说的去做

　　B. 严格地按照食谱去做

　　C. 按照食谱做了几次以后，就想变个法儿来做

　　D. 尽量按照食谱做，根据自己的口味做一些微调

10. 如果你看了一部情节古怪的电影，以至于看完整部电影你还不知道它在说些什么，那么你的感觉会是什么样的呢？（　　）

　　A. 就当没看过，想着还费脑细胞　　　B. 尽量回想，重新理一下头绪

　　C. 和看过此电影的其他人探讨一下　　D. 后悔看过，觉得纯粹是浪费时间

11. 试题：13，28，43，58，(　　)

A. 70　　　　　B. 73　　　　　C. 72　　　　　D. 不知道

12. 试题：100，84，76，72，(　　)

A. 70　　　　　B. 68　　　　　C. 66　　　　　D. 不知道

13. 你的兴趣在于不断提出新的建议，而不在于说服别人去接受这些建议？

A. 是　　　　　B. 不确定　　　　　C. 不是　　　　　D. 分场合

14. 你审美能力较强吗？

A. 是，我很确定　　　　　B. 不确定

C. 否　　　　　D. 我尽力去做，我很在乎别人的评价

15. 遇到举棋不定或模棱两可的事，你准备忍受到什么时候？

A. 一点也不能忍　　　　　B. 抽签决定

C. 听别人的意见　　　　　D. 我会一直忍着

16. 你接受新观念的能力如何？

A. 还可以　　　　　B. 不确定　　　　　C. 强　　　　　D. 差

17. 什么原因使你想从环境中获得某种刺激？

A. 从不想

B. 因为对目前的生活不满意，所以想寻求些刺激

C. 下意识地

D. 看周围人的反应，大家都做我就做

18. 你爱冒险吗？

A. 是　　　　　B. 不确定

C. 否　　　　　D. 我考虑的很多（家人、朋友）

19. 你对权威的态度如何？

A. 不敢违背　　　　　B. 犹豫不决，最终还是不违背

C.有时候会质疑　　　　　　　　D.只要不对，我就质疑

20.独身一人的你如果明天可以去另外一个星球生活且回不来了，你今天最想做的一件事情是什么？

A.坚决拒绝　　　　　　　　　　B.安排身边的工作

C.啥也不想，顺其自然　　　　　D.很兴奋，积极设想以后要做的事

21.一屋顶的坡度一边是60度，另一边是30度，一只公鸡在屋顶上下了一个蛋，问蛋会从哪边掉下来？

A.我计算一下60度和30度的坡哪一边更陡　　B.公鸡不下蛋

C.从两边掉下的概率一样　　　　　　　　　　D.我想办法先让公鸡下蛋

分值设置（满分100）

序号	1	2	3	4	5	6	7	8	9	10	11
A	2	1	2	1	1	1	1	7	4	2	1
B	1	3	4	2	2	5	3	3	1	3	3
C		4	3	3	3	3	5	5	3	4	1
D		2	1	4	4	7	1	1	2	1	0

序号	12	13	14	15	16	17	18	19	20	21
A	3	4	4	4	3	1	4	1	1	6
B	1	2	2	3	2	3	3	3	6	3
C	1	1	1	2	4	4	1	5	3	1
D	0	3	3	1	1	2	2	7	9	9

创新力评级标准

评级结果	C1（保守型）	C2（稳健型）	C3（平衡型）	C4（成长型）	C5（积极型）
得分	25分以下	26—37分	38—53分	54—85分	86分及以上

根据上述评分标准,可以对自己或团队成员的创新能力有个大概的自测和评估,那么你的创新能力是多少分?属于哪个创新力类型呢?

姓名:＿＿＿＿＿＿

分数:＿＿＿＿＿＿

类型:＿＿＿＿＿＿

第 2 章
CHAPTER

产品创新魔方，人人都是产品经理

第 2 章 产品创新魔方，人人都是产品经理

如今，随着技术发展、信息的高度透明性和新兴市场的不断兴起，技术、产品、服务、生产流程和商业模式的生命周期普遍缩短。英特尔联合创始人戈登·摩尔在 1965 年提出的摩尔定律已经得到了验证：集成电路中每平方英寸晶体管的数量每两年翻一番，而成本则减半。

这就需要创新型企业加快产品创新的步伐，在这个过程中，创新产品需具有新颖性——创新的成果必须是前所未有的；创新产品还要具有价值性——创新的成果应是有益于社会进步的，能够带来经济效益和社会效益。

对于产品创新而言，产品是 1，创新是 0，只有好创意没有好产品也不行！具体而言，一般包括以下六种产品创新形式：

（1）全新产品。这类新产品是其同类产品的第一款，并创造了全新的市场，此类产品占新产品的 10%。

（2）新产品线。这些产品对市场来说并不新鲜，但对于有些厂家来说是新的，约有 20% 的新产品归于此类。

（3）已有产品品种的补充。这些新产品属于工厂已有的产品系列的一部分。对市场来说，它们也许是新产品。此类产品是新产品类型中较多的一类，约占所推出的新产品的 26%。

（4）老产品的改进型。这些不怎么新的产品从本质上说是工厂老产品品种的替代。它们比老产品在性能上有所改进，提供更多的内在价值，该类新改进的产品占推出的新产品的 26%。

（5）重新定位的产品。适于老产品在新领域的应用，包括重新定位于一个新市场，或应用于一个不同的领域，此类产品占新产品的 7%。

（6）降低成本的产品。将这些产品称作新产品有点勉强。它们被设计出来替代老产品，在性能和效用上没有改变，只是成本降低了，此类产品占新产品的11%。

在产品创新过程中，具备创新产品经理的思维很关键，一个好的创新产品经理有三个重要特质：

第一，技术背景。具有技术背景的产品经理才能和工程师进行较好的沟通，才能更好地把控产品创新的技术细节。

第二，有点"懒"。生活上想"偷懒"的产品经理才会有动力去对产品进行改进和创新，而不是安于现状。

第三，敏锐的直觉。直觉不一定是对的，但是会指引产品创新的方向。

在此基础上，本章节给出了成为一个创新产品经理的九种方法，供大家参考。这九种方法分别是：仿生创新、差异创新、系统创新、跨界创新、求简创新、迂回创新、"退步"创新、内外创新和微创新。

一、仿生创新法，来自"造物主"的灵感

《道德经》有云："人法地、地法天、天法道、道法自然。"

经过38亿年的演化，生物进化出各种独特的生存策略，并具有节能、低耗、高效、适应性强的特性。这些自然界的"造物主"是最伟大的设计师和造型师。在经过数十亿年的进化和自然"优选"的征途中，自然界的生物为我们提供了取之不尽、用之不竭的原始创新资料库。

1. 仿生创新法的定义

仿生创新法，就是把大自然乃至宇宙作为研发创新的灵感资源库，有意识或无意识地开始细心地观察动植物或各种自然现象，以自然界万事万物的

"形""色""音""功能""结构"等为研究对象，希望破解这些自然现象的"知识产权"，从它们身上找到"技术秘密"的答案或密码，并有意识地进行模仿后的创新创造。

仿生创新法的价值在于，它能将创新的概念从抽象变为具象，它不再虚无缥缈，不再仅限于理论，而是可以通过模仿、体验、练习和实践来实现，并为创新提供新的思想、新的原理、新的方法和新的途径。

2. 仿生创新法的角度

仿生创新法的主要角度有结构仿生、功能仿生、原理仿生、材料仿生、力学仿生、信息与控制仿生、色彩仿生、外形仿生等。当然，仿生创新法必须通过模拟仿真实验的反复论证，才能上升为理性认识，才能转化为实际使用的产品。

（1）结构仿生，是指通过研究生物肌体的构造，模仿制造类似生物体或其中一部分的结构，通过结构相似进而追求实现功能上的相近。

成立于1936年的美国SOM建筑设计事务所是世界顶级设计事务所之一。SOM在设计位于北京CBD的中国国际贸易中心三期的结构方案时，就用到了结构仿生创新法。设计师发现竹子质量轻，强度大，在台风中很少看到竹子被吹断，于是仿效竹子的形状特性规律，对外形及壁厚进行了数学表达。国贸三期的塔楼在高度方向被分成八段，底部受力最大，因此底部节间长度较小，以增强塔楼稳定性。同时自下而上结构直径逐渐减小，以减小风荷载的作用。

（2）功能仿生，是指通过研究生物体和自然界物质存在的功能或原理，并利用这些功能或原理去改变现有的技术系统或创造新的技术系统，以促进产品的更新换代或协助进行新产品的开发。

荷叶为什么能做到出淤泥而不染、滴水不沾呢？科学家通过高倍显微镜观察发现：在每片荷叶上，都有密密麻麻的蜡状突起，表面不仅具有排斥性，还能像一层保护膜一样，不让任何东西侵入。后来科学家把这种现象叫作自净现象，也可以称为"荷叶效应"，或叫作"疏水效应"。基于此，科学家研发出了防水布料，并进一步开发出了防水衣服、防水防油的餐具以及耐脏布料等产品。

（3）力学仿生，是指研究生物体结构的静力学性质，以及生物体各组成部分在体内相对运动和生物体在环境中运动的动力学性质，进而进行模仿的过程。

模仿贝壳修造的大跨度薄壳建筑——悉尼歌剧院、模仿蛋壳结构建造的建筑——中国歌剧院，都是用最少的建材承受最大的载荷；模仿鲨鱼皮肤表面粗糙的V形皱褶制造的泳衣，可以大大减少水流的摩擦力；模仿海豚皮肤的沟槽结构，把人工海豚皮包敷在船舰外壳上，可减少航行湍流，提高航速。

（4）信息与控制仿生，是指通过研究与模拟生物体的感觉器官、神经元与神经网络，以及高级中枢的智能活动等方面的信息处理过程，获悉其原理后进行人工模仿的过程。

根据象鼻虫视动反应制成的"自相关测速仪"可测定飞机着陆速度；根据鲎复眼视网膜侧抑制网络的工作原理，研制成可增强图像轮廓、提高反差从而有助于模糊目标检测的装置，已建立的神经元模型达100种以上，并在此基础上构造出新型计算机；算法上的猫群算法、蚁群算法、鱼群算法、猴群算法、蜂群算法等，都是基于自然界动物群体行为而利用仿生创新法衍生出来的。

3. 仿生创新法的实操

仿生创新法除了与自然界造物主的灵感"偶遇"之外，还可以在创新过程中去主动地寻找应用。一般而言，仿生创新法可以按照以下六个步骤进行：

第一步，技术挑战定义：找到技术问题和应用需求，对设计挑战提出界定范围；

第二步，生物挑战定义：将技术问题译成生物学术语，用生物学语言重新定义挑战；

第三步，寻找生物原型：从自然界探索生物挑战与自然生物模型之间的关系；

第四步，简化生物模型：简化设计解决方案，建立生物学模型进行抽象分类；

第五步，仿生设计方案：基于自然生物系统模型发展出类比仿生解决方案；

第六步，解决方案评估：验证及评估仿生方案的可行性和可实施性。

很多著名企业通过仿生创新法研发出了很多高科技前沿产品，仿生作为一个创新的理念和工具，正被众多国内外企业推行应用[1]。

2012年底，华为公司的无线产品线提出一个新的需求——提升分布式基站 RRU 的散热能力。分布式基站为华为在业界首创，采用无风扇自然散热技术，能在各种极端环境下可靠运行，但散热能力通过反复优化已经逼近极限，如果要在此基础上再提升，难度不亚于百米赛跑，10 秒以内即使是 0.01 秒的提升都是一次艰难的突破。

2013 年初，华为向业界发出"关键技术挑战英雄榜"，来自上海交大的夏老师揭榜[2]。

2003 年 8 月的一天午后，工程师小唐陪夏老师漫步在华为上海研究所的湖边，边走边讨论一个技术难题。突然，夏老师盯着一片水杉若有所思，然后他弯腰从地上捡起一片树叶，笑着说："仿生这片叶子，说不定能解决你们的技术难题。"

夏老师进一步解释："树叶通过光合作用吸收阳光，表面温度不断升高，如果这些热量不及时散掉，植物会被灼伤。所以叶子又利用大量水分的蒸腾，带走了大量的热，从而降低了表温，活了下来。自然界经过亿万年的优胜劣汰，能生存下来的物种都具备某种特长。你们的硬件正如需要散热的植物本体；散热壳体正如这片叶子，确定主脉和支脉及其关系，就可以做到最优解。"

---

[1] 费尔马尼安商业与经济研究所 2021 年发布的研究报告表明，到 2025 年，各国利用仿生学创造的生产总值（GDP）总和将高达 1 万亿美元。

[2] 一杯咖啡吸收宇宙热量，http://blog.sina.com.cn/s/blog_95c6bef00102x3dt.html.

说干就干，夏老师立即组织团队，研究散热器的应用场景、各部分用途，讨论如何增强主脉均衡散热，优化支脉，将大部分热量传到外围空气中。在进行了无数次计算后，夏老师的假设得到了验证，一个模仿生物的结构和功能原理而成的仿生散热器（Leaf Cooling）完美诞生了。

"仿生散热器"作为首创技术应用于RRU中，它能让相关设备在体积不变的情况下，散热效率提高15%，功能和造型设计融合，既散热又美观。这一技术原理还沿用到微波、小站等产品上，全面增强了华为公司产品的全球市场竞争力。

随着仿生技术的日益完善和强大，仿生创新法未来的发展将会越来越趋向创新性、天然性、综合化、多样化、复杂化、智能化，并将对人类社会生活产生极大影响。

举例来说，人们运用仿生法发明的东西还有：

（1）根据萤火虫的发光原理发明人工冷光；

（2）根据鸟巢的结构发现拱形的承受力量，并建造出类似中国国家体育场的建筑；

（3）根据乌贼逃跑喷墨的原理发明军事上的烟雾弹；

（4）模仿老鼠的形体特征发明鼠标；

（5）根据荷叶的疏水构造发明轻薄防水衣；

（6）根据鲨鱼皮的结构发明能够大大提升游泳速度的游泳衣；

（7）根据大象的鼻子发明高层建筑用泵车；

（8）根据鸭的蹼发明船桨和游泳脚蹼；

（9）根据鱼利用鱼鳔沉浮的原理发明潜水艇；

（10）根据响尾蛇的尾巴原理发明响尾蛇空对空导弹；

（11）根据苍耳属植物总挂住衣服的特点获取灵感发明了尼龙搭扣；

（12）根据蝙蝠、海豚超声定位器的原理，发明了超声波雷达和潜艇声呐；

（13）根据蛙眼的视觉原理，研制成功一种电子蛙眼，这种电子蛙眼像真的蛙眼那样，能够准确无误地识别出特定形状的物体。把电子蛙眼装入雷达系统后，雷达的抗干扰能力大大提高。

【典型案例】从电鳗到电池的仿生创新

亚马孙河沼泽地带的电鳗,被称为"水中电老虎",可以瞬间放出300—400伏的电压,而有时电压甚至高达800伏以上,它的杀伤力非常大,以至于体型是它的几十倍的生物都不敢轻易招惹它。在鳗鱼身体的两侧,有很多可以放电的肌肉薄片,这些肌肉超过80%都是可以放电的。

那么,能否利用仿生创新法,将电鳗的发电结构应用到电池中呢?

答案是肯定的。电鳗内部有许多所谓的生物电池串联及并联在一起。单个的电池电量或许不大,但是当电鳗放电时,它身上的"电池"就会串联在一起,产生超强的电流。为了进一步提高发电的能量,电鳗通过不断进化,最大化地压缩了头和内脏的比例,从而将身体的绝大部分都用来安放发电器。电鳗的发电器位于尾部两侧,每个发电器都由发电细胞和细胞外空间组成,每层发电器之间还包裹有结缔组织。这样的发电器有规律地进行排布,数量可达10000枚左右,这种结构就像我们把很多干电池进行串联排列。

为什么发电细胞可以发电呢?这主要是因为电鳗的肌肉细胞膜上存在钠钾泵,它可以通过消耗自身能量来搬运钠、钾离子,在发电细胞的一个神经冲动过程中,当受到神经递质的刺激,细胞膜上的离子通道开启,钠离子流入,钾离子流出,从而产生一个150毫伏的膜电位。虽然一个发电器只能产生150毫伏的电压,但近万个发电器串联起来,就可以产生很高的电压。最后,许多这样的发电器组又并联起来,产生足够大的电流,将猎物或天敌击晕或击毙。但是,这种放电过程是需要消耗很大能量的,电鳗必须经过一段时间休息和补充丰富的食物之后,才能恢复原有放电强度[1]。

---

[1] Sara V, William L.Interrelationships of the ostariophysan fishes (Teleostei) [J].Zoological Journal of the Linnean Society, 72 (4): 297-353.

2019年，国内某研究团队联合研制了一种可拉伸发电机，它的工作原理就是模仿电鳗的发电原理。这种发电机的应用广泛，可以用于水下传感与能量收集。该发电机的工作原理是模仿电鳗发电器官细胞膜上的离子通道，构造了一种机械敏感性的仿生通道，用于控制发电机内部的起电液体的往复运动，从而实现电能的转化。两种独特的工作模式使得发电机在液体环境中可以实现超过10伏的开路电压，在干燥条件下可以实现超过170伏的开路电压。由于具有出色的柔韧性、可拉伸性、机械响应性和高输出性能等优势，这种发电机可用于人体运动监测，在干燥和液体环境中为新一代可穿戴电子设备提供了一种有前景的替代电源。

二、差异创新法，让你的产品非同凡响

差异创新法，就是利用产品在功能、材料、工艺、场景、颜色等方面的差异化来进行创新，力求独树一帜、非同凡响。

不管是阳春白雪的"环肥燕瘦"，还是下里巴人的"萝卜白菜各有所爱"，都间接地表示了公众的差异化审美。同样，实施产品差异化策略是企业提供同一种类的、与竞争对手不同类型的产品和服务，有效地避免同质化竞争，以获得竞争优势的一种竞争生存战略。

在宝马汽车出现之前，奔驰汽车已在高档轿车市场占据了绝对的统治地位。宝马汽车公司另辟蹊径，不在品牌价值方面与奔驰拼高低，而是遵循营销的差异化原理，即在市场细分出新的产品领域和价值，对宝马汽车进行全新的定位。宝马汽车公司以自己驾驶为基础进行设计，突出驾驶的乐趣和速度，代表青春、活力，一下子就将宝马的特色立了起来。在高档车市场取得了一定份额的同时，宝马汽车公司申请、拥有一大批与发动机有关的专利，

从而在"汽车心脏"领域占据市场优势地位,几乎每年的世界发动机大奖都由宝马汽车公司夺得。

为什么差异化创新在市场上能够被广泛接受?

差异化创新能够给生产者和消费者带来利益:对生产者而言,差异化创新能有效地回避市场上的正面碰撞和竞争,能够阻碍后来的竞争者,因为在差异化策略下,得到满足的顾客会相应产生品牌忠诚度;对消费者而言,差异化创新能使消费者满足自身需求,还能不断地促使产品性价比提升。

差异化创新的出发点,主要从功能创新、改善性能、量身定制三个角度出发来进行。

1. 功能创新

功能创新,是指这种创新具有了能满足从未出现过的需求的能力。通过功能创新所获得的竞争上的差异化优势,有赖于通过专利权或商业秘密等知识产权保护得以维持,以求维持合法技术垄断,持续保持差异化优势。

为了满足人们在拍照后能马上看到拍摄效果的需求,出现了宝丽来的拍立得相机;人们发现治疗心脏病的药物西地那非具有治疗男性性功能障碍的作用,于是辉瑞发明了"伟哥"。

2. 改善性能

产品性能或服务的改良创新,是指同一类型、同一行业内后发者对领先或创新产品的模仿式创新,这种产品创新本质上更多属于策略性产品创新的范畴。

在中国小创伤护理市场,美国强生公司的"邦迪"创可贴曾一度占领了大部分市场,很多用户想到创可贴的时候甚至不知道还有其他品牌存在。云南白药集团的研发人员认为,"邦迪"产品的性能只在于胶布的良好性能,而没有消毒杀菌功能,如果同时添加能够给伤口止血的创伤药,可以让伤口更快地愈合。于是,云南白药集团的研发团队与德国拜尔斯道夫公司这家拥有上百年历史的公司（拜尔斯道夫公司在技术绷带和黏性贴等领域具有全球领先的技术）合作开发，不到两年时间，真正的含药创可贴诞生了。人体临床实验表明，云南白药创可贴的杀菌率和止血愈创率分别比同类创可贴增强60%、45%。能够止血消炎的"云南白药创可贴"迅速推向市场，并切掉了"邦迪"的大部分市场。

3. 量身定制

量身定制，是产品走向差异化的最高形式。产品生产针对每个群体甚至每个人的不同需求，而量体裁衣、度身订制，顾客的需求得到了最大满足。此外，虽然有很多东西都是标准化的，但每个局部配件都有多样的选择，可以选择自己喜欢的进行组合，最后出来的产品就是符合个性消费者需要的"定制产品"。

1984年，戴尔电脑就是靠着"定制+直销"的商业模式脱颖而出的。现在一些服装销售商通过电子商务营销，只要消费者输入自己的尺寸、号码，要什么版型、什么纽扣、什么布料、什么颜色完全可以自己组配，还可以网上3D试衣，量身定制。

【典型案例】如何通过差异化创新卖苹果

差异化创新除了角度创新外，还有维度创新。现以卖水果例，从六个维度讲述差异化创新。

第一个差异化维度 你卖大苹果，我卖红苹果

同样是卖苹果，对于消费者而言，首先是视觉感知上的差异。大小就是视觉感知，因为大众的逻辑就是认为大苹果肉多核小且口感更好，同样品种的苹果，通常是越大的越贵。而大部分人以"大"为优势卖苹果的时候，会跟风出现一批"更大"的苹果。当"大苹果"已经成为普遍诉求的时候，大就不是差异了，消费者就会在都大的基础上比谁的价格更便宜。

当别人都卖"大苹果"的时候，我卖"红苹果"，由大小诉求切换了一个维度转为颜色诉求！

当然，维度不是随意切换的，大小与颜色都是视觉上的诉求，是两个相邻的维度，转化起来不难。如果两个维度相差太多，就很难引导消费者认可你的差异。

第二个差异化维度　你卖红苹果，我卖甜苹果

可以想象，当红苹果好卖的时候，追随者就会开始卖绿苹果、黄苹果、粉苹果……满世界都是各种颜色的苹果。当颜色成为普遍诉求之后，以后再有以颜色为诉求的，任何颜色都没有差异性可言了。

所以，当别人卖红苹果的时候，我可以卖甜苹果。无论大苹果还是红苹果都只是视觉上的感知，而水果最终是要吃的，好吃才是水果最重要的特征。

这一个维度的差异化创新，当然也不是单指从视觉到味觉，而是泛指从视觉到体验的创新。"农夫山泉"就是依靠"有点甜"的广告语和体验在饮用水的红海市场上打开了属于自己的通道，成为饮用水品牌中的翘楚。

第三个差异化维度　你卖甜苹果，我卖栖霞苹果

当甜苹果好卖的时候，追随者就会开始卖酸苹果、酸甜苹果、脆苹果、沙瓤苹果……市场上全都是各种口味的苹果。当口感成为普遍诉求，市场只能容纳少数口感最突出的品牌，后来若再以口感为诉求，就无法形成差异。

所以，当别人都卖甜苹果的时候，我卖地理标志保护产品[①]——烟台栖霞苹果，以国家颁布的原产地证书和质量认证作为背书来概括性诉求又大又甜又脆的卖点。

这个维度的差异，就是从物理体验到精神体验的差异。打破饮用水

---

① 地理标志保护产品，指产自特定地域，所具有的质量、声誉或其他特性取决于该产地的自然因素和人文因素，经国家知识产权局审核批准以地理名称进行命名的产品。

价格低于饮料魔咒的 5100 西藏冰川水、昆仑山雪山矿泉水等品牌统统从水源地背书上下功夫，以得天独厚的资源各自占领一个山头。

第四个差异化维度　你卖栖霞苹果，我卖栖霞"平安果"

当烟台苹果好卖的时候，追随者就会开始卖陕西苹果、新疆阿克苏苹果……市场上全都是带有原产地标签的苹果。由于市场短时间内无法同时容纳更多的原产地标签产品，即便你的产地气候、土壤等环境比栖霞还好，也需要相当长的时间来改变消费者心目中已经形成的"栖霞"是最佳产地的意识。在这种情况下，再卖苹果就不容易了。

当一个品类的主流消费者已经趋向于规模化的品牌背书，新产品就很难直接去竞争了。这时，可以加一些微创新：比如在圣诞节这个商业化色彩浓重的节日，营销带着"圣诞老人""圣诞树""平安"等各种图案的"平安果"；还可以跟苹果电脑专卖店合作，赠送"苹果牌"的苹果。

这个维度的差异就是同样功能下的销售卖点差异。

第五个差异化维度　你卖苹果，我卖苹果汁

你卖烟台苹果，我还可以卖莱阳梨、赣州橙子，但是当各种维度跨越很大的水果产地标签被占满，后来者再从鲜果上做差异化创意都很难，就会陷入降低价格提升服务的被动竞争。

这时，可以再从转化的维度进行创新，卖苹果汁！

这个维度的差异，就是间接竞争下的形态差异。荣昌肛泰的"贴肚脐治痔疮"就是这个维度的创新，从剂型上改变了传统内服、外用痔疮药的形态。

第六个差异化维度　你卖苹果汁，我卖苹果醋

如果果汁再陷入新一轮的比口感、比营养、比纯度、比价格的周旋，这时就可以从功能方面进行创新，卖苹果醋、苹果酒、苹果胶。因为同样是水果酿造的饮品，站在消费者角度，两者的价格悬殊，没有在意成本，他们只在乎自己的体验，两者给人带来的是不同的饮用体验。

这个维度的差异，就是回归到相似形态下的差异化创新。

以上六个维度主要是为了说明差异化创新的维度做的设计，其实对于效果最好的卖苹果而言，最佳的差异化创新方案很简单，就是卖又大又红又甜的栖霞苹果，并顺带开发其周边产品和定制化的产品。

总而言之，差异化创新的本质是避免消费者去与竞争对手直接比较，凌驾于品类通行的标准之上，以消费者需求为轴心，用自己的强势建立起一套选择标准，"永远被追赶，从未被超越"。

三、系统创新法，创新来自有组织无纪律

脸书（Facebook）的创始人扎克伯格说："创新来自有组织无纪律。"

1. 系统创新法的定义

系统创新法，宏观上指的是在系统思维视角下的体系化创新过程，它的对立面是单点突破式的局部创新；微观上是一项创新的组织管理，是对组成系统的系统要素、系统结构、系统流程及系统环境之间的关系进行动态的、全面的组织的过程，以促进系统整体功能不断进行升级优化。

宏观上的系统创新法，在本书的第一章第九节中已经做了详细介绍，本章节主要论证微观上的系统创新法。

或许有人认为，"系统化思维"是创新的大敌，但是大量的实践证明，创新不是无限的放任，系统性、结构性的创新方法将极大地提高创新效率。换句话说，创新过程可以不迷信权威的"无纪律化"，但是一定要有组织化、体系化和系统化。

2. 微观系统创新法的步骤

微观上的系统创新法,就是相信"按部就班,创新可以复制,灵感可以生产"的理念,将具体的产品或服务作为创新对象,按照一定的体系有目的、有系统地进行创新。

微观上的系统创新法,在实践中也需要从体系化着手,具体操作时一般按照如下步骤进行:

第一步,寻找创新机会,根据市场需求、市场反馈情况,寻找并辨别出创新机会点;

第二步,深化创新需求,根据创新机会点进一步确定并锁定真正的需求关键点;

第三步,确定创新概念,根据锁定的创新需求,确定甚至创造创新概念;

第四步,设计创新方案,从材料、工艺、装置等方面着手,设计可行的技术方案,并开展知识产权保护布局;

第五步,落地创新产品,根据创新方案做出中试产品;

第六步,推广创新产品,商业化推广过程中要考虑对创新方案进行动态调整,进行针对性的完善或修订。

3. 微观系统创新法的示例

系统创新法的创新思路来源于对问题的系统分析,创新的规则逻辑来源于外部系统。下面以被称为"户外爱马仕"的加拿大高端户外服饰品牌始祖鸟(ARC'TERYX)公司[1]的系统创新为例,来结合实践进行分析和说明。

始祖鸟品牌于1989年创立于加拿大温哥华,主要通过从户外运动、面料

---

[1] 2019年,中国的安踏公司发布公告称收购始祖鸟的母公司Amer Sports全部股权,从而将始祖鸟纳入安踏公司旗下。

和制造领域的新技术中获得灵感，开发创新型户外装备。始祖鸟的系统创新方式主要按照如下八个步骤有序地进行：

第一步，探索新材料与新概念。

始祖鸟的每一项设计都是基于专业人员的亲身体验，再结合新型材料和创新概念，从而开发出最好的户外装备。例如，在雪线产品的分层穿衣系统中，会结合保暖层和软壳，降低分层的数量，简化分层过渡。此外，设计人员着重强调透气性的理念，探索如何通过材料在保温的同时还能促进空气的流通，调节身体温湿度。

第二步，收集观点与想法。

对于不同类型的用户和环境而言，同一件产品的需求可能不尽相同。比如，一件保暖夹克对于向上攀登的人可能容易过热，而到了山顶或是下降的过程又会需要增加额外的保暖层。如果它能兼顾全过程而又无须携带多余的夹克，这才是十分理想的状态。类似的不同需求与想法必须经过向户外运动群体收集后进行整合，形成最终概念，最终来满足不同人群的户外运动需求。

第三步，制作样衣与实现想法。

当概念成形，团队即着手制作服装样衣，找出可以实现最终目标的面料组合。制作第一批样衣时，会观察各种元素的不同组合，其中包括面料、里衬材料、保暖材料的类型和容量等。

第四步，测试样衣、调整并反复测试。

所有服装样衣都必须经过专业团队的实地测试，以观察其功能性，发现需要改进之处。设计师、运动员、产品经理以及始祖鸟的其他员工一起探讨，获得尽可能多的反馈信息，了解他们是否真正喜欢这件产品。

第五步，确定基本的形态之后，完善优化功能性。

经过充足的测试与反馈，确定产品的基本形态之后，开始进一步完善功能性。例如：考量口袋的位置与数量、帽兜的形态和其他内部特征等，所有的部件必须达到户外产品所需的轻量化与易压缩性。

第六步，配色与采样。

功能性确认之后，产品会被送到产品线分类中，并交由始祖鸟的配色团队，融合季节性色板，与其他产品协调配色。

同时，产品的最终样品会被送到工厂，制作出产品样衣的最终形式，并将至少三份样衣副本与样衣一同发回始祖鸟设计中心，以便确认服装的各项规格是否得到了精确的还原。

第七步，确认投产。

设计团队会在样本上做笔记，标记出任何差异，并将其送回工厂。同样的过程将在另外两件产品样本上重复，直至所有规格都得到了完美还原。这一反复制样的过程通常需要六到八周，才能最终确认将产品全面投产，出现在下一个产品季中，进入市场销售。

第八步，知识产权保护与布局。

始祖鸟团队非常重视知识产权保护，作为第一个采用 GORE-TEXXCR 面料、第一个开发并使用防水拉链、第一个采用创新性设计——防水拉链仓、第一个采用每英寸 16 针的细密缝制方法、第一个采用窄防水压胶条、第一个采用结合部切割技术、第一个采用热贴合魔术贴、第一个在衣领部位采用黏合技术的面颊保护层、第一个采用热压黏合口袋、第一个在服装的下摆部位采用黏合技术的冲锋衣制造企业，用超过 77 项的专利进行全面布局，来对自己的研发材料、工艺、形状进行很好的知识产权保护，以形成更加坚固的市场壁垒。

四、跨界创新法，跨界不等于"乱炖"

清晰的分工模式下，人们在熟悉的领域，守着自己最擅长的生产方式纵向发展，于是有了所谓的"界"。跨界创新法，就是从不同的人、领域、产品等角度，将貌似"风马牛不相及"的东西在横向上有机结合，跨过这个"界"，形成令人意想不到的新产品。

思想的自由、思维的灵动，好似创意的眼睛，创新的灵魂；思想自由，则目光如炬；思维灵动，则意到神随。而欲达自由、灵动之境，跨界必先拆除思想的藩篱、打破思维的界限。这时，大脑会尝试将貌似不相关的所见所闻所思所想进行整合，从而能够产生新的突破性的创新，来解决问题和难题。

1. 跨界创新法的定义

跨界创新法，就是要突破原有边界束缚，包括领域界限、技术界限、社会界限、地理界限以及时间界限等，像田径运动中的"跨栏"一样，通过不同领域的碰撞、交叉和融合，产生创新成果。

需要注意的是，跨界一定不是盲目地把几个不相干的东西拼凑在一起，那叫"乱炖"。

创新专家弗朗斯·约翰松说过："当不同领域产生交叉时，当优势和观念之间产生碰撞、融会，往往能有'1+1>2'的效果。"正如意大利的文艺复兴，就是当时的科学家、雕塑家、诗人、哲学家、画家、建筑学家共处一地，思想碰撞畅所欲言之后将各自的领域进行交错互融之后，产生新的想法，从而成就了文艺复兴的盛景和史上最具创新力的时代之一。

2. 跨界创新法的执行要点

实践中，如何能够更好地做到跨界创新呢？首先要能跨界、会跨界、巧跨界，实操中一般要按照如下三个要点来执行：

要点一：合理创造并利用闲暇时光

所谓的闲暇时光，是指要主动地创造出一段任由自己支配的时间，你可以探索工作和专业之外任何感兴趣的事情，也可以不受任何打扰地发呆、冥想。这个时候，一个人的大脑皮层会处在一种放松舒展的状态下，更容易捕捉到被忽略的信息和灵感，更可能发现事物之间微妙的联系。

要点二：为自己构建一个开放的多样化的思想网络

跨界创新者的社交圈最好不要被限制，朋友圈和社交圈最好包括不同性别、不同年龄、不同爱好、不同领域、不同专业背景的人，大家能够随时分享自己的见解、创意和灵感，同时还能在创新过程中互相支持。

要点三：持续地培养跨界思考的能力

跨界创新者需要亲自站在跨界的中心点上或身处跨界网络之中，才能拥有一种新视角，这种视角能够让你接触到各个学科的独特观点，从不同的角度来审视问题，用不同的思维方式来分析问题，这样更有可能找到一条崭新的赛道，做出跨界的创新的实践。

3. 跨界创新法的延伸

从实践来看，跨界创新还可具有如下更为延伸的内涵：

第一，跨界创新中的"创新"不是一般性的微创新，而是具有原创性、突破性、引领性的创新；

第二，跨界创新中的"跨界"可以跨越时空、领域、文化等各种界限，具有极大的包容性；

第三，价值创造是跨界创新的内核。自然科学、工程技术等的"硬创新"体现跨界创新的"硬实力"，体制机制、商业模式、思想观念以及组织管理等"软创新"则体现跨界创新的"软实力"，二者相结合，才能构成跨界创新的综合实力。

【典型案例】从机枪跨界创新来的播种方法

提起马克沁机枪（Maxim gun），给人的第一印象就是该机枪在第一次世界大战的索姆河战役中，一战成名而被称作"人体绞肉机"。马克沁机枪是世界上第一款真正成功的以火药燃气为能源的自动武器，第一次实现了子弹从单发到连发的跨越，每分钟可发射 600 余发子弹。

在和平年代，美国一家名为"Drone Seed"的无人机公司，有个创始合伙人是兵器迷，他以马克沁机枪为灵感，跨界发明了一种能高速播种的无人机。该无人机是专为森林火灾之后的树林再造而研发，它可以利用压缩空气的方法把包含种子和肥料的"胶囊子弹"射入土壤中，就像机枪扫射一样。该播种方法因为局限性小、效率高，树木的成活率还特别高，所以成了很多国家造林工程中不可或缺的好帮手。

【典型案例】从餐饮界"悟饭"跨界学来的新一代显示技术

AMOLED技术被称为下一代显示技术。AMOLED屏幕的构造有三层，即AMOLED屏幕、触控屏面板和外保护玻璃。

2010年，台湾工业技术研究院（ITRI）开发出了6寸可弯曲AMOLED屏，厚度达到0.1mm，该AMOLED屏采用FlexUPD多用途柔性电子基板技术，折叠状态下照常显示图像，卷绕半径5cm甚至更短，而且达到15000次卷绕寿命。

据悉，该技术正是使用跨界创新法，灵感则来自闽南小吃润饼①的制作！

柔性显示面板生产技术工艺中，需要在一个坚硬而平坦的硬质底座上黏合一层柔性基板，再在柔性基板上一层层地制作和放置电子元件以及各种面板，接好线路后再把完工的柔性显示面板从底座上撕下来。之所以这样做，是因为在精细的显示组件制作过程中，需要精确固定柔性基板的位置，误差只能以微米来计算，以让电子元件之间不致错位。

既要求柔性基板能够稳固地和底座相结合，又要求它能够容易地脱离底座，这就成了当时生产工艺中的一个难题。

台湾工业技术研究院的一个研发人员在等待购买润饼的过程中，发现润饼皮非常薄，制作者会熟练地把软面团抹在热炉板上，瞬间成型，润饼皮既不沾锅，又可以很快取出；除了对面团本身的材料有一定的要求之外，另一关键是制作者在炉板上抹面团前，会先抹上一层油。

---

① "润饼"又叫"薄饼"，是闽南的小吃，每逢春节、清明节等节日，便有吃薄饼习俗，后来流传到台湾地区。制作时，手抛面团到鳌子上完成"摊饼"。饼皮超薄柔嫩而坚韧不易破，可包裹各种馅料和蘸水来吃。

他就从制作润饼的过程中得到了灵感："可不可以像在润饼与烤盘之间加入油脂，让润饼可以顺利脱离烤盘而不受损一样，在 AMOLED 屏幕生产过程中加入一层易撕的中介材料呢？"

受此启发开发了 FlexUPD：通过在生产过程中添加一层叫作"离形层"的特殊材料，来满足生产柔性显示屏时的矛盾要求。在生产的时候，离形层通过黏着剂固定柔性基板和底座，以方便生产时的精确对位；而在完成所有的制程之后，只需要简单的切割工序，就能容易地把柔性基板和底座分开。

这真可谓新一代的"悟饭"——从吃饭中而获得产品研发创新的灵感！

五、求简创新法，将至繁归于至简

求简创新法，就是利用"将至繁归于至简"的思路来实现创新的一种方式。

该方式类似"帕累托法则"，即"80/20 法则"，在任何特定群体中，重要的因子通常只占少数，而不重要的因子则占多数，因此只要能控制具有重要性的少数因子即能控制全局，也就是舍弃一切复杂的表象，直指问题的本质。

求简创新法的可贵之处，是它直戳现实中的这么一种病态：今天的人们，往往自以为掌握了许多知识和拥有更多的需求，而喜欢将事情往复杂处去想，甚至是为了创新而创新，而不考虑消费者的真实需求，结果导致大部分产品都增加了一些根本用不到的功能和设计。

14 世纪英格兰的逻辑学家奥卡姆的威廉在《箴言书注》2 卷 15 题说："切

勿浪费较多东西，去做用较少的东西，同样可以做好的事情。"换一种说法，就是如果关于同一个问题有许多种理论，每一种都能做出同样准确的预言，那么应该挑选其中使用假定最少的。求简创新法也因此被叫作"奥卡姆剃刀创新法"。

求简创新法的核心原则是"如无必要，勿增实体"，即奉行简单有效原理。让问题变得简单后，解决方案自然就简单化了，因为很多所谓的创新都是"过度设计"，即人们往往为了实现某个不太需要的功能而添加了很多不必要的设计。

如果我们在创新过程中采用求简创新法，只需要找到解决问题的本质即可，而往往就不会需要更多的、不必要的设计，总结而言就是：命题简化、设计简化、工艺简化、流程简化、包装简化、营销简化……

注意！求简创新法中的简化不是偷工减料。

那么，我们可以通过哪些方式达到求简创新法中的要求呢？一般有以下五种方式：

1. 简化功能，并做到极致

简化功能，是指不追求功能的多样化，而是将一个简单的功能做到极致，从而成为某一领域的专业领导品牌。

如亚马逊的 Kindle，就是抓住了舒适阅读这个功能——将一个功能做到极致，在满足一般电子产品快捷、便利的同时，最大程度上用电子书还原纸质书籍的阅读质感，使用户能够方便地专注于阅读，爱上电子书的阅读。

2. 简化定位，品牌具有个性化

在当前这个消费者狂热追求个性化的时代，即使在产品上无法做到极致品质，也可以通过个性化定位与消费者产生共情，从而赢得市场。

宜家家居（IKEA）就是发现了由于一般家具既重，体积又大，仓储、运输的费用在产品价格中占有非常高的比例的特点，于是，针对产品进行了简化改良。宜家家居的大多数产品都由客户自行运输、自主安装，少了这部分成本，宜家家居建立起了自己的"DIY"[①]品牌竞争壁垒，多年来在家居行业罕有人超越。

3. 简化设计，让产品更易用

简化设计的目的是更方便人们的使用，将本来使用复杂的产品设计得更简单、使用更简单、选择更简单。

1908年10月1日，福特汽车的"T型车"正式推向市场，很快就赢得了消费者的喜爱，取得了巨大的市场成功。这和T型车所包含的简化创新理念是密不可分的。

T型车的诞生不仅仅是一种车型或者设计的创新，而且是汽车生产方式乃至大工业生产方式上具有划时代意义的创新。在福特T型车成功的过程中，求简式创新法起到了至关重要的作用，那就是福特将T型车定义为：单一车型、单一颜色、单一售价、单一流水线，它能让福特汽车更便于生产、更便宜、更便于操作、更方便选择以及更便于维修。

4. 简化工艺/方案，让产品更实用

创新的目的不是为了创新而创新，而是要更加实用，在这种思路下采用求简创新法改进产品，有时比执着于技术创新本身更有成效。

圆珠笔作为一种写字工具，因为其便携、便利性得到大家的喜欢。1888年，一位名叫约翰·劳德的美国记者最早设计出一种用滚珠作笔尖的笔，但是写字不够顺滑；1938年，匈牙利记者比罗发明了写字顺滑的油墨圆珠笔，但是遇到的技术问题是写到2万字左右，由于圆珠的磨损总会导致笔尖漏油；多年内，多位发明家从圆珠、笔芯内侧等角度纷纷进行技术改进，但由

[①] DIY是"Do It Yourself"的英文首字母，意思是自己动手制作，并逐渐演绎成为一种流行的生活方式。

于技术或成本等原因，纷纷失败。

后来，日本发明家中田藤三郎利用求简创新法，想出了一个办法：既然圆珠笔写到2万字左右就要漏油，干脆让它写到1.9万字左右的时候油就用完。一个小小的改变，使圆珠笔漏油这个大伤脑筋的问题迎刃而解，圆珠笔从此登上了统治世界书写历史的舞台。

5. 简化价格，让挑选更简单

简化价格，不是要通过降价来打价格战，而是通过创新的手段，如主动简化产品品类降低消费者的选择困难，并通过单品销量的增加来获得供应链采购优势，进而达到价格健康地下降、产品反而更加优秀的性价双重促进效果。

在1948年的圣贝纳迪诺，麦克·麦当劳和迪克·麦当劳这对兄弟开了第一家麦当劳餐厅。他们的菜单上，可点的东西只有9种，饮料也只有几种最常见的样式。麦当劳只卖9种食物，就能很好地控制自己的原材料，起码不浪费，因为消耗的数量大，跟供应商议价的能力还高。从1961年到2015年，麦当劳的收入增长了一万多倍，市场规模增长了两万多倍，能取得这样的成绩，与它最初就定下的削减品类、低价销售的策略不无关系。

六、迂回创新法，遇到难题转个弯儿

迂回创新法，也叫"U形创新法"、绕开创新法，即通过正常途径无法实现时，不要一直钻牛角尖去解决，换个思路，以迂为直、围魏救赵，打开思维。

迂回创新法，说得形象点，就得像水一样，流则顺势、随形，乃至上善若水、源源不断、水滴石穿。大禹治黄河水患时就是采用了迂回创新法，变堵为疏，将洪水引向大海。

一个人在莽莽苍苍的丛林里迷路了，没有地图，没有指南针，怎么办？

有一个方法，就是顺着流水的声音往前走。为什么呢？因为流水可能会迂回，但终会向前，引领你走出丛林。

在创新过程中，尤其是在颠覆传统观念的创新过程中，如果遇到的发展阻碍巨大，不妨借鉴水的智慧，采用迂回创新法，先与传统观念和解，再循序渐进地导入新观念。

在 1971 年于伦敦举办的国际园林建筑艺术大赛上，格罗培斯所设计的"迪士尼游乐园小路"被评为世界最佳设计，其所用的设计理念是：先把地面都铺上草坪，然后让游客随意践踏。过了几个月，草坪上就被踩出了一条条"小径"，他让修路的人沿着人们踩出的"小径"来修路。这些道路优雅自然、宽窄有序、实用方便，且正是人们最优选的道路。

99 号楼是微软公司的一栋研发楼。1990 年在设计 99 号楼时，考虑到这里代表着微软的未来，必须以人为本，于是先确定各个茶水间和休息室的位置，接着以它们为中心，设计了一个新型的办公楼，这是微软公司为了加强员工的连接而在办公室布置上有意为之。

迂回创新法，具体而言，就是从一个小的边缘的冷门的、别人容易忽视的点、易于攻克的点切入，找到创新点的破裂区域着手，然后采取更简单、更便捷、更便宜的方案满足边缘用户隐藏的压抑的刚需，然后逐步有波段地扩大和长成一个蓝海，最后占据头部位置。

在具体操作中，迂回创新法的综合运用要点如下：

第一步，首先尝试通过正面观察去发现问题。

接受创新任务后，首先尝试从正面去直接观察研究对象，这是因为直接观察的视线最短。只有当正面直接观察受阻时，才开始考虑采用迂回的方式进行间接观察，这时也要以正面观察的结果作为参考。

第二步，采取迂回观察方式去创新。

具体执行时有避直就曲、避实就虚两个路径。

首先，通过避直就曲这种最基本的迂回方式进行观察，即不直接观察研究对象，而是通过先观察"第三者"再来了解观察对象的情况。

其次，采取避实就虚的方式迂回，这种迂回方式的特点是从事物的"虚象"（如功能、性能、效果等角度）出发去认识事物的实际形态。比如在研究一台机器的结构形态时，我们不用将机器分解为传动、控制、输出等各个组成部分，而是先观察它在功能、运动形式等方面的表现，再推测出其内部结构。

奥迪 R10 TDI 是第一款按照勒芒 24 小时耐力赛的举办者——西方汽车俱乐部（ACO）颁布的 LM P1 规则同步设计的赛车。作为历史上第一辆获得勒芒 24 小时耐力赛冠军的使用柴油引擎的赛车，其设计的灵感来源，就是使用了迂回创新法。

对于研发赛车的团队而言，首先要解决的问题自然是"如何令赛车的速度更快"。而奥迪研发团队反而问自己："在我们的赛车不能比别人更快的限制下，如何赢得比赛胜利？"答案就是：减少进站次数，在同等油箱储量的前提下，提高燃油效率！

在此理念的引领下，奥迪开发出了使用柴油引擎的、具有更高燃油效率的赛车，使得奥迪 R10 TDI 于 2006—2008 年连续三年在勒芒 24 小时耐力赛中独占鳌头。

> **【典型案例】德国 EOS 围魏救赵成为行业老大**
>
> 在 3D 打印领域，美国的 DTM 公司通过激光烧结领域的核心专利布局和市场先入策略，在 21 世纪初期获得了行业领头羊的位置。同领域的后起之秀德国的 EOS 公司经过专利分析和不断的试探，结合自身的研发优势，最终选择了粉末涂覆装置这一外围布局点作为突破方向，并依托技术优势和后期的市场推广，赢得了用刮板代替 DTM 公司粉末涂覆技术的市场先机，逼迫对方进行专利交叉许可，从而以最低成本获取激光烧结核心专利的使用权，并能迅速跟进，在该核心专利技术——选择性激

光烧结工艺（SLS）的基础上进行改进改良，研发成功了选择性激光熔融技术（SLM），并最终建立属于自己的技术体系——直接金属激光烧结成型技术（DMLS），并在 2016 年成功取代 DTM 公司的技术成为激光烧结领域新的技术标准，通过"源头开花，弯道超车"的专利策略，实现了公司的跨越式规划发展目标。

因此，在市场竞争中，企业如不可避免地面临来自对方的专利威胁和市场控制风险，就需要围绕对方的必要专利寻找外围专利中的空白点和薄弱点，用迂回创新法，尝试形成对竞争对手必要专利的有效钳制，进而与竞争对手形成一定的相互依赖、相互制约的关系。

【典型案例】爱迪生发明流线形鱼雷

在海战中常用的鱼雷，最初是由 1866 年英国工程师罗伯特·怀特黑德发明的。不过，直到 19 世纪末，鱼雷的航速也不过 11 千米/小时，射程为 180—640 米，且性能很不稳定。1914—1918 年的第一次世界大战期间，德国军队用较为先进的蒸汽瓦斯鱼雷 1 分钟可行进 900 多米，航程远达 8000 米，共击沉总吨位达 1200 万吨的协约国商船。反观当时美国的鱼雷速度不高，德国军舰发现后只需改变航向就能避开，因而命中率极低。

美国军方为此找到了爱迪生。爱迪生既未做任何调查也未经任何计算，而是利用迂回创新法，提出一种意想不到的办法，要研究人员做一块鱼雷那么大的肥皂，由军舰在海中拖行若干天，由于水的阻力作用，肥皂变成了流线形，再按肥皂的形状制造鱼雷。

新的鱼雷果然在速度、灵活度和命中率方面收到了意想不到的奇效。

七、"退步"创新法，退步原来是向前

唐朝的布袋和尚有首诗："手把青秧插水田，低头便见水中天。六根清净方为道，退步原来是向前。"

低头见天、退步向前其实都是指让创新者换个视角看问题，前进未必是前进，退步未必是退步。退步需要一分勇气，更需要一分宁静，心如止水，方能洞察风起云涌。抬头能看见天，低头也能看见天。抬头看天，易乱脚下分寸；低头看天，易知步履清晰。

世界上有很多创新，不是往前，不是走向从来没人去过的陌生地带，而恰恰是往回走。

有些创新，貌似用了退步、落伍的技术，实则不然，其实是为了满足特定时间、技术、市场、地域等特殊要求下的技术手段而已，这也是一种创新思路，叫作退步创新法。

退步创新法的应用场景，一般有以下五种体现：

1. 依赖于传统传承的创新

退步创新法，有时是指要回到一个早已过时、落伍甚至陈旧的事物或服务，但是要用全新的手段把它再做一遍，这时也叫作"新瓶装老酒，旧酒焕新颜"创新法。其实创新一直都存在一个稳定的路径，很多时候就像清华大学法学院副教授刘晗说的一样："若不进入传统，则无法添加新物。"

进入 21 世纪 20 年代后，很多移动互联网创业者开始将目光转到传统的送餐、卖菜等行业中来。卖菜业务之所以会吸引如此多的玩家投身其中，其中一个很重要的原因在于当前互联网市场的流量竞争已经从增量竞争时代进入到存量竞争时代，对于极度依赖流量的互联网模式来讲，以卖菜等传统行业为切入点的渠道下沉，通过流程优化去提高效率的手段，无疑是在传统行业中找到了流量汇聚的新大陆。

2. 依赖于标准路径的创新

退步创新法，更多的时候是因为历史长期沿袭下来的习惯形成路径依赖和标准依赖，造成一些貌似"落后"的技术仍在各领域中长期使用，这时叫作"路径依赖"创新法。"路径依赖"虽然在某些层面有一定的落后性，但是从整体成本和推广可行性上考虑往往是最优选择。

"航天火箭的宽度竟然是由马屁股的宽度决定的"，这在学术上叫作"路径依赖"理论。 为什么呢？因为火箭要用铁路运输，而铁路要经过一些隧道，隧道的宽度与铁轨的宽度一致，铁路两条铁轨之间的标准距离是 1.435 米。铁轨标准又来自马车轮距的标准，马车轮距的标准就等于两匹拉战车的马的屁股的宽度！

3. 依赖于专利规避的创新

退步创新法，有时还因为专利等垄断措施的过度保护，导致完全颠覆式的创新可能造成成本过高而无法推广应用，此时，在维持现状的基础上做一些针对性的创新，可能是最好的选择，这时叫作"专利规避"创新法。

"蒸汽机之父"詹姆斯·瓦特（James Watt）于 1776 年发明制造第一批新型蒸汽机并应用于实际生产，在将蒸汽机活塞推动技术从直线往复运动转化为圆周运动，以获得更大的推动力的过程中，由于曲柄传动专利技术的所有人约翰·斯蒂德（John Steed）要求同时分享瓦特的分离冷凝器专利而瓦特不同意，导致蒸汽机不能被广泛推广使用。在产业需求的倒逼下，瓦特只能暂时以效能较差的轮回式活塞技术代替曲柄式活塞，以规避曲柄专利的限制，并于 1784 年 4 月获得英国政府授予的制造蒸汽机的专利证书，独享蒸汽机技术带来的丰厚利润达 10 年之久。

直至 1794 年约翰·斯蒂德的曲柄式活塞专利到期后，整个行业才逐渐将行星齿轮的传动结构改为曲柄连杆结构。

4. 依赖于初心回归的创新

退步创新法，有时候是战略性地放弃一些东西，当退则退、回归初心、脚踏实地，这时叫做"初心回归的情怀"创新法。

日本的"经营之神"松下幸之助在创业的前15年，公司一直业绩平平，没有较大的突破和发展。为此，松下感到非常苦恼。

直到有一天，松下去参观一个寺庙，发现那里香火十分兴旺。一贯喜欢对问题追根究底的他，不由得对这一现象深入思考：并没有谁强迫信徒到庙里来，可人们还是争相前来；并没有谁强迫信徒一定要向庙里捐献香火钱，可是人们还是争相捐献。这到底是什么原因呢？

在与庙里的一位高僧进行交流并向他学习了禅法后，松下恍然大悟，之所以企业发展不快，主要是由于自己的公司，仅仅停留在创造利润这一层面上，包括高级管理者在内的所有员工，都缺乏一种精神信仰与心灵追求。而禅宗修炼者们，有着一种更高层面的精神追求，所以他们能自发地去做许多事情，而且能不断自我超越！

于是，松下就将禅宗的观念运用到管理和工作中去，其中很重要的一点，就是让员工们不仅是为赚钱而工作，而且要认识到工作的崇高感，寻找工作中的快乐感和自豪感，即劳动的目的应该是促进社会进步，满足人们对更美好生活的追求。以此为起点，松下公司开始了飞速发展之路。

5. 依赖于故意示弱的创新

退步创新法，有时候是承认不完美的完美、认可不完美的完美，甚至是主动展示不完美的过程，这时叫做"故意示弱"创新法，也叫做"守拙"创新法。

留美的计算机专业博士高俊海毕业后回国找工作，结果好多家公司都不录用他。思来想去，他决定收起所有的学位证明，以一种最低身份去求职。不久他就被一家公司录用为程序输入员。这对他来说简直是高射炮打蚊子，但他仍干得一丝不苟。

很快地，老板发现他能看出程序中的错误，这并非一般的程序输入员可比。这时他才亮出学士证，老板给他换了个与他所学专业对口的工作。

过了一段时间，老板发现他时常能提出许多独到的见解和有价值的建议，远比一般的大学生要高明，这时，他又亮出了硕士证，老板见到后又提拔了他。

又过了一段时间，老板觉得他的见识还是与别人不一样，大多时候更胜一筹，就对他质询，此时他才拿出了博士证。这时，老板对他的水平已有了全面的认识，毫不犹豫地重用了他。

高俊海就是成功地运用了退步之法，以退为进，由低到高，让人一次次刮目相看，从而走向成功的。

【典型案例】米格-25 的退步创新法秘密

苏联的米格-25 大量采用了不锈钢结构，在设计上强调高空高速性能，曾打破多项飞行速度和飞行高度世界纪录，是世界上闯过"热障"（2.5 马赫）仅有的三种有人驾驶飞机之一（另两种是美国的 SR-71 和俄罗斯的米格-31）。1961 年，米格-25 原型机在试验中创造了在 22670 米的升限以 3000 千米/小时的速度飞行的世界纪录，当时世界上任何一架飞机都无法达到这一性能。

后来因为苏联驾驶员别连科叛逃日本，美国科学家才有机会揭开了米格-25 令人震惊的秘密——退步式创新！

第一个退步式创新点——材料退步。他们发现米格-25 压根儿就没使用质量更轻的钛合金，用的是高温钢，而且机身竟然是纯手工打造！

第二个退步式创新点，米格-25 发动机在高速飞行时竟然会"自残"。飞机在高速飞行时，高速气流会对发动机产生强大的压力，米格-25 在超过 3 马赫时，高速气流会迫使压缩机产生强大的吸力——吸食自己的零件！

第三个退步式创新点——使用更落后的真空管。当美国科学家拆开米格-25的雷达时，没想到用的居然是美国淘汰了好几年的性能被晶体管技术甩了好几代的真空管，因为在高辐射条件下，晶体管无法工作，但真空管就可以！

看似落后的技术，在苏联科学家使用退步式创新的操作下，解决了实操中的问题，反而成了米格-25的秘密武器，实在令人诧异不已。

【典型案例】纯度退步反而成就了高性能半导体

20世纪50年代末期，江琦玲于奈进入索尼公司，领导研究半导体材料。当时，替代电子管的新元件是晶体管，锗是制造晶体管的半导体原料。全世界都在研究这种原料，希望把锗提炼得更纯。江琦和他的助手黑田百合子也在孜孜不倦地探索，尽管黑田十分小心地操作，但总不可避免地混进了一些杂质。他提心吊胆地一次次测量数据，但结果却大相径庭。

于是黑田想，既然不可能绝对提纯，倒不如干脆采取相反的做法，故意一点点地添入少量杂质，看看到底能提炼出什么样的晶体。这种近似荒唐的想法，显然有违常理，但江琦博士得知后却拍案叫绝。按照这一思路，江琦小组进行了一连串的实验。他们在实验过程中意外地发现了半导体中的"隧道效应"。除此之外，最有价值的结果是，当他们把锗的纯度故意降到一半时，性能更优良的半导体产生了，这种二极管后来被称作"江琦二极管"。

江琦玲于奈因为发明了"江琦二极管"，荣获1973年的诺贝尔物理学奖。

八、内外创新法，研发和获取"内外兼修"

内外创新法，是指重视在创新过程中的内外协作能力，其中包括企业内部的协作和外部合作伙伴的协作。

产品的创新途径之一：内部研发

1）自主创新

自主创新是由企业自身通过有关产品的基础研究和应用开发，研究发明新产品或对老产品进行改良，以期积极参与并引领市场所需的技术新潮流。

在全世界各类日用品生产企业中，宝洁公司在产品研究与开发方面的投入首屈一指。公司每年投入资金17亿美元，有8300多名科学家，其中有2000名具备博士学位的研究员，在全球范围内18个大型研究中心专门从事基础研究、产品开发、工艺设计、工程与设备研制等工作，平均每年申请专利达20000余项。宝洁进入中国后，与清华大学合作，于1998年4月在北京成立了大型的技术研究中心，专门研究适合中国市场的产品。

2）逆向研发

逆向研发属于内部研发的一种形式，也称作技术破解、反向工程和逆向工程等，是指企业对其他公司的产品就性能、构造等内容进行研究，从中破解其制造工艺和技术秘密，以期进行仿制和二次创新改进。逆向研发涉及商业伦理和知识产权、竞业竞争等法律问题，但是它仍然被作为企业间在市场之外进行竞争的重要手段之一。

金庸武侠小说《天龙八部》中的鸠摩智练"少林七十二绝技"，给出了对逆向工程的完美解释。鸠摩智从逍遥派偷得"小无相功"，在"小无相功"的催动之下，他在短时间内练得本来需几十年练成的"少林七十二绝技"。鸠摩智真要是从根上将"七十二绝技"修炼到超越少林玄字辈高僧的水准，没有三十年是达不到的，毕竟少林玄字辈高僧是穷尽一生之力也才修炼一两门。鸠摩智一年就修炼几门，甚至威力比少林高僧的成名绝技还大，这很大程度上得益于"小无相功"的加持。

但是鸠摩智最终走火入魔，也提醒我们如果一味进行逆向工程而无自主创新打好根基，结局往往不容乐观。

在模仿的同时得有自己的核心技术、核心工艺等核心能力持续加持才不至于走火入魔。

3）委托创新

委托创新是指企业把开发新产品的工作通过契约的形式交由企业外部的人员或机构去完成，比如产学研相结合的模式，很多涉及我们常见的委托创新模式。对于那些内部科研人员不足、研究基础薄弱或资源能力较差的中小企业，委托创新是最佳新产品开发途径。

4）联合创新

联合创新是指多家企业或创新主体之间将资金、技术力量等资源联合起来，共同攻克技术难关，共同分享研发成果，也属于内部创新的一种。对于大型的研发项目，联合创新可以解决单一企业无法实现的技术突破，能有效避免国内厂商单枪匹马地在市场上竞争甚至价格"内卷"[①]的局面，做到优势互补。

华为公司在产品研发上，坚持"开放式创新"，先后在德国、美国、瑞典、英国、法国等国家设立了23个研究所，与世界领先的运营商成立了34个联合创新中心，从而实现了全球同步研发，不仅把领先的技术转化为市场竞争优势，还为华为输入了大量高素质的技术人才。

---

① 内卷，网络流行语，原指一类文化模式达到了某种最终的形态以后，既没有办法稳定下来，也没有办法转变为新的形态，而只能不断地在内部变得更加复杂的现象。现泛指同行间竞相付出更多努力以争夺有限资源，从而导致个体"收益努力比"下降的现象。

产品的创新途径之二：外部获取

外部获取是指企业不通过自己的研究和开发，而直接从企业外部获取某种新技术、新工艺的使用权或某种新产品的生产权和销售权，包括创新引进、企业并购和授权许可等方式。

1）创新引进

创新引进是指企业直接购买新技术或者购买新产品的生产和销售权。在引进技术方面提倡"一学、二用、三改、四创"的原则，即在学习和运用的基础上，对引进的技术进行改造，使之更适应本国的生产和市场条件，在积累了足够的技术经验之后，实现技术和产品创新，创造独立自主的知识产权。

作为一家 2011 年创立、2018 年上市的公司，宁德时代用 10 年的发展，成为全球最大的动力电池企业。其中，引进创新发挥了重要的作用。

1999 年，曾毓群从 TDK 公司辞职创业，和 TDK 的几位高管一起在香港注册了 ATL 公司，他们购买了美国贝尔实验室的聚合物锂电池的专利授权，本以为买了专利之后就可以顺利造电池赚钱的 ATL，却发现被坑了——电池专利的确是真的，但原专利权人隐瞒了它的缺陷：使用一段时间就会因为内部材料分解释放气体而膨胀，导致电池存在爆炸风险。曾毓群带着 ATL 众人经过多次实验调整，改进技术工艺，终于做出了不鼓包的手机电池。当时，正值手机大面积普及的时代，ATL 成为全球消费类电子最大的电池供应商，可惜最终被日本 TDK 并购。

2008 年，我国发布了大力支持新能源汽车产业发展的政策，ATL 决定成立动力电池部门，2011 年曾毓群又将研发部门独立出来，再次牵头成立了宁德时代新能源科技有限公司（CATL）。前事不忘后事之师，宁德时代在发展过程中注重建立完善的研发团队，涵盖产品研发、工程设计、测试验证、制造等多个领域。宁德时代在电芯、模组、电池包、BMS 等各细分领域均拥有多项核心技术，各项技术处于行业领先水平。

2021 年，宁德时代市值达到了 1.3 万亿元以上，甚至做到了"全球每生产 3 台新能源汽车就有 1 台使用宁德时代的电池"。

2）企业并购

企业并购是指企业兼并或收购其他公司的股权，这样就可以顺理成章地取得对该公司的新技术和新产品的占有权、使用权或控制权，从而用最短的时间获得产品创新的基础。

宝洁公司在 1982 年收购 NorwichEaton 药品公司，进入非处方和处方药品市场和健康护理领域；1987 年收购 Blendax 系列产品生产线；1989 年收购 Noxell 公司和其著名化妆品牌 Clarion 产品，由此进入化妆品和香水市场；1990 年收购 Shulton 的产品线，拓展了男性个人护理市场；1991 年收购著名的化妆品品牌 MaxFactor 和 Beatrice，进一步在国际范围内拓展其化妆品市场；1996 年收购著名的美国婴儿尿片品牌 BabyFresh，巩固了其在婴儿保洁用品市场上的地位；1997 年收购 Tambrands 公司，拓展其在女用保洁用品领域的全球业务。

3）授权许可

授权许可是指企业从其他企业那里获得生产和销售某种产品的许可（如：医药界的 License in 模式），在此基础上进行生产、制造、销售甚至二次研发的过程。授权许可，能够让大量的创新者都不再需要自己一切从头开始，可以避免大量的研发弯路，快速地进行新产品的开发。

License in 是国内医药界独有的一种模式，它基于国外对创新药的先进研究成果，技术引进方获得其在中国国内的知识产权授权许可，并通过对技术诀窍的消化和吸收后进行二次创新，获得这些二次创新成果的知识产权。

华为公司研发的其中一个宗旨就是：与国内外合作伙伴开展合作研发，站在巨人的肩膀上，通过引进、消化、吸收的方法，进行再创新和集成创新，发展自主的专利技术体系。

比如，华为的窄带 CDMA 技术、SDH 光网络技术、智能网技术等都得益于清华大学、北京大学、中国科学技术大学、北京邮电大学、电子科技大学等高校的技术授权许可。

在通信的 CDMA 和 3G 领域，华为通过与高通的合作，购买高通的协议专利，实现了技术的快速突破。到 2020 年，华为在通信 5G 领域终于走在了世界的绝对前列地位，还拥有众多 5G 标准必要专利。

九、微创新，并不是"伪创新"

创新，并不一定必须是轰轰烈烈的创新，也不完全是改变世界的颠覆式创新，也不一定是原创性的技术性的创新，也不一定是"十年磨一剑"的工匠式大创新，可以是小创新、微创新。

市面上大部分产品的有效创新都是基于小发明、小创造的"微创新"，这些微创新，大部分都是为了解决生活中的问题，使"懒人"们生活更便利的创新，因此也叫作方便式创新。

"微"并不是小，并不是可忽略不计的，有时候"微"是见微知著、识微见远、微言大义、无微不至、体贴入微……一切"微"的行动背后都蕴藏着巨大的能量。

"微创新"亦如是，并不是某些人认为的简单模仿的"伪创新"，而是以微为入口，将力量聚焦在微小的点上，制造压强强力破壁。

微创新一般包括以下几种创新类型：

1. 技术型微创新

尽管微创新一直宣称的是"用户至上，体验为王"的口号，但不可否认的是，技术永远是可以直接改变用户体验的一个关键要素。

与十年磨一剑式的"大创新"的技术等相比，微创新中的技术要素，不是耗时长久的研发，而更多是一个微小的点上的突破或改进，或是对已有技术与众不同的创新性应用。或从满足用户的某种需要出发，或从给用户带来某种独特体验出发，进行周期短、应用快的技术创新、改良或运用，就是技术型微创新的核心。

美国自然之宝（Nature's Bounty）公司的酯化C（Ester-C），就是其利用技术微创新法研发的一种维生素 C 产品。它提取自天然植物，采用专利技术处理制成酯化抗坏血酸钙，去除普通维生素 C 的酸性，对胃温和无刺激；同时还包括维 C 高效吸收系统——复合生物类黄酮及天然维生素 C 代谢产物，彼此协同增效，使维 C 能 24 小时均匀释放，促进细胞吸收的同时推迟肾脏代谢，大幅度提高维 C 在人体内的吸收率及持有率，售价也因此由普通维生素 C 的 2 美元/瓶提升到了 200 美元/瓶。

2. 功能型微创新

功能型微创新是指，开发出某种满足用户需求的功能或创造出独特用户体验的创新活动。功能型微创新可以分为两类：一类是创造出一种具有全新功能的产品或服务；另一类是在原有品类的基础上，增加了全新的附加功能。

2011 年微信诞生后，依靠的正是持续性的功能"微创新"，不断地吸引用户并发展壮大的。在社交娱乐上的功能微创新有朋友圈、短视频、小游戏、红包、表情包、抖一抖、摇一摇、碰一碰、看一看等，在便捷工作上的功能微创新有企业微信、小程序、微信公号等。

微信的各种功能型微创新，其实就是在不断完善微信"触角"，从不同角度触及用户需求点，抢占用户的时间，形成用户黏性的同时，打通各个环节创造庞大的商业运行系统，时刻保持自己的行业领先地位。

3. 定位型微创新

通过对产品或服务进行独特的定位，并针对这一定位进行创新设计，达到创造独特用户体验的目的，这就是技术型微创新的核心内涵。

跨界与错位，是定位型微创新常用的手段。

曾经霸屏各地卫视的脑白金广告语"孝敬爸妈，脑白金"，就是利用的定位型微创新，通过不断的灌输，让人们把"孝敬爸妈"和"脑白金"紧密地联系在一起，以至于一说"孝敬爸妈"，大家就会习惯地想起"脑白金"。这样一来，"脑白金"品牌实际上已经变成"孝敬爸妈"的品牌了。

4. 营销型微创新

在市场营销环节，采用新的手段、新的形式、新的模式以及新的传播渠道等方式，带来新的用户体验，从而引爆用户群，而让消费者心甘情愿地去追随，这就是营销型微创新的鲜明特色。

2011年初，日本服装品牌优衣库（UNIQLO）在人人网上推出了"2011人人试穿第一波"。借助网络力量提升品牌知名度，优衣库的粉丝们可以通过在其公共主页上留言，申请成为试穿者。通过线上活动与线下促销的结合，为期14天的活动使优衣库人人网的粉丝激增，共吸引了超过133万人次参与在线活动宣传。优衣库所主打的"因为产品吸引人所以很多人排队"的理念也逐渐传播出去，为优衣库线下实体店的圣诞促销吸引了大量的人流，从而刺激了实体店的销售，实现了线上线下销售"双丰收"。

5. 包装型微创新

在用户体验越来越个性化、细微化的年代中，一个独特的包装，足以成为产品和品牌区别于业界的标志。独特的包装，能够创造出独特的用户体验，传递出产品和品牌独有的文化与内涵，这就是包装型微创新的价值所在，甚至能让人心甘情愿地"买椟还珠"。

作为曾经的服装网站"一哥"凡客诚品，最初用以打动顾客的，正是一个外包装盒的创新：凡客诚品要求在所有的服装塑料袋包装之外都要加上一个精美环保的无纺布包装袋，而配送的外包装则坚持使用费用较高的硬皮纸盒！"让消费者打开的时候感觉到舒服"，这就是凡客通过包装型微创新打造的用户体验。

6. 服务型微创新

能创造出独特用户体验的，不止于产品本身，企业提供服务的质量与方式，也同样是用户体验的决定性要素。通过贴心、周到而有特色的服务，营造出良好的用户体验，是服务型微创新的本质。

享誉河南许昌和新乡的"胖东来"超市就是靠着提供"7日内商品正常调价，给予退差价"的承诺、18项免费服务（如免费存车、免费打气、免费提供修车工具、免费存包、免费给手机充电、免费送货、免费维修、免费干洗、免费熨烫、免费锁边、免费修鞋等）、顾客投诉有500元奖励等服务型微创新，打动了千万顾客，让人备感温暖、宾至如归、流连忘返。"胖东来"极致服务的背后，其核心是一个管理的微创新，那就是：给员工极致福利，让员工具有老板心态和思维。

7. 渠道型微创新

随着新时代消费主体话语权的增强，突破传统的渠道限制，尝试一种新的销售渠道，相信"人在哪里，渠道就在哪里"，让产品以意想不到的方式恰如其分地和消费者见面，这就是渠道式微创新。

从2019年开始，在零售领域，渠道更新迭代、创变速度加快，线上线下融合更加紧密，传统渠道在见证了直播导购的魔力之后，不再满足于从短视频平台获取流量，一些企业的掌舵者如格力董事长董明珠、小米CEO雷军等也纷纷放下架子，亲自开启了视频直播带货之路。

8. 整合型微创新

整合型微创新是一种持续性的微创新，是指根据用户和市场的反应，通过对各种微创新元素、各种产品、知识产权、服务及营销上的细节进行调整和改良，用最适合的方式将各种微创新元素进行整合，统一在产品当中，最终达到打动用户的目的，并使产品具有长期持续的吸引力。

航母是国家军事实力的一个象征，作为继"辽宁舰"之后的第二艘航母，也是真正意义上的首艘国产航母的"山东舰"，从设计到建造，全部由我国自主完成，意义重大，也刷爆了国人的朋友圈。这时，中船文化科技（北京）有限公司获得中国首艘国产航母"山东舰"独家授权，与元物设计联合出品"山东舰"文创、与森宝积木强强联手用文创的方式进行微创新传播航母文化，"山东舰"授权积木项目计划共推出了10个左右的SKU[①]，形成一整个产品系列，其中最复杂的一款产品，达到了3000+PCS[②]。

9. 模式型微创新

模式型微创新，是指通过引入新的商业模式，给消费者带来全新独特的用户体验，从而占领更广大的市场。模式型创新作为一种新的创新形态，其在市场上的重要性并不亚于技术创新，有时候甚至更为有效。

"小罐茶"打破传统茶叶市场粗放销售的惯例，通过统一包装、统一存量、统一品级、统一价格、大师制茶、大量宣传的模式型微创新，并投入巨资进行广泛宣传推广，最终通过品牌差异化的方式在一片红海的茶叶市场成为翘楚，创造了一年销售额20亿元的传奇。

尽管微创新在某些层面上能够取得很好的成功，但是大家对于微创新，往往还存在着以下几个误区：

（1）微创新，就是模仿、复制式的"伪创新"，不但没有自主知识产权，还可能面临着知识产权侵权被诉讼的可能性；

（2）微创新，就是小打小闹，难登创新的大雅之堂；

（3）微创新，需要多点开花，无法聚焦、无法做到极致。

相对于以上三个误区，真正的微创新，反而是具有以下三个特点的：

第一，真正的微创新，需要围绕某个产品现有的问题进行针对性的创新，并尝试进行补充性的创新组合，创新过程中可将这些成果通过专利、商标等进行保护，变成真正属于自己的知识产权；

第二，真正的微创新，要聚焦某一产品或服务的系列创新，真正地解决用户的痛点才能成功，把所有的力集中到一个微小的点制造"压强效应"；

---

① SKU是指一款商品，每款都出现一个SKU，便于电商品牌识别商品。
② PCS，就是PIECES的缩写形式，是"个""件"的意思，是数量单位，不是计量单位。

第三，真正的微创新，有时更多的是一些应用场景的创新，需要进行一系列的管理和创新实践。

总结而言就是，微创新需要微小刚需、微小聚焦、微小迭代。在实操中，微创新的具体操作流程有如下四步：

第一步，见微知著，小步快跑，找到关键产品和拳头产品，遵循简单、精益、强大的原则，聚焦并落地研发。

第二步，识微见远，不断试错，找到最佳商业方向，遵循差异化、壁垒化、可复制的原则，制定商业模式并调动资源进行协调。

第三步，无微不至，先贴近用户的需求，产生尽可能多的创新方法，并同时根据市场需求变化情况积极推动构建补充性创新的组合方案，并进行小范围的实验，从中选择可行的创新方案。

第四步，体贴入微，从小处着眼，落实创新实践，制定推广流程，全力进行市场推广。

【典型案例】2020年微创新案例 TOP50[①]

"你的产品可以不完美，但是只要能打动用户心里最甜的那个点，把一个问题解决好，有时候就是四两拨千斤，这种单点突破就叫'微创新'。"

在2010年中国互联网大会"网络草根创业与就业论坛"上，奇虎360公司董事长周鸿祎提出了"微创新"这个概念。这个概念也进一步验证了如今互联网发展技术语境的变化：不再是技术做主导，而是用户体验做主导。尽量让产品触达用户那些隐私而又细小的需求。

下面结合2020年《互联网周刊》邀请一众专家评选出来的微创新案例进行分析和点评。

---

① 源自《2020.07 德本咨询/eNet研究院/互联网周刊排行》。

表2-1 《互联网周刊》评选出的2020年微创新案例TOP50分析和说明

排名	企业/品牌	微创新案例	产品详细说明	微创新类型
1	华为	FreeBuds 3	业界首款主动降噪的半开放耳机，在听音乐的同时能听到好友谈话和车站播报	定位型 技术型
2	优衣库	社交融媒体——掌上旗舰店	通过社交平台一键连接到优衣库小程序官网，在疫情期间，更是通过LifeWear服适人生的进化创新，为消费者提供线上线下更高效便利的服务，满足特殊时期人们的社交、生活需求	渠道型 服务型
3	爱玛电动车	爱玛袋鼠车	利用仿生结构提供亲子安全电动车出行解决方案	定位型 营销型
4	汉能	单玻三曲汉瓦	结合高透光玻璃和柔性薄膜太阳能芯片的解决方案	技术型
5	华凌厨卫	华凌WZ161零冷水热水器	采取无极恒温仓技术，解决热水器出冷水的痛点，使用过程全程无冷水	功能型 技术型
6	安踏	"排汗神器"智能透干鞋	研发智能透干科技面料，吸湿排汗更彻底	定位型 技术型
7	海信	食材管理冰箱	实现对冰箱内食材的智慧管理，智能温控	定位型
8	康佳	APHAEA未来屏	使用新一代显示技术Micro LED用于8K显示	技术型
9	美的	Superior炖锅	融入中国文化元素	整合型
10	九阳	蒸汽电饭煲F-Smini	内胆无涂层，首创蒸汽加热的电饭煲	技术型 营销型
11	小熊电器	多功能酸奶机	除制作酸奶外，还能制作米酒、泡菜等	功能型
12	越疆科技	魔术师机械臂LITE	可以写书法、画画的机械臂，辅助艺术创作	整合型

（续表）

排名	企业/品牌	微创新案例	产品详细说明	微创新类型
13	李宁	轻弹科技	利用超临界流体发泡成型工艺，发明全新缓震 PEBAX©材料，应用到鞋底上	技术型
14	智云	CRANE 3 LAB 稳定器	云鹤自拍设备整体嵌入了全新的人体工程学概念全新提壶结构设计，赋予了稳定器新的外观形态，令手持拍摄稳定更省力	技术型
15	OPPO	Reno 4 快充技术	提供65瓦的手机快速充电支持，35分钟内解决手机从无电到充满电的问题，疫情期间让办公、娱乐无障碍	功能型
16	Vivo	超感光微云台镜头	通过整个镜头模组的移动为画面增稳，无论是自己运动的过程中拍照，还是拍摄高速运动物体，在微云台镜头优秀的防抖效果和强大的物体捕捉能力的加持下，画面清晰稳定	技术型
17	故宫	故宫猫系列文创产品	借助故宫强大的影响力，将故宫IP形象化、生活化，将故事与内容结合后进行产品再造	整合型模式型
18	完美日记	国家地理系列眼影	将美妆产品和山河自然风光结合，从自然风光中取色，打造基于自然美学的眼影盘	整合型
19	花西子	雕花口红	将微雕工艺应用到口红膏体，并将国风与美妆进行IP结合	整合型
20	参半 NYSCPS	高端护理牙膏	牙膏中添加护肤成分，通过刷牙修复口腔内的软组织	整合型
21	波司登	登峰系列羽绒服	提供专业级保暖防护，极致保暖，无惧极端环境	定位型
22	大白兔奶糖	快乐童年香氛产品	联合气味图书馆，推出了快乐童年系列的香水、沐浴露、香薰等产品	整合型

（续表）

排名	企业/品牌	微创新案例	产品详细说明	微创新类型
23	江小白	水果味江小白	在高粱酒中加入水果，在满足消费者期许白酒口味更丰富的同时，开启了新酒饮时代的更多可能	整合型
24	茶颜悦色	国风奶茶	从品牌名到产品再到视觉设计，无一不散发着浓浓的国风韵味。将中国传统文化运用得炉火纯青，是茶颜悦色能跟年轻人做深度沟通的基础	整合型 模式型
25	元气森林	无糖碳酸饮料	用赤藓糖醇替代蔗糖，健康的同时保证口感	营销型
26	三顿半	冷萃即溶咖啡	几乎可在任何温度下在液体中溶解，使用更便捷	定位型
27	伊利	伊然乳矿轻饮料	在乳品中添加乳矿物盐，"小牛角"瓶盖设计打开更便捷	整合型
28	君乐宝	悦鲜活	填补高活性蛋白牛奶的市场空白	渠道型
29	旺仔	旺仔牛奶民族罐	旺仔变身56个民族的形象，借此民族风引爆社交网络	整合型
30	三只松鼠	益生菌每日坚果	将坚果和益生菌进行结合，凸显健康属性	整合型
31	良品铺子	果仁蘸酱吃	开启坚果配果酱的新吃法	营销型
32	百草味	人造肉零食	主打国内首家即食性人造肉零食生产商	营销型
33	盐津铺子	31度鲜海鲜类方便食品	将川味麻辣味与海鲜即食食品相结合	整合型
34	钟薛高	中式瓦片式雪糕	形状还原江南白墙青瓦造型，国风元素、设计新颖	整合型
35	轩妈	蛋黄酥	使用动物性黄油，健康、保质期长、口感好	营销型

（续表）

排名	企业/品牌	微创新案例	产品详细说明	微创新类型
36	自嗨锅	自热食品	火锅方便食品，采用FD宇航冻干技术保证口感	技术型
37	空刻	空刻意面	简化传统意面的备餐食材和制作流程	整合型
38	超级零	三日燃卡餐	囊括三日内一日三餐，打开即食	整合型
39	王饱饱	多口味燕麦片	低温烘焙、高纤维、用料升级，走高端路线	定位型
40	农夫山泉	植物酸奶	以植物蛋白为主要原料发酵制作酸奶	营销型
41	旺旺	梦梦水	利用天然草本成分，通过喝水帮助睡眠	定位型
42	小罐茶	多泡装	严守标准、一罐多泡、包装精美	包装型
43	德清源	Npop可回收蛋盒	采用榫卯结构设计，可多次回收	包装型
44	蓝月亮	生物科技洗衣液	采用生物去污渍技术、抗污渍再沉淀等洗涤科技	技术型
45	物鸣	擦丝器	包围式护手器，多功能擦丝，安全	整合型
46	信联智通	双层易撕包装袋	使用双层结构的"子母"袋，可无接触取外卖	包装型
47	梵素设计	可伸缩手提袋	上提打包、下压取出，减少间接接触	包装型
48	阳光印网	阳光宝盒	无胶带的封装设计，可多次循环使用	包装型
49	顺丰	丰-BOX	用拉链代替封箱胶纸，可多次循环使用	包装型
50	山东碧海	碧海瓶	把"砖包"变成"瓶"，推出了一款全新的包装形式，给小包装配备了大口径旋盖，从而演变成全新的，常温奶、低温奶都适用的包装	包装型

第 3 章

技术创新魔方，创新并不是想象中那么难

所谓技术创新，就是在原来的基础上创前人之未有、符时代之需求的技术。它重在"创"，贵在"新"，二者不可或缺需兼而有之。原有的技术基础已经过时或效率不高，就需要我们在原有技术的基础上寻找到一些更好、更适应、效率更高的方式和方法，这时技术创新也就应运而生了。

只有创新才能孕育新的力量，只有创新才能驱动新的发展，所以创新是一切发展和前进的"增压机"和"加速器"。

衡量创新的方法很多，但就技术本身而言，最基本的准绳之一就是这项技术能够帮助人们实现某种功能。

目前技术以指数级速率发展，技术的迅速发展进步已经影响了各行业各领域，比如电动汽车、无人驾驶汽车、基因工程、3D打印技术和可穿戴设备等，我们无法再对侵入日常生活的新技术视而不见。

一、程序重组创新法，打乱了重新来的创新

程序重组创新法，是对目前大家广为熟悉的奥斯本检核表法[①]的一种改

---

① 奥斯本检核表法是指以该技法的发明者奥斯本命名，引导主体在创造过程中对照9个方面的问题进行思考，以便启迪思路，开拓思维想象的空间，促进人们产生新设想、新方案的方法。主要面对9个大问题：有无其他用途、能否借用、能否改变、能否扩大、能否缩小、能否代用、能否重新调整、能否颠倒、能否组合。

进,就是打破事物原有的结构组成,通过程序重新组合,从而产生新成果,例如把原先产品、工艺或服务的操作程序"1—2—3—4—5"进行重组改为"5—4—3—2—1""1—3—5—2—4"……

1. 程序重组创新法在实操中的两个基本操作

调整重组:要改变事物的现状,唯有打破原先的格局,重新考虑其结构的组合,使之形成新的性质和功能,以满足用户的新需求或形势发展的新要求。

择优重组:在考虑调整的过程中,往往会出现多个方案,经过反复权衡利弊和可行性论证后,从中选择一个最优的方案。所谓最优方案,就是在最大程度上满足新形势发展需要的或满足人们新需求的方案。

苹果公司从乔布斯回归之后的 iPod 开始,利用程序重组创新法持续创新,成就了多款伟大的产品:将 iPod 加上电子显示屏,成就了 iPod Touch;将 iPod Touch 加上通话模块,成就了一代神机 iPhone;将 iPhone 的屏幕拉大,就有了 iPad。

而最开始的 iPod 的 1 亿部的销量为苹果公司打出了口碑、打响了品牌、捕捉了消费者的体验。如果没有 iPod 这个基础和台阶,一上来就推出 iPhone,未必如此成功。

2. 程序重组创新法的实操技巧

程序重组创新法在具体实施时,按照以下三步骤进行:

第一步:明确问题,根据创新对象明确需要解决的问题;

第二步:试验讨论,根据需要解决的问题,参照表中列出的问题,运用丰富想象力,强制性地一个个核对讨论,写出新设想;

第三步:筛选评估,对新设想进行筛选,将最有价值和创新性且具有可行性的设想筛选出来。

3. 程序重组创新法在实操中的十一种方式

想创新，各个元素可重组。

十一法，应用起来顶呱呱。

挪一挪，死马可能变活马。

借一借，别家经验到我家。

变一变，颜色式样作变化。

扩一扩，参数尺寸都增大。

换一换，改张易调作更换。

调一调，换个位置更热辣。

反一反，逆向思维想办法。

加一加，组合起来是一家。

减一减，合理减配也不差。

乘一乘，规模复制使劲砸。

除一除，降本增效娃哈哈。

表3-1 程序重组创新法的重组方式

序号	重组方式	重组方式解释	重组方式举例
1	挪一挪	在现有功能和用途的基础上，现有的东西（如产品、材料、工艺等）有无其他用途？保持原状不变能否扩大用途？稍加改变，有无别的用途或功能	例如：将弹药输送机改装一下，就成了自动、高效和安全的饼干输送机；将烫发用的电吹风，用于烘干被褥的被褥烘干机
2	借一借	能否从别处得到启发？能否借用别处的经验或发明？外界有无相似的想法，能否借鉴？过去有无类似的东西，有什么产品可供模仿？哪些产品可供模仿？现有的发明能否引入其他的创造性设想之中？能否从其他领域、产品引入新的材料、造型、工艺、功能等进行创新	例如：将自然界中动物的优势引进工业中进行仿生发明创新；将普通机床引入数控技术成为数控机床；把智能手机操控系统引入普通手表，使其成为智能手表

（续表）

序号	重组方式	重组方式解释	重组方式举例
3	变一变	现有的产品是否可以作某些改变？改变一下会怎么样？可否改变一下形状、构造、颜色、味道？是否可以改变一下意义、型号、模具、运动形式？改变之后，效果又将如何	例如：为了便于携带和节省空间，进行折叠式自行车的发明；用柱代替珠，滚珠轴承到滚柱轴承的发明以增加承重力；对镜面平整度进行改变，平面镜到哈哈镜的发明；对溶化位置进行改变，发明只溶在口不溶在手的巧克力，发明不在胃里溶化而在肠里溶化的肠溶药片
4	扩一扩	现有的东西能否扩大使用范围？现有的产品能不能增加一些东西？能否添加部件，能否增长使用时间，能否增加长度（宽度、厚度、高度），能否提高强度，能否延长使用寿命，能否提高价值，能否加快转速等	例如：在牙膏中掺入不同成分的药物，就可以起到治疗不同疾病的功效，加入云南白药成为能治疗牙龈出血的牙膏；在两块玻璃中间加入不同的材料，就可以制成防震、防碎、防弹等新型玻璃；对运载火箭进行升级改造，使其成为航天飞机等
5	换一换	可否由别的东西代替？用别的材料、零件代替，用别的方法、工艺代替，用别的能源代替？可否选取其他位置、其他时间	例如：人造肉替代肉类、人造革替代皮革、人造钻石替代天然钻石等；用液压传动代替机械传动；用电磁制冷代替氟利昂制冷等
6	调一调	从调换的角度思考问题，能否更换一下先后顺序？可否调换元件、部件？是否可用其他型号，可否改成另一种安置和排列方式？起因与结果能否互相对换位置？能否变换一下时间？能否调换角度？能否调整配方	例如：把机枪的角度调高，发明了专打飞机的高射机枪；在汽车掉头不方便的胡同，安装旋转盘，让汽车实现原地掉头；把传统钢笔的捏吸墨水方式变成更便捷的抽吸式；安装传感器，让汽车雨刮器根据雨量的大小调节刮刷速度；汽车内的播放器根据车速高低调节音量大小；茶杯根据水温调节颜色（高温为红色，低温为绿色）等

（续表）

序号	重组方式	重组方式解释	重组方式举例
7	反一反	从相反方向思考问题，通过对比也能成为萌发想象的宝贵源泉，可以启发人的思路。比如，倒过来会怎么样？上下是否可以倒过来？左右、前后是否可以对换位置？里外可否倒换？正反是否可以倒换？可否用否定代替肯定	例如：电动机转子翻转反过来用就发明了发电机；将吹风机反转发明了吸尘器；SpaceX 公司把火箭发射的角度进行逆向，发明能够回收一级发动机的运载火箭，大大降低了航天运载成本
8	加一加	从综合的角度分析问题，组合起来怎么样？能否装配成一个系统？能否把目的进行组合？能否将各种想法进行综合？能否把各种部件进行组合	例如：加工中心、合金材料、组合家具的发明；在销往阿拉伯国家专为朝拜者定制的地毯上加个指向麦加的指南针；在钓鱼钩上加个摄像头，方便垂钓者在岸上观察水下鱼咬钩情况；将牙膏、洗发水、沐浴露等和香水相结合，研发带各种香味的个性卫浴用品
9	减一减	令现有产品缩小一些怎么样？现在的东西能否减轻重量，能否降低高度，能否压缩体积、变薄厚度？能否省略零件和原料，能否进一步细分功能？能否故意缩短寿命（一次性使用）？能否令产品或服务省时、省力	例如：超薄电视机、微型计算机、微型冰箱、微型洗衣机、折叠雨伞、折叠眼镜的发明；设计只有一个按钮的简化的电视遥控器；将有线耳机的线减掉就成了无线耳机；索尼将录音机的录音功能去掉，就发明了畅销全球的 Walkman 随身听
10	乘一乘	针对功能性或结构性的部分，多复制几份，对产品进行规模化同型号增加，以满足消费需求	例如：研发具有多个摄像头的手机；设计多个座位的自行车，便于家庭、情侣等在休闲公园或景区共同骑乘；将火锅做成清汤和麻辣共存的鸳鸯锅；M270 子母弹的发明，母弹中还存在若干个子弹

（续表）

序号	重组方式	重组方式解释	重组方式举例
11	除一除	把一项产品或服务分解成多个部分，再将这些分解之后的元素进行重组，或产生新的功能，或以全新的形式展现已有的功能	例如：将大程序分成多个小程序装到手机中作为 App；对于过大的计算机程序进行拆分压缩放到不同的 U 盘中，使用时再放在一起进行解压缩；集装箱的发明，将成堆的货物分解为一个个的集装箱，大大提高了港口的运行效率，改变了世界航运格局

结合表 3-1 中的程序重组方法，本章节分别列举了打印机、轴承、运输车辆、切割机等四个领域的例子来进行详细说明，程序重组创新法如何可以很好地应用到协同性的技术路径改进过程中来，如图 3-1 所示。

图 3-1 利用程序重组法的几个技术路径改进举例

就文字打印而言，从活字印刷到点阵打印是采用了"除一除"原理，利用打印钢针按字符的点阵打印出字符；再到喷墨打印是采用了"换一换"原理，将彩色液体油墨经喷嘴变成细小微粒喷到印纸上；再到离子打印是采用了"扩一扩"原理，可以在任何柔性或刚性介质表面打印图像，并且即打即干；再到激光打印是采用了"加一加"原理，将计算机技术、激光扫描技术和电子照相技术相结合完成打印输出。

就轴承而言，从单排球轴承到双排球轴承是采用了"乘一乘"原理；再到微球轴承是采用了"减一减"原理，减小轴承钢珠的尺寸；到气体支撑轴承和磁悬浮轴承是采用了"换一换"原理，分别用气体和磁悬浮来代替钢珠。

就运输车辆而言，从双排车轮到多排车轮是采用了"乘一乘"原理；到多履带是采用了"挪一挪"原理，将坦克的履带应用到运输领域增加通过性；到气垫和磁悬浮是采用了"换一换"原理。

就切割机而言，从锯条到砂轮是采用了"变一变"原理，由长条形切割体变成圆形切割体；到高压水流、高压气体和激光切割是采用了"换一换"原理，分别用到了液体、气体和电磁波的转换。

4. 程序重组创新法注意事项

在程序重组创新法实施过程中，还需要注意以下事项：

（1）创新点不遗漏：要联系实际一条一条地进行核检，尽量不要有遗漏；

（2）创新方案多检核：要多核检几遍，效果会更好，或许会更准确地选择出所需创新、发明的方面；

（3）创新过程多联想：在核检每项内容时，要尽可能地发挥自己的想象力，扩展联想力，产生更多的创造性设想。进行检索思考时，可以将每大类问题作为一种单独的创新方法来运用。可根据需要设定核检人数，一人核检也可以，三至十人共同核检也可以。

无论哪个领域，创新始终是驱动进步的阶梯，就连我们生活中司空见惯的东西，凝聚创新因子后，也会变得格外与众不同。

【典型案例】对腕表用程序重组法的创新举例

提及腕表创新，大家想到的可能是，几百年来腕表的新结构、新设计、新款式都用得差不多了，如何创新？下面就用程序重组创新法进行展示。

表3-2　对腕表的程序重组创新举例

序号	重组方式	一种风扇的程序重组方式
1	挪一挪	将腕表增加具有提醒服药的功能，供需要定时或不定时服药的人使用，并在腕表后部设置可放置少量药片的盒子，定时提醒吃药，从盒子中取出药片服药
2	借一借	在腕表的后部增加一面可旋转打开的小镜子，可以作为女士化妆镜使用；在腕表的后部增加一个可旋转的放大镜，供老年人看书时使用
3	变一变	改变传统机械腕表的齿轮传动，用陀飞轮等结构代替；将腕表去除时间显示功能，变成盲人导引设备、音乐播放器、门卡刷卡器、公交地铁刷卡器等；与智能腕表结合，设计可以随时更换表盘的腕表
4	扩一扩	将腕表放大，放在茶具上作为一个可以计时烹茶的茶艺工艺品使用；将腕表设计扩大到文化范畴，将腕表作为文化的IP载体，比如故宫IP、奥运IP等
5	换一换	把珠宝、贵金属作为腕带材料，把蓝宝石、红宝石作为镜面，将其设计为奢侈品装饰物；将腕表设计成儿童、老人行程定位的工具；将腕表设计成与无钥匙启动的汽车钥匙相结合，便于携带，还不易丢
6	调一调	调整腕表的佩戴方式，设计专门戴在脚腕上的腕表；设计可以戴在手指上当戒指的指表；设计可以戴在脖子上当项链的项表；设计可以作为衣服纽扣的纽扣表

（续表）

序号	重组方式	一种风扇的程序重组方式
7	反一反	让腕表表针逆时针旋转，让时间的流逝变得与众不同，在某些特殊场景下还能让人不再因为时间的流逝而心慌
8	加一加	腕表加上指南针、心跳监控、血压监控、计步器、日历、短信、通讯录、微信、地图、支付等功能，机械和数字双重显示功能；将腕表和健身器材结合，通过健身器材为腕表上发条或充电
9	减一减	将腕表去除时间显示功能，把腕表变小变细，作为镶嵌珠宝、钻石的装饰手链使用；将腕表的腕带去掉，设计一款没有腕带的腕表，通过将芯片埋在皮肤内显示时间
10	乘一乘	一条腕带上设置几个表盘，分别显示不同时区的时间，方便经常跨时区出差的人；做一个腕表博物馆，进行腕表文化的宣传推广
11	除一除	将腕表的功能进行拆解，比如设计一款成对的亲子腕表，当双方离开10米距离时报警；或设计一款成对的情侣腕表，当双方在500平方米范围内时发送提醒；将腕表设计为腕带、表盘可更换，在多个表圈表带之间通过来回切换，实现多种不同搭配的一表多戴功能

二、加法创新法，令 1+1>2

加法创新法也叫作组合发明法，是指将两种或者两种以上现有技术、创新点组合到一起，如果产生了新的技术效果（1+1>2 的效果），则为组合发明，发明点是该组合后的产品或服务。据统计，近代科技创新成果中60%—70%与组合创新有关。

在进行组合发明创造性的判断时通常需要考虑：组合后的各技术特征在功能上是否彼此相互支持、组合的难易程度、现有技术中是否存在组合的启示以及组合后技术效果等。

加法创新法，一般按照如下四个步骤进行：

第一步，列举出产品或服务想要增加的结构或功能；

第二步，选择能够借鉴的其余产品或领域的结构或功能分别进行叠加；

第三步，分析增加之后的效果，有什么好处？满足什么需求？有价值吗？有人需要吗？市场容量如何？推广前景如何？

第四步，如果认定增加之后的产品或服务有创新，考虑实施和产业化的可行性。

按照加法创新法的这种思路，我们日常生活中的衣、食、住、行也可随时进行创新。简单举例见表3-3。

表3-3　衣食住行加法创新举例

类别	加法创新法举例
衣	鞋子+滑轮=轮滑鞋；帽子+灯=矿井用安全帽
食	牛奶+维生素=维他奶；糖水+小苏打=汽水
住	楼盘+学校=学区房；楼梯+抽屉=储物楼梯
行	汽车+房子=房车；自行车+马达=摩托车

如何才能认定组合发明具有创造性呢？

在对创造性要求较高的发明专利审查领域，各国专利局给出的回答基本一致：如果组合的各技术特征在功能上彼此支持，并取得了新的技术效果；或者组合后的技术效果比每个技术特征效果的总和更优越，则这种组合具有突出的实质性特点和显著的进步，发明具备创造性。

加法创新不是简单的"1+1=2"，而是要争取成为"1+1>2"的局面，即在将已知的技术方案进行组合后，在保证原有各项技术方所具有的技术效果的基础上，该加法创新还具有额外的有益技术效果，就可以根据额外技术效果这一点作为支撑本加法创新具备创造性的关键点。

加法创新法的一个升级版是"自组合创新法"，更多的是通过人工重现自然界的微观世界中协同创新的过程，且伴随着科技创新的微观化、自动化和智能化程度不断提高和发展，"自由创新法"的创新作用日显突出，应用范围也日益扩大。

【典型案例】中国科学家利用自组合加法创新法"发明"淀粉

植物的光合作用就是绿色植物把吸收的阳光、二氧化碳和水通过叶绿素转化为淀粉和氧，这个过程完全是光催化和酶催化反应构成的自组合反应的结果。

2021年9月，中国科学院天津工业生物技术研究所的科学家受此启发，模仿这种自组合反应，在实验室条件下，不依赖植物光合作用，以二氧化碳、电解产生的氢气为原料，成功合成出淀粉。这是全世界首次实现二氧化碳到淀粉的从头合成，该科研成果使淀粉生产从传统农业种植模式转向工业车间生产模式变为可能，是一次原创的颠覆性的技术新突破。

【典型案例】瑞士军刀利用组合创新的发明

瑞士军刀又被称为万用刀，最初因为瑞士军方为士兵配备这类工具刀而得名。瑞士军刀的创始人埃尔森纳历经六年的研究和改造，在1897年发明了一种新式的弹簧，把工具用这种弹簧和刀柄连接，不但能让各种工具进出自如，还不会互相干扰。

接下来，他利用加法创新思维，为军刀加入了更多的小工具：剪刀、锉刀、改锥、镊子等，并且于同年申请了专利。要使用这些工具时，只要将它从刀身的折叠处拉出来即可。

时至今日，瑞士军刀里面所搭配的工具组合也多有创新，如新增的液晶时钟显示、LED手电筒、电脑用USB记忆碟、打火机，甚至MP3播放器等。

三、减法创新法，令 1-1>2

创新不是持续地累加，有时候也需要适当"减负"。

减法创新法也叫作"没事减一减"创新法，是一种以问题模型化为基础，将模型全集与当前解集之差作为新的创新集，通过减掉一部分部件、结构、功能或服务的做法，并在新功能/产品/服务上争取实现"1-1>2"的效果，令创新产品简单、高效、友好、性价比高。

《微创新：5种微小改变创造伟大产品》一书中对创新的减法策略有这样的阐释：做减法需要去除原先的核心部件或功能。

现代医学发现人体摄入过量的钠是导致高血压等疾病的原因，天津市汉沽盐场采用新工艺，降低食盐中的钠含量，制出口感不受影响的低钠盐。

索尼创始人之一井深大要求公司开发一款删掉录音模块和喇叭，不能录音的录音机，大家一开始觉得能卖五千台就差不多了，但是推出两个月就卖了五万台，这就是划时代的随身听 Walkman。

减法创新法，还可以通过减小尺寸、面积、体积的方式来实现。

在电冰箱的红海市场，日本企业利用减法创新法，推出了 10L 容量的微型冰箱，开拓了办公室、汽车、旅游等领域的新市场；在洗衣机的红海市场，海尔公司利用减法创新法，推出了专门清洗儿童衣物的"小神童洗衣机"，引导和开发了一个新的需求市场。

一般而言，减法思维创新可按照以下 4 个步骤进行：

第一步，列举出产品或服务的组成部分；

第二步，选择一个基础部分并将其删除，完全删除或部分删除或将其缩小；

第三步，分析删除之后的效果，有什么好处？满足什么需求？有价值吗？有人需要吗？市场容量如何？

第四步，如果认定删除之后的产品或服务有创新，考虑方案的可行性和落地执行性。

同样，以生活中常见的衣、食、住、行对减法创新法进行举例，见表3-4。

表3-4 衣食住行减法创新举例

类别	减法创新法举例
衣	帽子-顶部=遮阳帽；上衣-袖子=马夹
食	普通食盐-盐分=健康的低钠盐；可乐-糖分=无糖可乐
住	设计用刀片-可掰断=方便的美工刀；空调-集中安装=中央空调
行	设计集装箱实现货物的便捷装卸；自行车-车闸=死飞自行车

最后，减法创新法使用时需要注意以下事项：

（1）不要只删除有缺陷的部分，如无糖可乐是寻找代糖而不是去掉糖分；

（2）不要着急立即寻找替代物，如电视节目去掉视频只留音频，可以给司机听；

（3）减法不一定是低配，避免产品设计时的认知偏差，最好争取"1-1>2"的效果。如果将做减法的创新，仅仅理解为去除产品或其设计方案中一些无关紧要的构件，就很难真正成功。

【典型案例】Vitco公司用减法创新法发明衣物柔顺剂

宝洁公司旗下有一家叫Vitco的生产洗衣液公司，想研发创新产品，扩充自己的生产线。可是，创新的灵感从哪里来呢？他们决定使用"减法创新法"来"生产"灵感。

第一步，列出产品的组成部分。现有洗衣液的组成部分，无外乎三样：用来去污的活性成分、香精和增加黏性的黏着液。

第二步，删除其中的一种成分，最好是基础成分。还有什么比用来去污的活性成分更基础的呢？那就减去活性成分吧。

第三步，想象这样做的结果。很多人立刻就傻眼了，洗衣液中现在只剩香精和黏着液了，所以，我们是要生产洗不干净衣服的洗衣液吗？这就是"减法创新法"生产出来的"灵感"吗？

第四步，明确这种产品的优势和市场定位。在研发过程中，大家努力不让"不可能"三个字脱口而出，并通过头脑风暴集思广益。有市场人员提出，被去掉的活性成分，虽然能洗净衣物，但也会损伤衣物，导致掉色。去掉活性成分，衣服使用寿命会延长！有很多人的衣服其实并不脏，他们洗衣的目的，仅仅是让衣服看上去很新，这群人可能会是新产品的目标受众！可是行业标准规定，洗衣液必须含有最少剂量的活性成分，这怎么办呢？Vitco 的总裁灵机一动：那就不叫洗衣液，新产品叫"衣物柔顺剂"吧！

结果，"衣物柔顺剂"一经推向市场就广受好评，并引领了一场新的洗衣时尚。

【典型案例】摩托罗拉公司减法创新法做出 Mango 手机

摩托罗拉公司以色列分公司的营销部副经理，为了和那些手机造价更低廉的生产商竞争市场，决定利用"减法创新法"开发一种全新的手机。

第一步，列出产品的组成部分。现有手机组成基础功能，无外乎三个：打电话、接电话、看时间。

第二步，删除其中的一种成分，最好是基础成分。他删除了手机的拨号功能，推出了一款不能打电话、只能接电话的手机——Mango 手机。

第三步，想象这样做的结果。只能接电话，意味着可以不用付费，也意味着电话占线的概率更低；不需要身份认证，意味着可以方便买到。

第四步，明确这种产品的优势和市场定位。哪些人会需要这种手机？

孩子的家长。对他们而言，Mango 手机帮了他们一个大忙。没有了拨号功能，孩子们就不会制造高额的通话费；而接听功能则可以使家长掌握孩子的行踪。它价格便宜，即便丢失或是被盗都算不上重大损失。此外，在以色列移动通话服务体系中，只需主叫付费，被叫不付费，因此就不会产生通话费用。

出人意料的是，他推出的这种简易通信工具，却为他提供了一个针对特定群体的全新商机。为孩子们生产这种特殊的手机还有一个附加的好处，那就是构建了摩托罗拉公司与青少年之间的情感纽带。那些平生第一部手机是 Mango 的孩子在长大成人后，往往都会成为摩托罗拉公司的忠实消费者。

凡此种种原因，使 Mango 手机取得了巨大的成功。不到一年的时间，Mango 手机的市场占有率就超过了 5%。以色列的手机普及率也排到了全球第二。《广告时代》杂志国际版推选的 1995 年度全世界最具创意的 12 个营销策略中，Mango 位居其一。

更为奇妙的是，20 年之后，来自中国广州的小天才手表完全复制了 Mango 手机的策略，推出了针对于儿童的"小天才"手表，同样获得了商业上的巨大成功！

四、乘法创新法，令 1×1>2

乘法创新法，就是分解并重复其中的一部分，简单的事情重复做，重复的事情认真做，通过同类集聚扩大优势，因此也被形象地称作"裂变创新法"。

利用乘法创新法，首先要相信乘法思维的作用。乘法创新法应用于经济学中最典型的案例就是复利思维。爱因斯坦说："复利是世界的第八大奇迹。"

对于个人发展而言，利用乘法创新法可以令自己不断成长。假如你在有限的时间内，把有限的精力和财富持续地、反复地投入某一领域中，长期坚持下去，最终财富的雪球越滚越大，个人的发展越来越好；假如你每天坚持看半小时书，也许几个月没什么成效，但是十几年后，人与人之间的差异是你想象不到的。

乘法创新法的精髓，就是把一件事情重复做再整合在一起，具体而言有以下四个步骤：

第一步，分解并列举出目标产品或服务的组成部分；

第二步，列出该产品或服务各部分的属性，选择一个最优的或最需要的进行裂变复制，复制的份数随意定；

第三步，分析新产品或新服务的效果，多问几个为什么，比如有什么好处？满足什么需求？有价值吗？有人需要吗？市场容量如何？

第四步，如果认定新的产品或服务有创新，考虑可行性，对产品或服务进行产业化、商品化、市场化。

同样，以日常生活中的衣、食、住、行为例，对乘法创新法进行举例，具体见表3-5。

表3-5 衣食住行乘法创新举例

类别	乘法创新法举例
衣	将保暖内衣设计为多层结构，提高保暖性能；多功能的户外冲锋衣，可以防寒、防水等
食	自助餐分区设置同样的多份食物，可以随便自取；在一次性饭盒上设置多个隔区，制作荤素搭配的盒饭
住	针对3—5种类型的住户，提供样板间展示的按标准精装修的商品房；老旧小区改造，以"全部单元电梯统一形制、统一样式"的原则统筹推进
行	高铁每个车厢都提供动力，串联后整体提高行进速度；在游览区和公园放置可供两人或多人骑行的自行车，供情侣或家庭游玩使用

最后，乘法创新法在应用时有以下注意事项：

（1）在使用乘法创新法时不要只简单地做加法，要和加法创新法区分开

来，乘法创新法需要各元素之间产生"化学反应";

（2）在使用乘法创新法时一般都会涉及对某个部件或整体结构的改动，如多摄手机并不只是摄像头个数的增加，肯定会涉及整个集成电路和操作系统的针对性创新;

（3）在使用乘法创新法时针对功能性或结构性的部分，可以刻意地无规律地多复制几份，比如多复制 3 份、6 份、11 份、15 份、17 份和 23 份等，很有可能会出现意想不到的创新效果。

【典型案例】吉列公司利用乘法创新法发明多锋剃须刀

吉列公司在 1971 年完美地应用了"乘法创新法"创新出划时代的剃须刀：把单锋剃须刀做成了双锋剃须刀，为男士们的剃须体验带来质的飞跃。

第一步，分解，列出产品的组成部分。剃须刀的构造其实很简单：刀片和刀架。

第二步，选择其中一样进行复制。这是乘法策略的核心灵魂，复制其中一个组成部分。吉列公司选择了复制刀片部分。

第三步，重新组合产品。把两个刀片组合在一起，距离稍微隔开一点，留出间隙。那么当第一个刀片剃过胡子后，第二个刀片再一次剃过去。刮一次等于刮两次，减少剃须次数，提高剃须速度。

第四步，明确这种产品的优势和市场定位。在头脑风暴过程中，大家纷纷说道："两个刀片，间隙宽一点的话就可以减除胡渣残留刀片难清洗的麻烦"。"咦！第一层那片薄一点，可以起到提起胡子的效果。然后第二层厚的刀片再刮下去，这样提起胡子再刮，剃须会更干净。"

第五步，有没有可行性，如何提高可行性？大家都觉得双锋刀片可行，于是进一步对它进行改进。最终，一薄一厚的刀片，像百叶窗一般的间隙角度，流畅度更高的双锋刀片被创造出来。随后吉列公司发布了历史上第一个双刀片剃须刀，这款划时代革命性的剃须刀，就是著名的吉列刀锋系列——Trac Ⅱ。

受益于乘法创新思维，吉列公司陆续研发出了"吉列锋速3"的三层刀片，甚至四层、五层、六层刀片的剃须刀，凭着良好的剃须体验，愣是从电动剃须刀手中夺回了不少的市场份额。

一个小小的"乘法创新策略"，竟然对一个剃须刀行业产生如此巨大的影响，甚至对消费者的剃须习惯也产生了影响和引导，甚至连女性消费者都开始使用吉列剃须刀去除体毛。

【典型案例】多个摄像头的手机

对于智能手机，拍照是不可或缺的功能，如何利用乘法创新法进行创新呢？

第一步，分解并列出产品的组成部分。对于拍照而言，摄像头自然是最重要的零件之一。

第二步，选择其中一样进行复制。对于手机摄像头而言，最重要的只有两个，分别是前摄和后摄。

第三步，重新组合产品，提供相应的解决方案。主摄、超广角摄像头以及长焦摄像头把人像摄像头以及微距摄像头加上后进行重新组合。以主摄+超广角的组合为基础，另外可能会同时配备一个长焦镜头，或者是人像、景深、微距等不同功能的副镜头，简单来说就是可以满足不同拍照场景的需求，想把远处景色拍得清晰点就可以用长焦，想要拍摄微观世界可以用微距镜头，手机拍照变得更加全能。

第四步，明确这种产品的优势和市场定位。虽然消费者对多摄像头手机的花洒、浴霸、火箭炮等造型褒贬不一，但是随着自媒体、网络视频和线上支付等的流行，多摄像头不可避免地成为一个重要的应用点和卖点。

第五步，可行性实施。为了调动多枚摄像头相互配合，实现背景虚化、图像合成、夜景高清等功能，软件算法的支持是必不可少的，需要经过相机工程师们无数次的测试才能实现。

目前主流手机配备后置三摄很常见，不少手机还配备了后置四摄，甚至还有后置五摄、六摄、七摄、九摄。比如，诺基亚（Nokia）公司推出了6摄像头手机，LG公司甚至提供了16摄像头手机，该技术均由专门进行摄像头创新研发、通过算法和软件来重新"定义"摄像头的、来自美国硅谷的Light公司提供。

五、除法创新法，令1÷1>2

除法创新法，就是把一项产品或服务分解成多个部分，再将这些分解之后的元素进行重组，或产生新的功能，或以全新的形式展现已有的功能。

化整为零，分解致胜，这是除法创新法的要义所在。

最典型的除法创新法的案例就是生产流水线（Assembly Line）。流水线生产方式对于企业而言不仅仅是降低生产成本的一种方式，更可以看做是企业生产方式的一种渐进式变革。可以说流水线生产是近代工业文明的最伟大的创新，它把工业流程做除法，分解成上料、加工、包装、下料的各个环节，再根据每个环节设计相关的人员、装置和工艺进行重组。福特并没有改变汽车，只是把其他行业流水线的模式引入到汽车的生产过程，同时在管理和薪酬上进行了模式的创新，就使单车下线12小时减少到了2小时，成本由原来的850美金/辆降低到360美金/辆，让汽车更快地走进了千家万户。

扩展开来，我们所处的社会就如同一个超级巨大的生产流水线，就是一个由各种行业、人员分工协作组成的集合体。

在实际的应用过程中，除法创新法，还需要遵循以下四个步骤：

第一步，列举出产品或服务的组成部分。

第二步，分解产品或服务，并根据需要将其分为A、B、C三类：A是功能型除法，B是物理型除法，C是保留型除法。 功能型除法：挑出产品或服务中的某个功能，改变其位置；物理型除法：将产品按随机原则分解成若干部分；保留型除法：把产品按原样缩小。

第三步，设想新组成的产品和服务，分析有什么好处？满足什么需求？有价值吗？有人需要吗？市场容量如何？

第四步，如果认定新组成的产品或服务有创新，考虑实施可行性、产业实施性和服务价值性。

同样，以日常常见的衣、食、住、行为例，对除法创新法进行举例，具体见表3-6。

表3-6 衣食住行除法创新举例

类别	除法创新法举例
衣	设计多种颜色的衣领，设计可更换衣领的衣服；可更换鞋底的鞋
食	将传统酱油分为生抽、老抽；将水果的果汁、果肉分离销售
住	酒店的标准间采取分时付费的方式设计钟点房；将强力胶水分装在两个瓶中，混合后才凝固的502胶水
行	汽车配置可选，纯电汽车电池可更换；将卡车分解为车头、牵引车和各种集装箱，分别进行销售

在使用除法创新法过程中，还需要注意以下事项：

第一，将创新要素按照时间和空间分别进行重组，一个不变，另一个变，或时间变空间不变，或时间不变空间变；

第二，将分解后的创新要素制成清单，在创新过程中按照清单一一对应，防止遗漏，还要注意打破产品和服务内在的结构性和功能性固有框架；

第三，适当调整清单，尝试对空间和时间进行主动的调整和变化，以寻找创新点。

【典型案例】椰肉椰汁分离的除法创新法

"椰树牌椰汁，白白嫩嫩""要喝就喝椰树牌椰汁"……椰树牌椰汁这样的广告语是不是勾起了大家许多回忆？椰树牌椰汁在创新过程中就很好地应用了除法创新法。

第一步，列举出产品或服务的组成部分。海口罐头厂的总经理王光兴发现，市面上的椰汁饮料越来越多，但其实椰汁饮料也是有区分的，一种是鲜椰肉榨取的椰汁，另一种是椰浆和香精勾兑而成的椰汁。采用椰浆和香精勾兑而成的椰汁，新鲜度很难保证。这主要是因为椰浆在运输、配制的过程中难免会有污染，且放置时间稍微长一些，便会腐败变质。

第二步，分解产品或服务。王光兴决定生产鲜榨椰汁，但是遇到了一个难题——油水分离技术，椰子果肉压榨出来的椰汁含有油脂，如果不分离出来就直接装罐，很容易因为天气原因而导致胀瓶。

第三步，设想新组成的产品和服务，分析有什么好处？满足什么需求？有价值吗？有人需要吗？市场容量如何？为了鼓励科研，王光兴宣布"椰汁研制成功给纯利润的3%—5%的奖励"，吸引了很多科技人才。他带领科研队伍潜心钻研，经过多达383次的试验，终于攻克油水分离技术，并申请了国家发明专利。

第四步，如果认定新组成的产品或服务有创新，考虑实施可行性、产业实施性和服务价值性。采用"油水分离"专利技术生产的椰树牌椰汁，使油水处于均质状态，微粒细腻，易被吸收。经过高温高压杀菌处理，不添加香精、色素、防腐剂，保留了椰汁原始的味道。

【典型案例】味精发明的除法创新法

日本化学教授池田野菊，由于工作繁忙经常深夜回家。1908年的一天，照常晚归的池田教授狼吞虎咽地吃着可口的佳肴，忽然停住了，问："今天这碗汤怎么这么鲜美？"说着便用小勺子搅动了几下，发现汤碗中外加几片海带。

池田教授不禁自言自语："海带里有奥秘。"池田教授没有放过这个闪念，而对海带进行了详细的化学分析，经过半年多的辛勤劳动，终于发现海带含有谷氨酸钠盐，并成功提炼出这种物质，定名为"味精"。

为了工业化生产味精，池田教授又进行了各种实验，发明了小麦提取法，后又以脱脂大豆为原料，采用盐酸水解法制造，原料更丰富，使味精得以推广。现在，味精已成为人们生活中必不可少的调味品了。

六、替代式创新法，替换后取而代之

替代式创新，就是指通过要素替代，来获得新的产品、服务或市场机会，甚至实现颠覆式创新。

英语中创新"Innovation"这个词起源于拉丁语，它原意有三层含义：

第一，更新，就是对原有的东西进行替换；

第二，创造，就是创造出新的、原来没有的东西；

第三，改变，就是对原有的东西进行发展、改进和改造。

替代式创新更多出现在中小企业而不是大型企业，除了"船小好掉头"的优势之外，更多是源于被大型企业利用规模优势打压的无奈之举。中小企业在技术、经验积累上都呈弱势的时候，在产品和服务定位上可采取"跟随+替代"的创新策略，这样一是可避免盲目开发，二是可快速开发出产品，三是可解决自己的生存问题。

18世纪，双耳失聪的大作曲家贝多芬为了继续自己的艺术创作，尝试了由乔瓦尼发明的一项新技术，他咬着一根与钢琴相连的棍子替代耳朵来听到由腭骨传来的音乐，这其实就是骨传导原理的早期应用。

1935年，艾格·汉德（Edgar Hand）首次给病人配备骨传导耳机以帮助其听到周围的东西，随后骨传导逐步纳入了医学研究范畴和军警领域，直到21世纪初开发成消费者在运动时使用的电子消费品而被人熟知。

如韶音骨传导耳机等产品，使用者无须入耳，通过头部骨骼的传导即可享受音乐，其设计特点像是为骑行、跑步、越野等户外运动爱好者量身打造，无须入耳的特点使其对其他外界声音兼纳，降低了传统耳机由于听不清外部声音而造成的潜在风险。

替代式创新法，在具体操作时一般按照如下步骤进行：

第一步，将现有产品或服务进行拆解；

第二步，对拆解后的产品或服务进行分析比对，逐一分析哪些因素能够解决什么技术问题，能够在技术方案上被替代；

第三步，分析拟替代方案的可实施性，并在此过程中同步进行现有专利的可自由实施性（FTO）分析；

第四步，将进行专利规避后的方案进行整合实施，开发出替代性的产品或方案。

需要注意的是，替代式创新并不是追求简单的替换，更多的是互补性替代创新。不同互补替代性之间的界限是模糊的，互补关系一般是消费互补和技术互补之间的排列组合，具体可以包括生产互补替代式创新、消费互补替代式创新和技术互补替代式创新。

替代式创新的极致就是颠覆式的创新[1]。颠覆性创新是指能够开辟一片新的市场——也就是所谓的新市场颠覆；或者能给现有产品提供一个更简单、低价或更方便的替代品——也就是低端颠覆性。

真正的创新，往往是具有破坏性的，刚开始它可能品质欠佳不尽如人意，市场上普遍接受需要一个爆发性事件的推动和需要一段时间，但长期改进的它能改变一个行业的规则甚至是摧毁原有的行业，比如数码相机后来基本摧毁了传统的胶卷式相机产业，再比如没有按键的智能手机推出后逐渐取代了有按键的功能手机。

---

[1] 《颠覆性创新》由中信出版社于2019年11月出版发行，作者为克莱顿·克里斯坦森。

【典型案例】 如烟——替代烟草的产品

由于看到传统烟草的危害，2002 年，曾在辽宁中药研究所工作十年的韩力开始着手研发新型戒烟产品。韩力的想法是，吸烟成瘾原因在于尼古丁，但对人体伤害最大的是焦油等燃烧产物，如果能够去除这些有害物质只保留尼古丁，吸烟的危害将大大降低。无数次实验后，用超声波激发含尼古丁的液体产生"烟雾"的电子烟诞生了。2003 年 3 月，韩力申请了专利，次年 5 月开始工业化生产。2005 年，"如烟"上市，其股价一度高达 116 港元，市值近 1200 亿港元。与此同时，如烟产品远销欧美，在海外流行起来。

【典型案例】 疫情之下不用手按的电梯

2020 年初一场新冠肺炎疫情席卷全球，为了避免乘电梯时用手接触以降低乘梯者的感染率，出现了很多替代手操作电梯按键的创新，从最初的用纸巾、牙签按键，到后来的用脚控制、红外线感应、声音控制等，并逐渐推广开来。

这些替代式创新的过程一般如下：

第一步，找出问题的源头：乘电梯减少接触；

第二步，明确解决的问题：不用手接触电梯按钮；

第三步，寻求解决的方案：用一次性用具、用脚、用红外线控制按钮；

第四步，明确具体的解决方案：分别用一次性纸巾、用一次性牙签、用脚控制、用语音控制、用红外控制来替代用手接触电梯的按键，减少乘梯用户之间身体间接接触的机会。

七、换位创新法，主动让屁股去决定脑袋

1. 换位创新法的定义

在平时的工作学习生活中，当遇到新情况、新问题的时候，需要打破思维定式，站在不同的角度，用不同的思维去思考去寻找解决问题的办法，然后综合评价哪个办法最优，从而最终找到解决困难和问题的方法。

这，就是换位创新法，也叫作"非我创新法"，有时需要异想天开之后的茅塞顿开和胆大"妄为"之后的大有可为。比如，当年大禹治水时将父亲鲧治水时一直使用的"堵"换成"疏"，就从源头上较好地解决了威胁到华夏民族生存的黄河泛滥问题。

2. 换位创新法的分类

换位创新法，从创新方式上可包括位置更换创新和思路更换创新两种类型。

（1）位置更换创新，主要通过对产品某些零配件的位置更换、更换产品的使用场景等来实现创新，如内外、上下、前后、左右、海陆空等的换位。

（2）思路更换创新，也叫作换位思考，是指换个思路、将心比心来思考，如男女、老幼、动静、主客、甲乙方等的换位，它至少受到两个因素的影响：能否想人所想、能否感同身受。通俗来说，换位思考就是与对方的角色对换，把别人当成自己，把自己当成别人；站在对方的角度看待事情，思考问题，体会对方的感受与难处，这样就可以避免自己产生错误的直觉和判断力，从而影响到当前所发生的事情。

3. 换位创新法的操作技巧

在实践中，换位创新法的主要技巧包括：

第一，多问。遇到问题问自己，换个位置会怎样，如果我是对方会怎样？如果我是第三方会怎样？

第二，多思。思考自己和对方的差异点，比如性别差异、年龄差异、经历差异、身份地位差异、价值观差异、知识结构差异、能力差异等不同，感同身受地从对方角度思考。

第三，多试。没有类似的产品，就去试验；没有类似的经历，就去体验。

第四，多聊。如果无法试验或体验，就去找有相同体验的人聊天，让他们告诉你。

【典型案例】螺钉换位置研发超薄电脑

1997年，LG公司市场人员经过调研发现，消费者大部分都认为目前的笔记本电脑太厚，不方便携带；LG公司的研发人员发现，在笔记本电脑组装时，为了将电脑的屏幕和框架固定在一起，四颗螺钉一般垂直于屏幕平面而安装。但是为了保证这种安装方式的稳固性，四颗螺钉需要有一定的长度；为了保证螺钉不露出来影响美观，还要套上一个橡胶套，这样做间接增加了笔记本屏幕和框架组合后的厚度，也增加了笔记本的整体厚度。

为了使得笔记本的屏幕和框架组合后厚度降低，研发人员尝试对四颗螺钉的安装方式进行改进，改为从框架的侧面对屏幕和框架进行固定。这样可以大大降低屏幕和框架固定后的厚度，继而使得笔记本的厚度精简，结构紧凑。

LG 研发人员利用换位创新法，将螺丝钉的位置从显示器的正面换到侧面，直接降低了显示器部分的厚度，"简单"地实现了笔记本电脑的变薄，获得了消费者的认可和市场上的追捧。与此同时，LG 公司申请并获得了 7 项专利对这个微创新进行保护，以保证自己的市场地位。

更令人吃惊的是，LG 公司从此一条奠定了自己在笔记本电脑领域"超薄笔记本电脑引领者"的行业地位。

表 3-7　LG 公司螺钉位置替代方案所涵盖专利列表

专利号	权利要求组数	限定方案所涉及内容
US6512558	2	显示模块壳体安装组件及其装配工具
US5835139	4	液晶显示装置、便携笔记本
US5926237	9	形成液晶显示装置的方法、形成／制造／组装便携电脑的方法
US6002457	8	均涉及液晶显示装置
US6020942	6	均涉及便携电脑
US6373537	4	液晶显示器、可安装的液晶显示器、便携电脑
US6456343	2	液晶显示装置及组装方法

【典型案例】换位创新保证降落伞的 100%合格率

第二次世界大战期间，美国成立了专门的空降部队，美国军方从厂商订了一些降落伞，降落伞合格率达到了 99.9%，但还是有个别事故出现导致非战斗性减员，所以美国军方要求合格率必须 100%。

厂家反馈说：达到 100%是做不到的。

这个时候军方采用换位创新法，就提出一个要求：从所有降落伞里随机抽取几个，由厂家的负责人带着降落伞跳下去来进行验收。

这个思路一改变，奇迹就出现了，之后的降落伞都是 100%合格。

【典型案例】做事有态度，做人有温度

有一位作家在打车时，无意间乘坐了一辆非常有特色的出租车。司机穿着整洁，车里也很干净。

他刚坐稳，司机就递给他一张精美的卡片，卡片上写着："在友好的氛围中，将我的客人最快捷、最安全、最省钱地送达目的地。"

看到这句话，作家眼前一亮，心想，这个司机真是与众不同。这时司机开口了："请问，你要喝点什么吗？"

作家更诧异了，问道："你的车上难道还提供饮料吗？"司机微笑着说："是啊，我提供咖啡和各种饮料，而且还有不同的报纸。"

作家兴致来了，问道："那我能要杯热咖啡吗？"司机从身边的保温杯里倒了一杯热咖啡给他，然后又递给了作家一张卡片。卡片上是各种报纸的名称和各个电台的节目单。

作家顿时觉得这辆车太特别了，于是他没有看报纸也没听音乐，而是和司机聊了起来。途中，这名司机还善意地提醒作家离目的地还有条更近的路是否要走。作家觉得温馨极了。

于是他好奇地问司机，为什么你的车费和其他人收取的都一样，我坐别的出租车，司机都是抱怨堵车，抱怨收入，而你为何这么喜悦，而且还提供这么周全的服务呢？

司机回答道："其实，刚开始的时候，我像其他人一样，喜欢抱怨，糟糕的天气、微薄的收入、堵车严重得一塌糊涂的路况，每天都过得很糟糕。直到有一天，我偶然在广播里听到《不抱怨的世界》一书中的观点，说道：如果停止在日常生活中的抱怨，能让任何人走向成功。我突然明白：我目前糟糕的情况其实都是自己抱怨造成的。所以，我决定停止抱怨，开始改变自己。

"第一年：我只是微笑地对待所有的乘客，收入就翻了一倍。

"第二年：我发自内心地去关心所有乘客的喜怒哀乐，并对他们进行安慰，这让我收入更加翻了一番。

"第三年：也就是今年，我让我的出租车变成了全美国都少有的五星级出租车。除了我的收入，上涨的还有我的人气，现在要坐我的车，都需要提前打电话预约。而您，其实是我顺路搭载的一个乘客。"

八、移植创新法，他山之石为我所用

创造心理学家 A. H. 鲁克说："运用解决一个问题时获得的本领去解决另外一个问题的能力极为重要。"

将某个领域内的原理、技术、方法、材料和结构引用到另一个领域内进行研究，而产生新创新、新事物或新思路的创新方法，就是移植创新法。

事物都是普遍联系的，移植创新法就是巧妙地利用这种内在联系或有关联系，把现有知识或成果引入新的领域，往往能促使人们以新的眼光、新的角度去发现新的事实，产生新的创新成果。

1. 移植创新法的基本原则

移植创新法有两个基本原则：寻求相似性和提高可靠性。

寻求相似性，就是尽量寻求相似的领域、技术、产品和服务来举一反三地进行移植。

提高可靠性，是指尽量从移植后的结果来"以终为始"地进行移植转化创新，保证成果的成功性和可靠性。

2. 移植创新法的使用场景

移植创新法在什么情况下可以使用呢？

第一，用本专业本领域的技术知识和常规方法难以找到解决方案；

第二，其他领域存在类似的解决方案；

第三，移植以后对于可行性、实用性、创新性有一个肯定的判断或试验。

实施过程中，移植创新法在具体应用时可以采取以下九种模式：

（1）肯定性移植创新模式：根据两个对象已有一系列相似点，并且已知移植对象还有另一相似点。

有这么一个民间传说，鲁班上山砍树，不小心被茅草拉破了手。鲁班仔细观察茅草，原来草叶口上有许多排列整齐的小齿，于是他想，这些小齿能不能用在砍树上呢？木工用的锯子就在此契机下被发明了。

（2）否定性移植创新模式：根据两个对象都没有的一系列相似点触类旁通。

英国外科医生李斯特，常常痛苦地看到许多动过外科手术的病人不是死于手术，而是死于手术后的化脓溃烂。这是什么原因呢？有一次，他看到法国化学家巴斯德的一个实验报告：经过高温处理的瓶子里的肉汤，只要与外界严密隔离，就不会发生腐烂。巴斯德的原意是要证明生命不能自发地产生，但是他的发现却使李斯特在另一方面受到了启发。李斯特想，肉汤发生腐烂，肯定是外界的腐烂因子进入的缘故。

伤口化脓，不也是同样的道理吗？于是他把巴斯德的实验移用到医疗领域里来，发明了外科手术的消毒法，成千上万病人的生命由此而得到拯救。

（3）中性移植创新模式：通过分析移植对象中相似点之间的本质联系，然后对比求解问题中有（或没有）的相似点，从中推断求解问题也有（或没有）体现必然联系的该相似点的思维模式。

17世纪的笛卡尔是科学方法移植的先驱。他以高度的想象力，借助曲线上"点的运动"的想象，把代数方法移植于几何领域，使代数、几何融为一体而创立解析几何。

（4）原理性移植创新模式：主动从某一领域借鉴原理移植到另一领域。

（5）方法性移植创新模式：主动从某一事物独有的方法移植到另一事物。

（6）功能性移植创新模式：主动从某一产品独有的功能移植到另一产品，或将某产品在某一领域的应用扩展到其他领域使用，进行适应性改进后来进行功能扩展。

2017年，得克萨斯大学的科学家们发明了一种手持式工具"MasSpec Pen"，可以在10秒内识别癌组织，在手术过程中，医生对病变不明确的组织轻轻一测试，就可以知道该组织是否发生癌变。后来这些科学家采用移植法，将该技术用于水产和肉食检测领域，通过检测笔尖轻轻划过肉类表面，能够在连接的电子屏幕上显示这些肉类的原产地、保质期等相关信息，相比于传统观念的二维码标签等形式，这种方法更能确保食品安全溯源[1]。

（7）结构性移植创新模式：主动从某一产品独有的结构移植到另一产品。

（8）材料性移植创新模式：主动从某一产品独有的材料移植到另一产品，达到改变性能、降低成本等作用。

（9）工艺性移植创新模式：主动从某一产品独有的工艺移植到另一产品。

3. 移植创新法的操作步骤

在创新的实践操作中，移植创新法可以按照以下三个步骤进行，就是：

第一步，"拓一拓"：挑战现状，将事物的基本特征进行拓展，要尽可能多地寻求二者的相似点，因为相似点越多，越能说明被移植的与求解的问题是遵循同一原理、机理的，或者说是属于、接近于同一类事物、事情的；

第二步，"变一变"：敏锐观察，改变事物的基本特征，分析二者相似点，着重把握二者的差异性；

---

[1] 孙磊等．科技成果转化从入门到高手[M]．中国宇航出版社，2021年12月．

第三步,"选一选":胆大心细,评选最优方案。

总之,移植创新法首先是为解决正在研究的问题,寻求可以移植的原理、方法;其次是将原理、方法应用于具体事物。

【典型案例】从网兜移植到洗衣机的去屑神器

洗衣机滚筒在转动时,衣物很容易搅在一起,导致很多衣物纤维起球、掉毛,还会将掉落的毛屑沾附在别的衣物上,晾干后不好清理,给人们的生活带来麻烦。

日本的一位家庭主妇苛绍喜美贺想到了小时候用网兜抓蜻蜓的场景,于是尝试用网兜网住棉球。她在洗衣机中放置了一个"网兜状"的除毛器,将其卡接在洗衣机滚筒的侧壁上,洗衣过程中的一部分毛屑被收集到网兜中,保证了洗后的衣服不再被毛球困扰。

后来,苛绍喜美贺将该项技术申请了专利并将其许可给了松下电器,获得了1.5亿日元许可费。

【典型案例】移植公交车刷卡到共享电梯上

很多老旧小区的楼房没有电梯,一些老人和行动不便人士上下楼就成了问题,如果加装电梯的话,不同楼层住户之间又因为安装费用的问题导致众口难调的情况。

这时将公交车刷卡的思路移植到电梯中,由政府出钱为老旧小区安装电梯,推出可刷卡的"公交电梯",乘坐电梯只需像乘坐公交车一样按次付费即可。

【典型案例】移植自门闩的手机滑动解锁

在2007年iPhone的发布会上,乔布斯揭开黑布首次实机演示的第一步就是其滑动解锁功能。在现场粉丝山呼海啸的欢呼和掌声中,乔布斯又演示了一次,他说道:"为了让你不会在口袋中产生误操作,我们做了这个设置。"

据后来苹果公司员工解密说,这个滑动解锁的灵感就来源于中国传统的木门闩结构,将门闩的滑动结构异化并移植到手机的防误操作滑动锁上,"slide to unlock",并伴随着一声"咯哒"的声音。同时,苹果公司对这个创意进行了很好的专利布局保护,核心专利的专利号是US7657549B2。与此同时,苹果公司还对以下方向进行了提前布局,比如更高级的防触碰:接触面积、多键配合、压力/温度传感器;提高解锁安全性:自定义轨迹、密码、指纹、特定手势;提高解锁便捷性:重力解锁、个性解锁、多位置解锁;提高解锁趣味性:娱乐因素、动态反馈等方面。

九、随机创新法,让创新随机但不随便

随机创新法,也叫随机嵌入创新法,主要采取事实、形式和功能三者随机结合的形式,来"凭空臆想"出一些产品和服务,然后通过系统性的架构去完成实施的过程。

随机创新法是一种运用强制联想激发创意的方法,通过将随机产生的词语与目标问题联系,就能获得意想不到的"灵感",这种方法看似简单,却需要很强大的联想能力。

随机创新法可以让我们面对挑战进行更为广泛的思考。这同时也意味着我们可以让自己的想象尽量延展开来,最终触及一些令人振奋的创新可能性。

在实施过程中，随机创意法的具体做法是：

第一步，准备三张表格；

第二步，在第一张表格中写上物体的名称（事实）；

第三步，在第二张表格中写上物体的样式（形式）；

第四步，在第三张表格中写上物体的作用（功能）；

第五步，在以上三个表格中随机各挑一项进行组合；

第六步，将随机组合的事实、形式和功能三者进一步组成的产品或服务进行实施可行性判断，如果实施不了就进行排除。

当然，在第六步以及实际可行性执行过程中，为了使随机嵌入创新方式能够达成，还需要进行以下思考：

（1）能够找到这些随机元素之间的联系吗？

（2）这些随机元素组成的产品能够在现实生活中实现吗？

（3）随机元素连接的关键点和关键要素是什么？

（4）这些关键点和关键要素是自己能够实现还是需要借助外力资源？

（5）自己实现时需要自己具备哪些能力？

（6）如果自己不具备这些能力，需要借助外力实现时需要如何融合和协调外力资源？

最后，需要强调的是，在使用随机创新法时的应用技巧是随机、强迫、重复。

第一，获得随机词：任意选择一种产生随机词的方式，比如随意翻开某一页书，选择一个词语；

第二，强迫联想：将这个词语与目标问题进行大胆的发散联系，争取获得启发和灵感；

第三，重复进行：反复进行前两个过程，直到创新者感到满意或者疲倦时停止。

【典型案例】公交车+手机随机组合

假设我们在坐公交车时看到一个胖子在看手机。基于这个场景,可以随机想象出如下创意:内部设置有健身器材的巴士,健身器材可以发电为公交车电瓶充电;在公交车上设置肥胖者专座,甚至可以为其添加按摩减肥的按摩椅,帮助肥胖者减肥,还能消除疲劳;在长途公交车里设置图书角,可以借书学习,防止沉迷手机;通过手机 App 可以看健身公交车的预约情况、到站情况等,还可建立公交车健身朋友圈实现社交互动等。

【典型案例】鼻子+手机随机组合

偶尔打了个喷嚏,口水喷到了手机上,这个"鼻"字就是随机诱因,由"鼻"字结合"手机"开始创新:

设计一款能防口水和污渍沉淀的手机;

设计一款能散发不同香味的手机,能根据画面来调整香味;

设计一款像鼻孔一样只有两个按键的手机;

设计一款能够通过气味传感器检测出毒品等违禁品的手机;

设计一款鼻子造型的手机外壳;

设计一款像眼镜一样可以架在鼻子上的手机;

设计一款针对过敏性鼻炎患者,随时检测 $PM_{2.5}$ 浓度和花粉的手机;

设计一款手机 App,大家能够通过这个平台分享各地的花粉浓度,重度鼻炎患者可以针对性地规避去这些地方;

当然,最简单也最直接的创意就是,通过手机查询一下如何预防和治疗鼻炎……新冠肺炎疫情期间,通过手机 App 查看棉签捅鼻子之后核酸检测的结果……

十、转换创新法，让创新拥有更多的可能性

我们身边经常会有这样一些人，他们曾经充满创意和点子，但后来得到一份高薪或稳定的工作之后，日复一日地在固定的岗位上做同样的事情，思路就随着工作岗位的工作内容被约束了，脑子也"冬眠"了，甚至有些人连生活也开始变得无趣、无聊、无奈。

转换创新法，主要强调打破"一"统天下的做法，主张从多个视角、着眼点，通过多种途径和方法去思考和解决问题。就是通过改变观察、思考问题的视角、着眼点、途径、方法、目标或者改变事物的元素、功能等进而形成新的创新成果。

人类的劳动产品或创造发明物都是人脑思维之后的成果体现，而思维总是建立在一定的视角、着眼点、途径、方法等基础之上观察问题后的结果。同时，事物又是由不同的元素、构件组成的，不同事物又有不同的功能、用途等。因此，如果主动转换事物的元素、构件、功能、用途变成另一事物，则大多数情况下能达到创新的目的。

转换创新法有以下六种具体的模式可供参考：

（1）**视角转换的模式**：通过改变原思维的视角、着眼点，达到解决问题或创新的思维模式。

美国园艺师恩德曼，把酒和西瓜这两个看上去无关联的东西结合在一起，结果培育出了口感独特的酒味西瓜。恩德曼把一根灯芯，一端浸在美酒里，另一端接在瓜藤切口上，用木膏固封，在西瓜生长的同时为其源源不断地提供美酒。当西瓜成熟时，酒香扑鼻，别有一番风味。

（2）**方法转换的模式**：通过改变思维的方法、途径，达到解决问题或创新的思维模式。

有什么办法能使父亲喂奶时让婴儿感到像母亲怀里一样安详呢？新加坡

的一个中学生发明了一种"妞妞奶瓶",将其外形、颜色、手感设计得跟母亲的乳房一样,并且可以挂在脖子上使用。当父亲或保姆用"妞妞奶瓶"喂奶时,婴儿以为自己靠在母亲怀里吃奶,既能稳定婴儿情绪利于成长,又在一定程度上解决了哺乳期职业女性的后顾之忧。

(3)元素转换的模式: 通过改变原事物的元素构件、材料和工艺等,达到解决问题或创新的思维模式。

将城市的生活垃圾和工业垃圾高温裂解处理后作为下水道管道的制作原料,用来代替水泥和塑料,真正做到环保和废物利用一举两得。

(4)目标转换的模式: 通过改变原事物的功能、用途和数值等,达到解决问题或创新的思维模式。

在20世纪90年代前,魔芋因其营养价值低逐渐被人们弃食。进入21世纪后,随着爱美意识的增长以及保健的原因,许多人需要减肥、瘦身,于是一些厂家把魔芋磨成粉状后加工为"魔芋丝""魔芋豆腐""魔芋虾仁""魔芋海蜇"等各种新食品,取名为"减肥食品",投放市场后极其畅销,并成为各种"网红"奶茶的主要原料。

(5)整体与局部转换的模式: 对一些过高、过大、过重等,一时受客观条件限制不能准确地测量其体积、重量等的物体,通过分解为若干可测量体积、重量等的部分,然后累加,最后求出过高、过大、过重等物体的体积或重量,从而解决难题的思维模式。

曹冲称象的故事中,曹冲就是将大象的重量分解为一个个石块的重量,用石块代替大象进行称重。

(6)不规则与规则转换的模式: 通过用规则的物体、方法等准确地测量形状不规则物体的体积、容量等,从而解决难题的思维模式。

【典型案例】ASICS跑鞋的诞生过程

1949年,鬼冢喜八郎创立了鬼冢虎(Onitsuka Tiger),也就是今天性能跑鞋品牌ASICS的前身。1951年,鬼冢发现市面上的篮球鞋鞋底容易打滑而影响了运动员投篮稳定性，于是转化思路，结合章鱼吸盘的构思开发了带有底部吸盘的篮球鞋，鬼冢和他的助手们经过了大量的测试才使这种球鞋的性能稳定下来，能够防滑的同时还不影响运动员跑动和变向。

1953年鬼冢的兴趣转向了跑鞋，他又从摩托车的空气冷却系统中获得灵感，使用松弛的织物来制作跑鞋的顶部，而顶部和两侧开启的小洞孔，使鬼冢虎的跑鞋变得可以"呼吸"，再加上双层鞋底使马拉松长跑者在奔跑42.195公里之后，脚上也不会起水泡，这些创意真正让鬼冢虎品牌扬名立万。

【典型案例】一位"意外的"自行车奥运冠军

2021年的东京奥运会女子公路自行车赛上，获得数学博士学位、精通5门语言、发表过多篇学术论文、骑自行车只是她的业余爱好的奥地利选手安娜·基森霍夫，在没有教练指导、没有队友协助、没有队医后备的情形下，独自一人首次参加奥运会女子公路自行车赛，凭一己之力碾压荷兰名将、前世界冠军安妮埃克·范·弗洛腾，为奥地利赢得了125年以来首枚自行车比赛金牌。

安娜在赛后接受采访时说，"获胜的原因就是，不要太相信权威"。安娜获胜的方法就是打破传统的公路自行车比赛的定式，自己做自己的教练。

她发挥自己的优势，用数学的方式研究比赛：在一个月前研究了东京气温，结合自身做出了适合自己的热适应表，记录体温超过38.5℃时的反应；她研究出137公里的赛道从东京郊区开始，进入乡村，最终在富士山脚下的富士赛道结束，中间要面对富士山和三国山两次艰难的爬坡，总共2692米；她也计划好一开始就要发起攻势，尽力让自己保持靠前的位置。而实际也确实是，在比赛开始后不久，安娜就与大部队选手拉开了10多分钟的差距，这样的领先优势大到几乎所有人都忘记了她的存在。

而那些传统的"真正"的队伍在干吗?

她们的确一直在认真执行着策略,荷兰的几个队员在最后大概 10 公里时还在为冲出去的弗洛腾压着大部队的速度,挡着其他对手冒头,车手之间不得不在大部队里内部消耗。可这样反而更加拉开了所有人和安娜的距离,让她们更加没机会看到最重要的对手。然而奥运会不提供无线通话设备,第二名弗洛腾从头到尾都不知道前面还有安娜,也没有人提醒过她,她在冲线时一直以为自己获得了冠军。

安娜·基森霍夫交出了完全不同于她们的答卷,她不会过多关注外部的变化,其他人的选择都是不可控的因素,她就只是专心地骑行,做一匹孤狼,纯粹地、忘我地、拼尽全力地骑行。她是真的热爱自行车项目上。 在奥地利,自行车比赛一直属于冷门项目,国民关注基本为零,也只有她认真起来,申请了去参加东京奥运会。但她对奥运会比赛设定的最好成绩目标,是第 25 名,这更像是一个对自我的挑战目标,所以假如她在独行过程中,最终被对手超越,也不是什么大不了的事情,她一心一意只想做好她自己,做好她最爱的项目,而唯一的对手也就是她自己。

这其实也是转换创新的意义所在,通过角色的转换做自己喜欢做的事,通过整体和部分的转换打破常规,通过视角的转换做好自己,通过目标的转换全力冲刺。

第 4 章

思维创新魔方,创新先有想到才能做到

从 1714 年开始，就相继有英、美、法、意、瑞士等国家的人发明了各种形式的打字机。最初，打字机的键盘是按照字母顺序排列的，而打字机是全机械结构的打字工具，因此如果打字速度过快，某些键的组合很容易出现卡键问题。于是"打字机之父"——美国人克里斯托夫·拉森·肖尔斯设计了一种键盘，即"QWERTY"键盘，来降低打字员的击键速度，并于 1868 年获得打字机模型专利并取得经营权经营，并规范和制定了键盘的标准。

后来，由于材料工艺的发展，字键的弹回速度又远远超过了打字员的击键速度，虽然曾经出现过许多种更合理的字母顺序设计方案，但都无法推广。因为，使用者已形成习惯，不愿费时费力去学习改用新设计的键盘；传授打字的训练教材已经定型，教师们不愿再重新花心思重新编排训练教材；老厂家也不愿意为新设计的键盘生产进行投资或者改变生产程序。

一个本来很不合理的设计方案，因为日久天长而渐渐成为习惯，甚至还渐渐被人们在观念里合理化，且不可取代，足见习惯思维的势力是多么强大。而那些能够突破习惯思维的人，需要多么巨大的勇气啊！

思维定式对思维活动也具有束缚作用，它使人很难跳出旧的框框，进行新的探索和尝试，不利于思维创新。所以，理念创新是所有创新要素中最重要的，因为只有理念创新才能带来颠覆性的改变。

一、Like 创新法，喜欢的事儿立刻做

一首《如梦令》引出本节的主题——Like 创新法。

如梦令

漫漫创新之路，上下求索无途。

处心积虑一幕，竟在睡梦深处。

Just do，Just do，喜欢莫要耽误。

1. Like 创新法的定义

Like 创新法，就是创新者首先要做自己喜欢做的事，要将自己的工作变成自己喜欢的事情去做，因为创新不只是理性的，也是感性的，也是辛苦的，只有做自己喜欢做的事，才能更愿意倾注心血，才能更容易出创新成果。

Like 创新法，提倡的 like 不只是喜欢的意思，还有［lì kè］立刻、马上去做的意思。一个人往往会后悔自己没有做过什么，而很少后悔自己做过什么。对于创新者而言，如果对于灵感当时放下不做，而去准备一下或暂时搁置的话，不仅创新的效率会大打折扣，后续做成的可能性也会更低。没了当时的创新热情，后续的思考和执行力都会面临太多的不确定性。

2. Like 创新法的本质

Like 创新法，本质上是利用了生命进化能量效率最大化的方向，一个人做喜欢的事，大脑皮层就会分泌出多巴胺，为创新的过程提供持续的激励，效率和坚持度自然就会大大提高。

Like 创新法，就是遇到喜欢的事情立刻做，不要等待，该出手时就出手。当你打算或者计划做某一件事情的时候，若一直犹豫不决，会消耗掉你大部分的精力和耐心。

"机会不是天天有，抓住机会莫放手。"看好了就要一往无前地去做，并且有信心将 impossible（不可能）变成"I'm possible！（我就是可能）"。

3. Like 创新法的操作技巧

第一步，"找"，找到自己感兴趣的事，最好能创造条件，与自己的专业知识和经验经历相结合；

第二步，"做"，不要找任何借口，马上就做，不是下周，不是明天，是现在，"Just do it！"（放手去做）；

第三步，"持"，无怨无悔，持久地坚持下去，不要找借口轻易放弃，当然这并不代表一条路一直走到黑；

第四步，"等"，行至水穷处，坐看云起时，等到时机合适或者主动去创造时机，创新的成果最终会自然绽放。

4. 梦中好一曲《如梦令》

实践证明，能将 Like 思维展示到极致的竟然是梦！究其原因，有两点：

首先，梦在一定程度上能够反映出人们当前正在集中重点思考的问题，故而日有所思夜有所梦。正如精神学家霍布森所说："梦是最具创造性的意识状态，它能将你白天的混乱的认知元素经自发重组产生新的信息配置。"

其次，梦不但是一种主观的生理体验，有时候还是其升级版。在梦中，我们可以释放真实的自我，逃离时空和世俗的束缚，展开庄周梦蝶般天马行空的遐想，脱离了日常杂事的羁绊和世俗条条框框的约束，创造力便会自然而然地迸发出来。正如阿根廷作家博尔赫斯所说："梦是一种创造。现实与梦境的本质不同在于，梦中所体验到的事物由你产生，由你创造，由你推演而来。"

在人类发展历程中，有许多的发明、发现，甚至预言，都和"梦"有关，许多人确实成功地从梦中汲取灵感，并在现实中成功应用。

北宋时期著名科学家沈括，晚年所著的《梦溪笔谈》是我国古代的学术宝库，被誉为"中国科学史上的坐标"。沈括在三十岁时曾做过一个奇妙的梦，梦中他来到一座山上，从山上往下看，他看到了比桃花源更美的地方，在这个地方他找到了很多科学成果。十年后沈括被贬，恰好他来到一所位于镇江的园子。不看不知道，一看吓了一跳，园子的景致竟然与梦中所见一模一样。因为园子里有小溪流过，自己以前在梦中又见过，故取名梦溪园。在这里，沈括两耳不闻窗外事，一心只想科学事，将自己多年记录、考察和研究的科学成果汇聚成集，并将这个成果集命名为《梦溪笔谈》。

乙酰胆碱的发现也是梦的功劳。1921 年复活节的前夜，奥地利药理学家奥托·洛伊做了一个神奇的梦。梦中，他做试验证实自己苦苦思索了十几年的一个设想！从梦中惊醒后，他赶紧冲进实验室开始重复梦中的试验。在梦的指引下，经过五年的不懈努力，奥托·洛伊终于证实：迷走神经末梢通过释放乙酰胆碱作为传递信息的化学物质。这一发现，极大地促进了神经科学的发展。1936 年，奥托·洛伊荣获诺贝尔生理学或医学奖。

【典型案例】拍立得相机的发明

宝丽来的创始人兰德（Edwin Land）是个发明家，他手上握有 535 项发明专利。兰德说："我发现，当我快要找到一个问题的答案时，极重要的是，因为热爱支持自己专心工作一段长时间。在这个时候，一种本能的反应似乎就出现了。在你的潜意识里容纳了这么多可变的因素，你不能容许被打断。如果你被打断了，你可能要花上一年的时间才能重建这 60 个小时打下的基础。"

例如，当年风靡全球的拍立得相机的灵感来源，竟然是兰德的女儿的一个貌似无理的要求。1947 年 2 月的一天，当时兰德正在替女儿照相，女儿不耐烦地问什么时候可以见到照片。兰德耐心地解释，冲洗照片需要一段时间，说话时他突然想到，照相术在基本上犯了一个错误——为什么我们要等上好几小时，甚至几天才能看到照片呢？如果能当场把照片冲洗出来，这将是照相术的一次革命。

技术难题是，在一两分钟之内，就在照相机里把底片冲洗好，而且用干燥的方法冲洗底片。兰德马上就以令人难以置信的速度开始工作，六个月之内，就把基本的问题解决了，最终推出的拍立得相机在市场上大获成功。

拍立得相机的发明证明了一个简单的道理：每一个灵感都是新构想，抓住它，热爱它，你才能成功。

【典型案例】凯库勒梦中发现苯环结构

1825 年，英国科学家法拉第首先发现了苯，此后几十年间，人们一直都不知道它的结构。所有的证据都表明苯分子非常对称，但是让人难以想明白的是，六个碳原子和六个氢原子究竟是怎样完全对称地排列，形成稳定的分子的呢？

1864 年冬的某一天，一直研究苯分子结构而苦于没有发现的德国化学家凯库勒正坐在壁炉前打瞌睡，睡梦中原子和分子们开始在幻觉中跳起舞来，一条碳原子链像蛇一样咬住了自己的尾巴，在他眼前旋转。凯库勒在睡梦中惊醒之后，一下子明白苯分子是一个环，由六个碳原子首尾相接。

于是，凯库勒就提出了苯分子的结构，并轰动了世界，为以苯环为基本结构的芳香族化合物的研究开辟了道路，这是有机化学史上里程碑式的成就。凯库勒的学生，在其基础上继续深入研究，有三位后来获得了诺贝尔化学奖。

二、超前创新法，异想天开才能茅塞顿开

尼古拉斯·尼葛洛庞帝[①]说过："预测未来的最好办法，就是把它创造出来。"这句话还可以这么理解：如果某个事件在未来一定会发生，那就利用超前创新法先行进入那个未来，去等其他人。

1. 超前创新法的定义

超前创新法也叫做"异想天开"创新法，因为很多的发明构想在当时科学技术水平还达不到制造这种东西的程度时被视为异想天开，但是随着时间的推移，日益发达的科学技术实现了一个又一个构想。

由于现代科技和经济等的快速发展，人们思考问题和做事不能鼠目寸光，而必须放眼未来，包括反映出未来的科技含量、应有的气魄和速度等，以适应下一阶段发展的需要。这就是人们常说的前瞻性。

一个世纪前，"嫦娥奔月"只被当作一个"异想天开"的美丽神话，而现在，人类已能站在月球向着地球微笑，中国的航天员已经乘坐"天和"入九天；乘坐"天舟"完成"妥投"；我们的"祝融号"已经能够巡游火星；3名航天员"入驻"太空站时刻看着地球的花开花落。

2. 超前创新法的操作要领

超前创新法在实践中，其操作要领是：

[①] 尼古拉斯·尼葛洛庞帝是美国麻省理工学院（MIT）教授、《连线》杂志的专栏作家，也是MIT多媒体实验室的创办人，因为长期以来一直在倡导利用数字化技术促进社会生活的转型，被西方媒体推崇为电脑和传播科技领域最具影响力的大师之一。

第一，要大胆想象，勇于想象是此创新法的关键。亚里士多德的"地心说"被封建教会奉为不可撼动的真理，是哥白尼"异想天开"地提出"日心说"，开创了一个天文科学的新世界。

第二，一点灵犀不是真正意义上的异想天开，而只是一个开端，重要的是要把开始的一点想法不断去完善，使它在你的思想中逐渐形成具体的方案。1910年，德国气象学家魏格纳从墙上悬挂的一张世界地图上发现大西洋两岸的轮廓极为相似，异想天开地提出了"大陆漂移假说"，后期经过了非常艰辛的科考证明，甚至付出了葬身荒野的代价，在后期科学家海底扩张学说的基础上才逐渐有了完善的"大陆板块构造学说"。

第三，超前创新需要具有从未来走向当前的逆时性特点———即以未来为起点，倒过来引导当前思想和行为的发展，促使人们把当前的思想、行为提升到前所未有的程度，从而实现创新的目的。

3. 超前创新法的三大思维原则

使用超前创新法，还要遵循下述思维原则：

（1）高屋建瓴———要显示出极高的科技含量、宏大的气魄、强劲的发展后劲。

被《时代》杂志评为"2021年年度封面人物"的埃隆·马斯克，做出了一系列改变世界的创造发明，无一不使人感到震撼。

马斯克的成功体现了他超凡脱俗的想象力和高屋建瓴的超前意识，使他更像一个梦想家。难能可贵的是，马斯克能够凭借个人的努力，将梦想转变为现实。马斯克思考问题的出发点，完全是站在全人类的角度，去考虑人类文明所面临的最紧迫问题，并围绕这些问题进行一系列研究，为此提供解决方案。

马斯克的事业核心在三个领域：新能源汽车、载人航天、脑机接口。这三个领域都可以高屋建瓴地归结成为同一目标服务，即解决对人类文明影响最大的问题，使得人类文明能够更加长久地保存和持久发展下去。

（2）眼光深远———只有用深远的、放在星辰大海的眼光才能洞察现阶段事物、事情中的弊端、缺陷、不足之处，进而提出超越现阶段事物、事情的设想。

埃隆·马斯克曾经表示："如果火箭可以像飞机一样重复使用，那么进入太空的成本可以大幅降低。"2015年12月21日晚，马斯克创办的太空探索技术公司（以下简称SpaceX）发射的"猎鹰9"火箭在佛罗里达州卡纳维拉尔角成功实现第一节火箭软着陆，从而开创了火箭从太空直接垂直回收的历史。

埃隆·马斯克提出了"超级高铁"计划，会在地面上搭建作用类似铁路轨道的固定真空管道，在管道中安置"胶囊"列车。"胶囊高铁"列车形状像太空舱一样，"胶囊"列车"飘浮"在处于真空的管道中，由弹射装置像打射炮弹一样启动座舱，无间断地驶往目的地。由于运行空间真空，没有摩擦力，车厢运行速度最高可能达到每小时5000公里。这样算下来，从美国纽约到洛杉矶只要36分钟，纽约到北京只需2小时，环球旅行只需要3小时。

（3）视野开阔——开阔的视野有助于通过联想、类比等方法启迪思维，从而设想出超前的事物、事情。

正因拥有开阔的视野，才保证了埃隆·马斯克的一系列成功。通过综合分析我们会发现，马斯克的目标在于移民火星，所以他创立的公司其实都是为这一宏伟目标做基础和铺垫的。

火星上没有氧气，但是太阳能资源丰富，所以他才会专注于纯电动的Tesla电动车；

移民火星需要火箭发射，于是有了SpaceX公司的猎鹰火箭；

火星上空气稀薄，着陆时降落伞肯定不行，因此才有了用推进剂着陆计划；

火星上需要大规模的太阳能发电，于是就成立了Solar City；

火星上环境恶劣，要想实现移民点之间的交通，需要修建全封闭的Hy-perloop；

火星上吃饭怎么解决？马斯克的弟弟成立了专注于集装箱精细化无土栽培的Square Root……

三、科幻创新法，努力让梦想成真

爱因斯坦曾经说过："想象力比知识更重要，因为知识是有限的，而想象力概括着世界的一切，并且是知识的源泉。"

想象力是创新的出发点，也是创新之火的火种，只有展开想象的翅膀才能带领我们进入创新的未知世界。

1. 科幻创新法的定义

科幻创新法，就是从科幻故事中寻找灵感和思路，并逐渐将其从科幻到黑科技再到硬科技落地实施并应用的一种创新方法。

被誉为"科幻小说之父"的法国作家儒勒·凡尔纳，他的科幻小说中提到的科技发明，在当时都属于想象科幻，但这些构想符合科学的发展趋势，到了20世纪中期就几乎全都成了现实。像《海底两万里》中的鹦鹉螺号潜水艇、《征服者罗比尔》中的海陆空三用飞船、《培根五亿法郎》中的原子弹、《两年假期》中的飞机、《喀尔巴阡古堡》中的立体电影、《神秘岛》中的电报、《从地球到月球》中的登月飞船……他因此还被誉为"科学时代的预言家"。

凡尔纳之所以在科幻创新领域如此成功，正是因为他是在科学技术所容许的范围里，根据科学发展的规律与必然的趋势做出了种种在当时看来奇妙无比的构想，并为后续将科幻变成"黑科技"、"硬科技"，甚至普遍的科技技术做出了巨大的前瞻性贡献。

值得一提的是，中国古代神话是中华文化宝库中的珍贵财富，古人以其超前的想象力，为后世的科学发明开拓了思路，古人一些美好想象已经在今天变成了现实。在中国古典名著《山海经》《淮南子》《封神演义》《西游记》

中就存在着许多萌芽中的科技幻想。科技来源于人们对生活的需求,而神话将这种需求做了美好的扩大化。当幻想插上科学的翅膀,就能带动现实飞翔。

2. 科幻创新法所需的五种思维

科幻创新法需要培养想象思维,在实际操作中,可以按照以下五种方式培养想象思维:

第一种,联想思维法,是由一事物想到另一事物的思维过程,是想象思维的初级阶段。

"春蚕到死丝方尽,蜡炬成灰泪始干"源自对一个人贡献和奉献的联想;"床前明月光,疑是地上霜"源自在外游子对故乡的联想。

第二种,类比想象法,是由此一类事物想象与之相似、相关的另一类事物,"此一类事物"较实,"另一类事物"较虚,具有由浅入深的特点。

在合成树脂中加入发泡剂,得到质轻、隔热和隔音性能良好的泡沫塑料,于是有人就利用这种因果关系,在水泥中加入一种发泡剂,发明了既质轻又隔热、隔音的气泡混凝土。

第三种,对比想象法,是由某一类事物想象与之相反相对的另一类事物,并且形成鲜明对比,造成深刻印象。

美国麻省理工学院机械工程系的系主任谢皮罗教授敏锐地注意到:每次放掉洗澡水时,水的漩涡总是逆时针方向旋转的。这是为什么呢?谢皮罗紧紧抓住这个问号不放,进行了反复的实验和研究。

1962年他发表了论文,认为这种漩涡与地球的自转有关,如果地球停止旋转就不会产生这种漩涡,由于地球不停地自西向东旋转,而美国处于北半球,便使洗澡水逆时针方向旋转,北半球的台风也是逆时针方向旋转,其道理与洗澡水的漩涡是一样的。他还断言,如果在南半球,洗澡水的漩涡将顺时针方向旋转;在赤道,则不会形成漩涡。谢皮罗的这种见解,引起各国科学家的极大兴趣,他们纷纷在各地进行实验,结果证明谢皮罗的结论完全正确。

第四种，因果想象法，是由事物的原因想象事物的结果，或由事物的结果想象事物的原因。

20世纪80年代，日本的一支南极探险队在基地遇到了一个难题，他们需要把基地的汽油输送到探险船上，但是输油管的长度不够。面对这个问题，大家一筹莫展。

队长西崛荣三郎是这么操作的：首先，他想到可以把长方体的冰块做成管子。在南极找到适合做管子的冰块并不难，但是如何才能穿透一个很长的冰块又不至于使它破裂呢？西崛荣三郎继续发挥联想，把医疗用的绷带缠在铁管子上，然后在绷带上浇水，等水结成冰之后，再把铁管抽出来，这样就可以做成一个冰管子了。

西崛荣三郎利用因果想象法，发挥了丰富的想象力，把南极的冰、绷带和输油管联系了起来，解决了一个大难题。

第五种，辐射想象法，就是以一个事物作为触发点，向四面八方去辐射想象熟悉的生活与知识领域。还可以从过去、现在、未来，已知、未知，以及从动态、静态，顺向、逆向等多方面进行发散辐射想象。

由"灯"展开发散式想象：昏暗的油灯、明亮的电灯、亮如白昼的日光灯、色彩斑斓的彩灯、不断闪烁的霓虹灯、指挥交通的红绿灯、车辆上的信号灯、指示航行的灯塔、人生路上的指路灯……再由"灯"到"星"展开辐射想象：天上的星星、星球、星星之火、童星、体育明星、影视明星、各行各业的新星……

【典型案例】《西游记》中展示的科幻创新思路

《西游记》中成功预测了未来多项重大科技发明的巨作，这些重大预测远远早于西方国家几百年，并且大部分都已经变成了现实，这一点不得不让世人为之瞠目。

1. 天地时间和相对论

《西游记》的世界大抵可分为人间、地府和天上，关于天宫有一句很精妙的描写，孙悟空道："我才半月有馀，那里有十数年？"众猴道："大王，你在天上，不觉时辰。天上一日，就是下界一年哩！"

这个思路与 20 世纪最重要的物理理论——爱因斯坦的相对论有异曲同工之妙。爱因斯坦曾提出相对论的一个很著名的例子：一对双胞胎兄弟，其中有一个去做长途的太空光速航行，几十年过后回到地球发现兄弟已经白发苍苍，而自己觉得在飞船上并没有过多长时间。其中蕴含了相对论的基本思想，即时间和空间都是相对于具体的参照系而提出的，随着参照系的变化，时间和空间的定义和长度都会发生变化，这不正是"天上一日，地上一年"吗？在太空中的高速运转延缓了衰老。

现代科学告诉我们，人类肉体长生不老是不可能的，生物有自身的规律，细胞更新若干次必须劣化衰老，生活和医疗条件好，适当延长寿命是可能的，但上限是受到自然规律约束的。那么，既然肉体不能永恒，人类有无可能有一天能够把思想装到计算机中实现永恒，这也是不少科幻作品的主题。脑机接口就满足了人们对这条技术路线的遐想。2021 年 4 月 9 号，埃隆·马斯克公布了旗下的脑机接口公司 Neuralink 的新成就，并展示了动物试验：一只装上脑机接口的猴子成功地通过意念追逐小球。

2. 筋斗云和膛线技术

"筋斗云"是孙悟空跟他的老师菩提祖师学到的诸多本领之一，可以在一瞬间飞到十万八千里之外，孙悟空每次使用的时候都要翻一个筋斗，这样才能发挥出筋斗云的效果。

在现代科技当中，有一项很发达的科技产品与之相似，就是在枪膛上设置膛线，使得子弹在发射的过程中也是利用旋转的方式提升在空中的速度。膛线可以说是枪管的灵魂，膛线的作用在于赋予弹头旋转的能力，使弹头在出膛之后，仍能保持既定的方向。

3. 分身术和克隆技术

我们经常用"分身乏术"来形容一个人无法分出精力来处理多个事务，而《西游记》中的孙悟空在面对群战的时候，往往会拔下毫毛来，吹出去就是几百只同样形象的孙悟空，这在神话中也是神乎其技的能力，其实如果只看结果，我们当今的克隆技术与它非常相似。

在 20 世纪末期，克隆技术处于十分火爆的状态，但是由于其中涉及的伦理问题难以解决，最近几乎消失在了公众的视野中，事实上实行克隆的科技条件已经基本满足。

4. 金箍棒和记忆金属

孙悟空的如意金箍棒是大禹治水时留下的定海神针，形状能大能小随心所欲地变化，兼具自动识别人脸功能，只认三个人：制造者太上老君、首次持棒者大禹、第三接棒者孙悟空。输入声音密码，可长可短、可大可小。

形状记忆合金，是通过热弹性与马氏体相变及其逆变而具有形状记忆效应的由两种以上金属元素所构成的材料。迄今为止，在理论研究不断深入的同时，形状记忆合金的应用研究也取得了长足进步，人们发现具有形状记忆效应的合金有 50 多种，相关的专利技术也有近 7 万项，其应用范围涉及机械、电子、化工、宇航、能源和医疗等许多领域。比如，人造卫星上庞大的天线可以用记忆合金制作，发射人造卫星之前，将抛物面天线折叠起来装进卫星体内，火箭升空把人造卫星送到预定轨道后，只需加温，折叠的卫星天线因具有"记忆"功能而自然展开，恢复抛物面形状。

5. 风火轮和平衡车

风火轮是哪吒三太子的法宝之一，双轮转动间有风与火之声，左右二轮生风喷火，故称风火轮，可踏在双脚下作为交通工具。

平衡车，号称现代版的风火轮，能够控制前进后退，左拐右转，市场上甚至还出现了像风火轮一样能够闪闪发光的双足平衡车。

6. 紫金葫芦和语音识别技术

《西游记》中有个威力极大的宝贝紫金红葫芦，只要叫上一声对方的名字，其若应了，音频的数据就被录下来了，再说话时就通过音频识别把人装进葫芦里面，一时三刻就化为脓水。

语音识别技术，也被称为自动语音识别技术（ASR），涉及心理学、生理学、声学、语言学、信息理论、信号处理、计算机科学、模式识别等多个学科的交叉学科，其工作原理是将人类的语音中的词汇内容转换为计算机可读的输入，例如按键、二进制编码或者字符序列。

7. 其他法宝及其对应技术

孙悟空的七十二变：基因重组+仿生技术；

雷公、电母、风婆婆、芭蕉扇：气象武器；

青牛精的金刚琢：黑洞；

太上老君的炼丹术：现代医药技术；

孙悟空的火眼金睛：红外微光夜视技术+AI 图像识别技术；

观音的净瓶灵水：基因修复技术；

女儿国：人类单性繁殖的示范区；

动物和人类交流：人机交互技术和语音识别技术；

上天：火箭技术；

入地：勘探技术；

下海：深海潜艇技术；

龙王降雨：人工降雨技术；

孙悟空变成虫子钻入黑熊精身体：纳米技术；

千里眼：预警技术；

顺风耳：侦听技术；

紧箍咒：远程声控遥控技术+声纹识别技术……

四、以毒攻毒创新法，借力打力的创新

以毒攻毒创新法，原本来自中医用语，指用含有毒性的药物治疗毒疮等恶性病，比喻利用不良事物本身的矛盾以反对不良事物，这就给创新创造以启发：以毒攻毒，负负为正；借力打力，以彼之道，还施彼身；将多个劣势放在一起，通过结构优化之后，化弊为利，可能成为其无可比拟的优势。

1. "以毒攻毒法"在传统医学中的应用

"以毒攻毒法"是我国中医的传统疗法，在中医治疗重症中，已经应用了数千年。中医认为毒陷邪深结聚于体内，则非攻不克，故中医常用具有一定毒性的中药，性峻力猛以攻邪毒，并在临床实践中起到了很好的效果。明代陶宗仪在《辍耕录》中说："骨咄犀，蛇角也，其性至毒，而能解毒，盖以毒攻毒也。"

很多人对"以毒攻毒"的印象都始于武侠小说，如金庸武侠小说中的段誉吃了万毒之王——莽牯朱蛤，之后炼就百毒不侵之身。又如《神雕侠侣》中描写断肠草有剧毒，人吃下去后会腹痛不止而死，杨过却用断肠草"以毒攻毒"最终化解了情花剧毒。

2. "以毒攻毒法"在现代医学中的应用

疫苗，就是很好地利用了以毒攻毒创新法解决了病毒的侵害。什么是疫苗？疫苗就是将病原体和代谢产物，经过人工方法制成用于预防传染病的自动免疫剂。通俗地说，就是使用已没有伤害力的病原菌去激活免疫系统，让我们的身体自动分泌出一种保护物质，来阻止这种病原菌的伤害。

抗蛇毒血清的发明，也是很好利用以毒攻毒创新法的案例。抗蛇毒血清是将一定量的蛇毒经过减毒等操作后注射到个体较大的动物如马身上，经马免疫产生球蛋白抗体，待抗体达到一定的有效量之后，抽取马血，经过特定的生产工艺，制备出抗蛇毒血清。

3."以毒攻毒法"的扩展应用

以毒攻毒，从基本原理上讲是一种相生相克现象，符合辩证唯物主义中的"对立统一"规律。因此，当我们运用以毒攻毒创新法时，就应当从医学领域跳出来，站在更广泛的天地里去思考"相生相克法"的应用，以获取更多的"以其人之道还治其人之身"式的发明创造成果。

除了医学上的应用，以毒攻毒创新法还可广泛应用在工程创新中，其操作技巧是：当在创新中遇到解决不了的技术问题时，可以尝试让多种问题整合到一起，说不定就能"柳暗花明"地找到解决方案，甚至问题本身就变成了答案，创造出了一种新的综合解决方案。

随着现代工业、交通运输业的迅速发展，噪声早已成为危害人类健康的公害：它损伤人的听觉器官，造成"积累性"的心脏病、心血管疾病，使人心跳过速、心律不齐、头痛、头晕、耳鸣、记忆力衰退、全身无力等。长期以来，人们防治噪声的方法有二：一是禁止使用发声器，如城市主要街道禁止鸣笛；二是装隔音罩、消音器等。显然，前者使用范围有限，因为它无法使所有发音设备都保持"沉默"，后者又有结构大、成本高之忧。有没有新的降噪办法呢？有人提出了"以噪降噪"的发明新设想，并研制出一种技术装置，能发出与设备噪声强度相当、波长相等、峰谷相容但方向相反的"特制噪声"，令其与环境噪声相互"中和抵消"，使遭受噪声污染的环境变得宁静。

【典型案例】以冰治冰的解决方案

20 纪 70 年代中期，美国国防部武器供应商之一——美国雷声公司，跟加拿大军方签署了一项利润高达 8000 万美元的秘密军事合作协议，在半年时间内，帮助加拿大军方设计和生产出上千根能在恶劣天气情况下接收军事数据的天线，并且在户外能被士兵轻松搬移和安装。

但要命的是，偏偏雷声公司所在的加利福利亚州，很少有这么低的气温，所以公司里的工程师们忽视了一个重要的问题——在加拿大北部寒冷的冬天，天线上由积雪而冻结成的冰，会导致天线杆上的负重不断增加，最终会被折断。

等发现这个问题时，设计已经进入尾声了，交付的日期也已近在眼前。雷声公司立即召开紧急应对会议，商讨如何解决眼前的这个大麻烦，最终形成以下五种方案：

一是，将天线杆增粗加厚，这样便能承受更大的负重，可这样一来，士兵搬运和安装它们时就费劲了；二是，在天线上增设一个融雪设备，不让天线上结冰，但问题是天线上并不通电，也没有微波炉那样的设备，雪没法融掉；三是，通过震动将天线上的雪花震落掉，可天线并不能自动震动，需要加装一个震动设备；四是，给天线罩上一个防雪的罩子，但这个罩子也必须在天线杆上生根，同样也会增加天线杆的负重；五是，干脆放弃天线杆，使用其他方法把天线固定在空中 10 米高的某个指定位置，但短时间内根本找不到一种能让天线悬浮在空中的办法，而且能保证它是静止不动的。

可是，面临的实际问题是，天线杆必须既轻又重：轻，士兵才能搬运得动；重，才能顶住大风的侵袭，而实际上这又是互相矛盾的。雷声公司极其苦恼：如果放弃合作，不仅损失了 8000 万美元，还要赔付近 2000 万美元的高额单方毁约费。

就在他们一筹莫展之际，有一个叫亨特的工程师站了出来，他接下来提供的解决方案就是"以冰治冰"：把天线杆的表面设计成凹凸不平状，这样当它立在冰冷的户外，遇到大雪天，雪花便很容易粘附上去，形成冰。而冰又是一种非常坚固的材料，结了厚冰的湖面连一辆坦克都能承载住，"也就是说，让冰把天线杆'冻结'得更加坚固！"

结果，这种方案果然奏效了，实验情况下的天线杆被一层层厚实的冰包裹起来，形成一个大冰树，完全能承受住结了厚厚一层冰的天线，还不需要任何辅助的外部设备。

解铃还须系铃人，原来制造问题的始作俑者——冰，恰恰也是解决问题的金钥匙，工程师亨特跳出了解决问题的固化思维框架，通过"以毒攻毒创新法"找到了一个全新的解决方案。

【典型案例】中山大学提出"以蚊治蚊"的解决方案

我国中山大学热带病防治研究教育部重点实验室奚志勇教授提出了"以蚊治蚊"的新技术，通过改造雄蚊基因，使其与雌蚊交配产下的幼蚊带有先天基因缺陷，会很快死亡。这些"蚊子战士"作为新型生物农药，不但可彻底消灭病媒蚊，更能有效减少蚊子数量，得到了世界卫生组织的认可，并倡导在全球范围内进行大范围推广应用。

五、场景创新法，创新要有仪式感

场景专家吴声老师说："产品解决一个问题，场景的变化持续解决问题。"比如说，喝茶解决了人们口渴的问题，由"柴米油盐酱醋茶"到"琴棋书画诗酒茶"的场景变化，反映了不同时期、不同阶层人对于喝茶的差异化需求。

1. 场景创新法的定义

场景创新法，也叫做情境创新法，这种创新方式主要是通过创造场景讲故事，来配合产品或服务的创新。"场景"无处不在，特定的时间、地点和人物存在特定的场景关系，延伸到商业领域便会引发不同的消费市场。

像 AI 产业一样，很多产业迟迟不能发展的主要原因之一就是缺少可落地、可复制、强需求的场景。

借助场景化创新法，创新者要思考一个问题，在快节奏的社会生活中，如何长期保持消费者对自身产品和服务的记忆？面对不同的市场划分和繁多的同类竞争，被动灌输场景记忆和主动引导场景识别孰胜孰劣？是守株待兔等待还是因势利导出击？市场永远追随时代变化，场景不同，策略选择也有不同。但无论何种选择，只要企业因地制宜，运用得当，就有可能在激烈的市场竞争中收获自己的商业生态。

消费群体年轻化，让"仪式感"成了许多人生活中必不可少的元素之一。随着户外媒体形式的丰富和创意的创新，年轻人所追求的仪式感能够通过户外媒体得以更好表达。红绿灯本是交通安全设施，也属于特殊的户外传播媒体，从 2020 年起国内很多城市很有创意地将红灯的形状由圆形变成了爱心的形状，在红灯亮起时底下还有"等待"两个字。等红灯的时候，你面对的不再是一个停止的符号，而是一颗红彤彤的爱心和赋予你无限想象的"爱心不要着急，只需耐心等待"。

2. 新时代的场景创新法

移动互联网把人的存在提到空前高度，这一时期酝酿的场景化思维，更加注重用户体验，产品设计更多围绕用户的实际情况和消费习惯展开。通过行业间的跨界融合和由此衍生的社群效应，对消费市场递次迭代，达成商家与消费者之间的黏性互动，这突破了以往商品一旦被生产和售卖，商业行为即告结束的局限。

电器品牌卡萨帝的理念就是将产品变成一个个具体场景的"接口"。比如在厨房这个场景里，卡萨帝认为，用户需要的不是厨房，而是美食。所以，卡萨帝新一代厨房电器的愿望就是做把人和美食、和美好生活连接起来的连接器。

举个例子，你用卡萨帝新一代厨房电器，可以在家做出烤鸭来。在家做烤鸭，难点不是原料，而是要对供应链做深度改造，对鸭子事先拆骨，然后冷链送到家。让你在家里请客的时候，可以一键下单，一键制作，通过最简单的加工方式，给客人端出一盘专业水准的烤鸭来。卡萨帝厨房可以提供片皮烤鸭、减脂烤鸭等多种体验场景。自从 2020 年卡萨帝推出"一键烤鸭"以来，已累计卖出 30 多万只烤鸭，卡萨帝居然成了国内"销量第三大的烤鸭店"。

互联空间虚拟世界有千般好处，但是它有一个缺点，就是太丰富了，让人选择困难；线下空间，你不得不面对各种各样的边界，时间成本又非常昂贵。怎么办？

这时，基于场景化创新在移动互联网社交中非常应景的有两个词：线上"种草"和线下"拔草"。

"种草"，是在数字世界里因为别人对某个东西、某个场景的分享而产生向往，不管它是一个餐厅、一个咖啡馆，还是一家书店。

"拔草"，是回到现实生活的真实场景里去，亲自体验，去吃饭、去打卡、去买书，然后把自己的体验在数字世界继续记录、标记，用自己的方式对它再定义一次。

3. 场景创新法的 IP 化创新

场景创新法的更深一层次创新，是将 IP 创新和场景化创新相结合，用 IP 化来直接改进和提升企业的产品及服务体验的，本质上是用 IP 化实现产品创新，而不只是品牌形象。

具体做法包括三步：重新定义产品的价值、创造新场景新情境、借助 IP 完成 IP 化的解决方案。

第一步：重新定义产品的价值。这需要深入用户需求去洞察产品到底能做什么，还能做什么。重点发现过往产品没有解决、或忽视、还没有完全满足的需求痛点，尤其是情感痛点；重新定义产品，根据痛点创造独特产品价值，建立自己的差异化价值；以此创新不同的产品和服务。

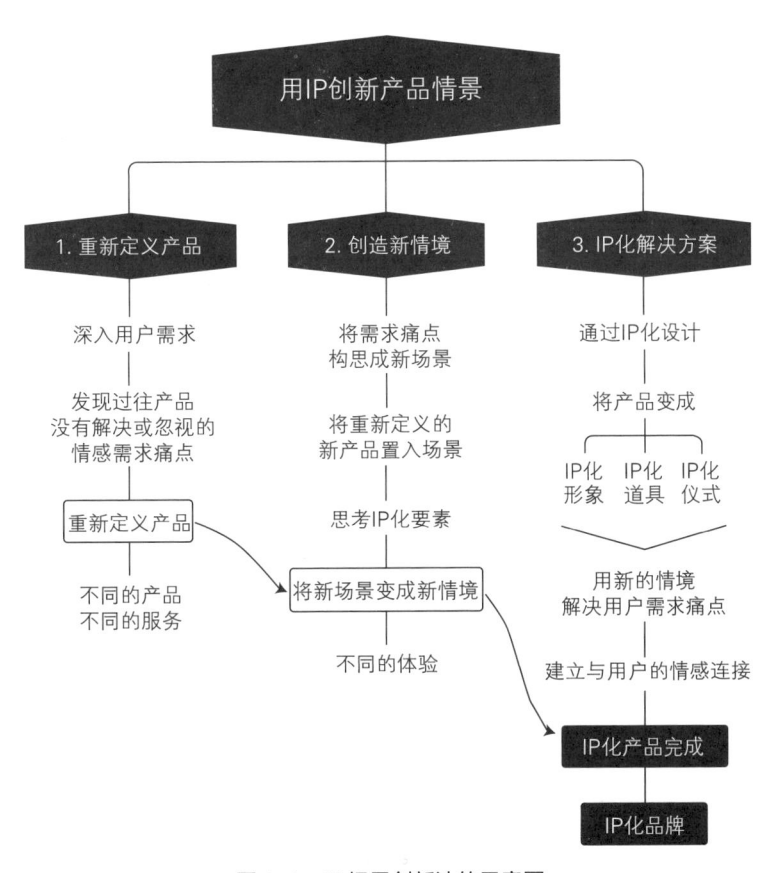

第 4 章 思维创新魔方，创新先有想到才能做到

```
                    用IP创新产品情景
                           │
        ┌──────────────────┼──────────────────┐
   1.重新定义产品        2.创造新情境        3.IP化解决方案
        │                  │                  │
   深入用户需求         将需求痛点          通过IP化设计
        │              构思成新场景              │
   发现过往产品             │              将产品变成
   没有解决或忽视的     将重新定义的              │
   情感需求痛点         新产品置入场景      IP化  IP化  IP化
        │                  │              形象  道具  仪式
   重新定义产品         思考IP化要素             │
        │                  │              用新的情境
   不同的产品          将新场景变成新情境    解决用户需求痛点
   不同的服务               │              建立与用户的情感连接
                       不同的体验                │
                                           IP化产品完成
                                                │
                                           IP化品牌
```

图 4-1　IP 场景创新法的示意图

第二步：创造新情境。 将用户需求的痛点，通过创新，构思成新场景；一定要能够将重新定义的新产品，置入场景中，成为核心道具；并思考如何搭建 IP 化要素；从而将新的场景，变成新的情境。

第三步：用 IP 化解决方案。 根据新产品和新情境，进行 IP 化设计，包括 IP 的情感内核、世界观、形象（角色）、故事（内容）、符号等；通过以上设计和产品的结合，将产品变成 IP 化形象、IP 化道具和 IP 化仪式，同时将 IP 进行知识产权布局保护；真正实现新的情境，解决用户需求的痛点，同时建立与用户的情感连接；IP 化产品完成后，再往下发展，就自然成为 IP 化品牌（图 4-1）。

今天我们在很多购物过程中，即使有所准备，也会被很多场景化创新营销带来更多的心理暗示：

161

"农夫山泉,有点甜",你喝它的时候,会感觉:还真是有点儿甜味;

"乐百氏纯净水,经过27层过滤",你喝它的时候,会感觉:还真是有股淡淡的纯的味道;

"怕上火,喝王老吉",对,吃火锅的时候,好像就得喝两罐,否则会上火……

"红烧牛肉面,就是这个味儿",如果你吃到一个其他品牌的方便面,但和康师傅不同味儿的,好像还会感觉不正宗,因为你被康师傅通过场景创新法占领了心智。

中国台湾顶新集团在开拓大陆市场时,将方便面的名字取名为"康师傅",原因有三:

(1)"康"有健康、小康的意思,符合现代人健康饮食的理念;

(2)"师傅"二字是大陆对专业人士的尊称,具有亲切、责任感、专业化的内涵,叫起来特别有亲近的感觉;

(3)康师傅logo独有的敦厚可亲,热情展开双臂形象,让许多顾客熟知与喜悦,这也是康师傅服务顾客热情亲切的精神表现。

"康师傅"方便面一经推出,立即打响。如今,"康师傅"以近一半的市场占有率,稳坐中国方便面市场第一名的宝座。

【典型案例】喜力滋啤酒的场景化创新

现代广告奠基人之一的克劳德·霍普金斯帮助喜力滋啤酒做广告的故事告诉我们:场景化创新带来的价值,有时候甚至让推销变得不必要。

喜力滋啤酒曾是美国20世纪五六十年代卖得最好的啤酒,但在成为美国卖得最好的啤酒之前,它在美国的排名只是第5位,后来霍普金斯接了这个广告,短时间内就让它从第五一跃成为第一。

霍普金斯所用的技巧就是:场景化创新,打造喜力滋啤酒的差异化!

当时美国啤酒流行喝"纯啤酒",每家都宣称自己是纯啤酒,在广告中把"纯"字写得特别大,甚至后来的宣传材料中用了大量的篇幅来描述啤酒的"纯",但这些做法对消费者而言已经司空见惯,引不起购买欲。

用克劳德·霍普金斯的话说,这些广告都如鹅划水以后留不下任何痕迹,完全没有场景化的代入感。霍普金斯在喜力滋啤酒的广告中,讲述了大量的事实,证明喜力滋啤酒的独特。如喜力滋啤酒用的是来自4000英尺地下的纯水;喜力滋啤酒的酵母是一块经过1018次试验后,具有独特风味的酵母;喜力滋啤酒的酒瓶都是经过4次高温消毒,等等。

综合而言,克劳德·霍普金斯的做法可以分三步:

第一步,主动参加啤酒"纯"字大战,这属于情境代入;

第二步,深度卷入,以大量事实和数据来说服消费者,让消费者感觉喜力滋啤酒的专业性;

第三步,促成消费者态度转移,由其他品牌转向"喜力滋"。

事实证明,正是这三步促成了消费者新态度的形成和对原有态度的转变。用当时一位消费者的话说,这个广告让我觉得喜力滋啤酒的确与众不同,值得尝试尝试。

反过来,从创新的角度看,就会发现创新思维的重要性:为什么卖啤酒的原来觉得没有卖点?是因为他们对工艺太熟了!一个人对于身边的事太熟就是陷入知识点的"诅咒",就会觉得这些东西太普通、没有卖点。

【典型案例】微信红包的场景化创新

广东省历来就有这样一个习俗,在正月初八给同事发红包。腾讯公司也不例外,在这天由老板马化腾为大家在办公室门口发红包,这时马化腾就想能不能把这个红包电子化,后来觉得一直发固定的金额没有太大意思,于是一位名叫张志东的同事站出来,设计了随机红包这个程序,并申请了外观设计专利[①]。

---

① 公开号为CN306647789S的外观专利还获得了全国专利金奖。

这个程序做出来后，先是在腾讯的内部开始玩，然后发现太受欢迎了，并且给服务器造成了很大的压力，于是，腾讯立刻决定增加服务器，并且加班加点把可大范围推广的微信红包做了出来。

2014 年微信红包正式上线，并借助央视春节联欢晚会的平台进行推广。数据显示，在从 2014 年除夕至初一 16 时，参与抢微信红包的用户超过 500 万，总计抢红包 7500 万次以上，领取到的红包总计超过 2000 万个，平均每分钟领取的红包达到 9412 个。外国人就对这个微信红包特别纳闷，不明白那么多中国人抢一个随机的钱有什么乐趣，并且还非常好意思拿别人的钱。这就是东西方文化的差距，外国人不明白红包不仅仅是钱，它承载着人们之间的感情，这是一种感情交流的平台和场景，而不是金钱的交易。

随着微信红包的成功，腾讯在移动支付领域也有了和阿里支付宝竞争的底气，微信红包在无意中就让人们形成了用微信绑卡、消费、转账的行为习惯，并且在这个基础上，腾讯进一步拓展了线上和线下支付的疆土。

六、求异创新法，学会主动标新立异

1. 求异创新法的定义

求异创新法，源自"标新立异"，也叫作非常规利用创新法，是指与主流的行为不一样而引发的一种创新行为。遇到常规方法解决不了的问题时，善于从侧面和反面去思考创新，乔布斯把它叫做"think different"。要想创新，有时必须求异、立异，异于旧的形式、旧的内容、旧的功能、旧的结构、旧的市场……换句话说，"立异"是一切创新的共同特征和根源。

"只有想不到的事，没有做不到的事！"这不是狂人狂语，这是知识经济新时代对求异创新最准确的注释。

所谓求异创新法，即通过思维创造性活动创新，过程中不仅揭露事物的本质及其内在联系，而且在这个基础上产生新颖的、超出一般规律的思维成果。如吸尘器的发明根源是，把灰尘吹走很难做到完全干净，为什么不采用吸的方式呢？

大家熟悉的司马光砸缸的故事，就是很好的利用求异创新法的例子。司马光和小伙伴们在花园里玩耍，一个小朋友掉进了大缸里，传统救人方法是把人从水里捞出来，可是对于一群小孩来说几乎是不可能完成的任务。危急之际，司马光急中生智，搬起石头砸破水缸，被淹在水里的小朋友因此得救了。把孩子从水缸里拉出来是救人让人离开水，而砸破缸让水脱离开人，同样能够救人。

2. 求异创新法的操作技巧

求异创新法的关键点操作技巧见表 4-1：

表 4-1　求异创新法的关键点和操作技巧说明

序号	关键点	操作说明
1	不急于认同他人观点	不盲从常识，不信赖权威，突破行业边界，任何事习惯于经过思考后再选择是否认同
2	辩证思考，换位思考，自我突破	习惯于从正反两面思考，不片面定性，习惯于换位思考，甚至通过自我诊断、兼听旁听地否定自己来寻求突破
3	回到原点，归零思考	回到事物本身或事件原点进行重新定位思考，不依赖于经验思考。
4	多角度思考	结合用左脑的逻辑思考和右脑的形象思考，不只用一种思维，进行多角度的思考

（续表）

序号	关键点	操作说明
5	关注变化	时刻密切关注行业动态，善于抓住信息，利用信息
6	实践出真知	多做试验多尝试，通过实践检验可行性

3. 求异创新法的注意事项

求异创新法，往往需要颠覆传统和权威的勇气，很多行业创新是由行业之外的人提出的，因为行业内的专家往往受行业思维局限，很难跳出既有框架去突破创新。著名经济学家熊彼特说过："造马车的人再高明，也造不出汽车来。"造马车的专家创新时，从他的角度顶多想到的是，用更好的材料造车或用更好的牲畜去拉车。

在体育运动项目中，求异创新法也叫做福斯贝里创新法。在1968年第19届奥运会上，美国运动员福斯贝里采用了与众不同的弧线助跑，背向横杆的背越式技术，以2.24米的成绩一举夺得男子跳高桂冠。他的技术使人耳目一新，从此，背越式跳高技术很快在全球风行起来。

【典型案例】乒乓球的求异创新

乒乓球的创新，除了技术上的创新，当然还包括器材上的创新。一般的乒乓球拍柄都是直的，江西南昌有个叫曹红宇的乒乓球爱好者就用求异创新法想：如果令拍柄向下移动且向下倾斜，这样使得击球时球拍的重心和人的前臂处于一条直线上，人可以在手腕自然伸直的状态下击球。这样不但力臂大，便于发力，而且可以省去"吊腕"环节，击球启动迅速且还原快（尤其是正反手调换时，节省时间，虽然对专业运动员来说只有零点零几秒的时间，但这确实是难得的先机，并为此申请了专利进行知识产权保护。

1992年2月20日，为了寻求成绩上的突破，胆大外向的国家乒乓球队女队队员唐薇依成了第一个吃螃蟹的人，她把自己普通的两面反胶的横拍换成了当时还处于试验阶段的"歪把子"球拍。让人意想不到的是，这种形状怪异的球拍非常适合唐薇依，由于球拍重心比普通球拍偏低，所以击球时发力比较集中，十分适合唐薇依这种绝对力量不强但是防守较好、喜欢多打来回球、两面均衡、节奏变化丰富的技术特点。她的这种打法也恰恰能够克制邓亚萍等一些名将，经过半年的适应性训练之后，原来名不见经传的唐薇依在一系列国家级比赛中，连续击败状态处于巅峰期的"乒乓女皇"邓亚萍和乔红两位世界冠军，并获得了1992年全国乒协杯女团冠军、女单冠军、1992年亚洲锦标赛女单冠军、女双冠军，1993年亚洲杯女团冠军，一炮走红！

七、发散创新法，找到你的"尤里卡"

1. 发散创新法的定义

发散创新法，也叫做"尤里卡"创新法[①]，我们每个人都在寻找创新创意，等待某个创新点找到甚至实现的时刻。

发散创新法，就是从各个不同的方向、层面、角度扩散思路，尽可能多地设想解决问题的方案，甚至是被传统观念认为"异想天开"的方案，从中

[①] 阿基米德在浴缸里洗澡时，看到浴缸中溢出的水，想出了如何测量皇冠是否是纯金的方法，因而惊喜地叫出了一声："Eureka！"（尤里卡）

获取创新成果的思维方式类型。

2. 发散创新法遵从的三条思维原则

（1）**变通原则**：当原先设定的解决问题的思路受到阻碍时，不断地进行变换，灵活地辟出新路子，设想出更多的思维运行的向度、层次、方法或程序等，直至解决问题为止。

早春，繁华的巴黎大街上，一名老年盲人乞讨者在自己身前竖立的一个牌子上写着"我什么也看不见！"，但收获很糟糕。诗人路过，见此情景，遂把牌子修改为："春天来了，可是我什么也看不见！"下午诗人再次路过时，发现乞讨者已收获丰厚。

（2）**奔放原则**：从某一思考点出发让思维自由疾驰，同时启动想象因子，从一件事想到另一件或另一些事上，闪出各种各样的甚至是"异想天开"的、"荒诞离奇"的思维火花。因为在一定条件下这些思维火花能转变为正确的思想和可以实现的客观事实。

"喝西北风能充饥"，这是一个荒诞的想法，但是美国北卡罗来纳州大学试制了一种奇妙的"空气食品"——含有多种人体必需的营养品的悬浮微粒，这种微粒按照一定比例调配好，储存在一种类似喷雾器的容器内，食用时，只要将嘴对准喷口，用手轻按一下开关，马上会有一股"风"喷入口中。人吸过之后，不仅饥饿感立即消除，而且会产生一种吃了美味佳肴的满足感。

（3）**机遇原则**：抓住偶然得到的机会开拓思路，从中发现解决问题的新方案。

日本久留米工业专科学院的大和达教授在指导毕业生做实验时，该生本来应该把氯化橡胶和环化橡胶溶解在甲苯中，却错把这两种橡胶与聚酯黏合剂混合在一起。正当学生内疚时，大和达教授却惊愕地发现这种"错误"配剂同样有黏合效果，尤其适用于黏合金属。经再次试验证实后，发明了一种金属黏合剂，意外地解决了金属的黏合问题。

3. 发散创新法的三种模式

单向模式：从一种现象或一件事情中受到启迪，然后向外扩散到另一研究领域进而取得创新成果的模式。

多向模式：思维向着多个不同方向扩散从而获得创新成果的模式。

立体模式：同时在长、宽、高三维空间中思考问题从而获得创新成果的模式。

在创新的茫茫大千世界，你在找什么？你找到了吗？甚至，整个世界都在等着听你的欢呼——尤里卡！

【典型案例】用发散创新法发明的容颜保持技术

医学界原先将肉毒素用于治疗面部痉挛和其他肌肉运动紊乱症，用它来麻痹肌肉神经，以此达到停止肌肉痉挛的目的。可在治疗过程中，美国外科医生阿勒根发现它在消除皱纹方面有着异乎寻常的功能，其效果远远超过其他任何一种化妆品或整容术。

因此通过发散创新法，他发明的利用肉毒杆菌毒素消除皱纹的药物应运而生，并于2002年获得了美国FDA的批准，因疗效显著而在很短的时间内就风靡整个美国。

后来在2010—2018年，美国医学博士奥利安（Simon Ourian）发现肉毒素还可以用来改变一些导致脂溢性脱发的因素，以帮助脱发现象的减少和新发的再生，且不会发生并发症，又进一步有效扩展了肉毒素的应用场景。

【典型案例】泰山的风月无边石刻

五岳至尊泰山有一座石刻，位于泰山万仙楼北侧盘路的西侧，是清光绪二十五年刘廷桂题词，也是泰山的七十二大景之一。

> 传说刘廷桂邀请杭州朋友来泰山游玩时，谈起西湖无边的风月亭，刘廷桂被启发，想直接题"风月无边"，怎奈朋友提醒之前乾隆下江南时题过，需要避讳。
>
> 这时，刘廷桂灵机一动，运用发散创新法，写下"虫二"两个字，隐喻泰山景色"风月无边"，虽然没有无垠的风和月亮，但是却隐含风月无边之意。

八、假设创新法，提出假设的能力就是创新能力

我们都知道，在做数学题遇到障碍时，假设法是一种非常好的解题方法。

很多思想和理论也是基于假设而来。中国古代的儒家思想是基于"人性本善"的假设提出，法家思想是基于"人性本恶"的假设提出；西方管理学理论是亚当·斯密基于"人性利己"的假设提出，博弈论是基于"理性人假设"和"共同知识假设"而来；投资的逻辑是基于"未来收益高于现今收益"的假设提出；创新的逻辑同样是基于"新的超越旧的"假设而来。

将假设法用到创新实践中，就称作"假设创新法"。

1. 假设创新法的定义

假设创新法，也叫做假想创新法，是指人们在已有知识的基础上，对在实践中观察和研究遇到的一些现象提出一种假设，如果这种说明被实践所证实，那么这个假设就算成立。广义上讲，任何创新或创造发明在构想阶段都是一种假设，只有被实践证实了，所进行的种种创新才能最后成立，发挥它

的作用。

1742年德国一位中学数学教师哥德巴赫提出了以下猜想："任一大于2的整数都可写成三个质数之和。"但是哥德巴赫自己无法证明它，于是就写信请教赫赫有名的大数学家欧拉帮忙证明，欧拉在回信中说，他相信这个猜想是正确的，但他不能证明，从此哥德巴赫猜想被称为"数学皇冠上的明珠"，近300年过去了，还没有人能完全证明它。目前最佳的结果是中国数学家陈景润于1966年证明的，称为陈氏定理——"任何充分大的偶数都是一个质数与一个自然数之和，而后者仅仅是两个质数的乘积"。

2. 假设创新法的实操步骤

假设创新法在具体执行过程中，遵循提出问题、明确问题、提出假设、验证假设的路径，还可以综合多人的力量进行，具体步骤如下：

第一步，提出问题，如改善某一产品性能。

第二步，明确问题，比如在优先考虑成本的基础上，改善某一产品性能。

第三步，明确参加人员，不超过10人，人员应分层次。

第四步，提出假设，从优点、缺点、希望点等方面大胆假设。

第五步，初步选择可行的假想方案，将假想的雏形或基础，进行分析研究。

第六步，确定实现假想的方案，在对假想进行可行性分析后，寻找各种技术情报，设计生产方案来完成假想。

3. 假设创新法的注意事项

创新过程中要想运用好假设创新法，也应注意三个方面的问题：

第一，是要敢于将经验和权威的有关定论放开，大胆假设，小心求证。

第二，是假设的提出还是要有一定的观察和事实为基础，假设的提出不同于主观臆测，也和幻想有着本质的区别。

第三，是假设提出后要进行可行性验证，假设的结论必须经得起科学实验或社会实践的检验。

哥白尼提出"日心说"假设的过程就是，首先敢于怀疑教会权威的"地心说"理论，其次是结合长期的观察基础上提出，最后经过了历代天文学家验证了其正确性，从而成为后来很长一段时间内天文学的基础，并开辟了科学的新纪元。

就像亚马逊的创始人贝索斯说的那样："总有人问我，未来十年，会有什么样的变化。但很少有人问我，未来十年，什么是不变的。我认为第二个问题比第一个问题更重要。因为你要把战略建立在未来假设不变的事物上。"

【典型案例】大陆漂移假说的提出和验证

1910年的一天，德国年轻的气象学家魏格纳（1880—1930年）躺在病床上看世界地图时，惊异地发现：南美洲巴西的一块突出部分和非洲的喀麦隆海岸凹进去部分，形状非常相似，如果把它们拼合在一起，就正好吻合。为什么这样凑巧？莫非在远古的时候，这两块大陆本来是一个，后来裂开、漂移，形成现在的样子？魏格纳在产生这一想法时曾指出："但我也就随即丢开，并不认为有什么重要意义。"

事隔一年后的秋天，在一个偶然的机会里，魏格纳从达尔文的《物种起源》中看到了这样的话：根据古生物所提供的证据，巴西与非洲间可能有过陆地相连接。

在此基础上，1912年，魏格纳正式提出了"大陆漂移"假说。该假说认为，在距今2亿年的中生代之前，地球上只有一块庞大的原始陆地，叫做"泛大陆"，周围是一片汪洋。到后来，由于天体引力和地球自转离心力的作用，泛大陆开始分崩离析，犹如浮在水上的冰块，不断漂流，越漂越远。从此，美洲脱离了亚洲和欧洲，中间留下的空隙就是大西洋；非洲的一部分和亚洲告别，在漂离的过程中，它的南端有偏转，渐渐与印巴次大陆脱开，诞生了印度洋。

> 为了验证上述假设，魏格纳通过地球物理学、地质学、古生物学和生物学、古气候学和大地测量学五个方面进行验证，最后甚至付出了生命的代价，在多位科学家的共同努力下，将"假说"变成了"学说"，最终确立了"大陆漂移"的学说。正是这一伟大的假说，以及由此发展起来的板块学说，才使人类有机会重新认识了我们居住的地球。
>
> 值得一提的是，魏格纳提出并创造了"大陆漂移"的理论，运用的正是假设思考创新法。

九、福尔摩斯创新法，逻辑思维引领创新

1. 福尔摩斯创新法的定义

福尔摩斯创新法，也叫做推断创新法，就是通过逻辑分析和推断，找到问题的源头，力求用简单的手段来解决复杂的问题。

大侦探夏洛克·福尔摩斯在每次破案前，都首先收集和他的问题相关的所有证据，甚至有时候，他还亲自做实验获得新证据。之后他将所有证据放在他那庞大的犯罪知识库中，找到最可能的一种假设。他之后从假设做进一步推断，然后这个假设就可能与新的证据做比对，进一步测试，如果需要他会修改假设，直到最终他找到一种完全确定的解释。

2. 福尔摩斯创新法的实操步骤

具体而言，福尔摩斯创新法可以按照如下四个步骤操作：

第一步，将问题尽可能地分解成具体而细微的部分。福尔摩斯曾对他的老友华生说过："侦探艺术的要义是能够从一系列事实中甄别出哪些是偶然因素，哪些是关键所在。"

第二步，确认问题是否出现在更细微的部分上，现有的部分能够把原有问题进行充分的分解。就像福尔摩斯通过脚印、自行车辙和化学实验支持他的侦探工作一样。

第三步，把原有问题的部分进行放大，进而用逻辑性的方法推断解决方案。资料汇总整理之后，在找到正确的解释之前，福尔摩斯会对众多不同的假设加以检验。"当你排除了所有不可能的假设之后，剩下的解释无论多么不可思议，也一定是真相。"

第四步，在自己解决不了的情况下，尽量从外界找到合适的协助，协同努力达成最终的创新。福尔摩斯从各种各样的合作伙伴那里寻求帮助：贝克街的业余侦探、伦敦警方、世界各地的众多专家，当然，还有令人尊敬的华生医生。

3. 逻辑思维创新法的实操方法

福尔摩斯创新法的改进方式是逻辑思维创新法，是借助于概念、判断、推理等思维形式能动地反映客观现实，以分析、综合、比较、抽象、概括和具体化作为思维的基本过程，从而进行创新的过程。

逻辑思维创新法在具体操作时的具体方法，有演绎推理法、归纳推理法、实验验证法、比较研究法、证伪推理法等。

（1）演绎推理法：就是由一般性前提到个别性结论的推理。按照一定的目标，运用演绎推理的思维方法，取得新颖性结果的过程，就是演绎推理法。

（2）归纳推理法：从一般性较小的知识推出一般性较大的知识的推理，就是归纳推理。在许多情况下，运用归纳推理可以得到新的知识。按照一定的目标，运用归纳推理的思维方法，取得新颖性结果的过程，就是归纳推理法。

（3）实验验证法：为了一定的目的，人为地安排现象发生的过程，根据其研究自然规律的实践活动。实验的特点就是必须能重复和复制，能够在相同条件下重复地做同一个实验，并产生相同的结果，这才是一个实验成功的标志。

1974年10月初，华裔科学家丁肇中在美国的实验室里做实验，证明了j粒子的存在，10月15日，在德国实验室重复了这个实验，马上就找到了j粒子。于是，全世界物理学界都承认了丁肇中的成果，丁肇中因此获诺贝尔奖。

（4）比较研究法：是通过比较两个或两个以上对象的类比和对比来获得新知识的方法。如：通过比较鉴别伪劣、真伪，取长补短、取其精华去其糟粕。

18世纪中叶，有位奥地利医生叫奥斯布鲁格，他父亲是个卖酒的，为了判明高大的酒桶里还有没有酒，这位父亲经常用手在桶外头敲敲，然后由声音判定桶里还有多少酒，是满桶还是空桶。父亲的这一做法启发了他，他由此推论，人的胸腔腹腔不也像只桶吗？医生敲敲病人的胸腔腹腔并细心听听，不就可以由声音判明他的病情了吗？于是，他细细钻研，认真总结，终于发明了著名的诊病方法——叩诊法。

（5）证伪推理法：证伪是一种十分有效的提高思维效率的方法，在检验合格产品、侦察破案、进行社会调查、记者采访、诊断病情、科学实验等方面都可以应用到。

【典型案例】日本企业通过一张照片获悉大庆油田信息

我国最著名的"照片泄密案"，就是1964年《中国画报》封面刊出的一张照片。大庆油田的"铁人"王进喜头戴大狗皮帽，身穿厚棉袄，顶着鹅毛大雪，握着钻机手柄眺望远方，在他身后散布着星星点点的高大井架。日本情报专家据此解开了大庆油田的秘密，他们根据照片上王进喜的衣着判断，只有在北纬46度至48度的区域内，冬季才有可能穿这样的衣服，因此推断大庆油田位于齐齐哈尔与哈尔滨之间；并通过照片中王进喜所握手柄的架式，推断出油井的直径；从王进喜所站的钻井与背后油田间的距离和井架密度，推断出油田的大致储量和产量。有了如此多的准确情报，日本人迅速设计出适合大庆油田开采用的石油设备。当我国政府向世界各国征求开采大庆油田的设计方案时，日本人一举中标。

庆幸的是，日本当时是出于经济动机，根据情报分析结果，向我国高价推销采油设施，而不是用于军事等其他战略意图。

十、逆向创新法，反过来思考云开雾散

1. 逆向创新法的定义

逆向创新法，也叫逆向工程创新法，或叫做反向创新法，就是对现有的产品或方法进行反向推导，以期形成一种创新的产品或方法，具体而言就是从答案开始反推，以终为始地将某一事物进行拆解，了解其结构和原理，再对该事物的形态、性质、功能以及正反里外横竖上下左右前后等加以颠倒，再结合二次创新从而产生新发明的过程。

比如，正反可穿的衣服，汽车的反光镜，电动机反过来用就成了发电机，将火箭的发射逆向思维能够回收就成就了 SpaceX 公司的可回收火箭。

2. 逆向创新法的特点

逆向创新法所需的逆向思维是反大众的思维，这是需要培养的。怎么培养？很简单，就是遇到一个问题的时候，立即想到它的反命题。

当人人都说："车轮是圆的"时，你要想到"车轮为什么不能是别的形状的"；

当人人都说："不吃饭会饿死"时，你要想到"能不能有一种不吃饭不会死的方法"；

当人人都说："母爱是崇高的无私的"时，你要想到"母爱也是自私的，是人性本能"；

当人人都说："玩物丧志"时，你要想到"玩物能产生创新"；

当人人都说："好偶像的影响力很大"时，你要想到"坏的偶像影响力更大"；

当人人都说："往南走更暖和"时，你要想到"走到南极会更冷"；

当人人都说："运载火箭都是一次性发射"时，你要想到"火箭能不能回收再利用"；

当人人都说："网上的东西更便宜"时，你要想到"线下为什么不能性价比更高"……

逆向创新是一种新的创新模式。逆向创新是根据市场的需求、未来的需求进行创新的组织活动，它通过对用户的量身制作解决知识的加工，实现产品的升级换代或者市场的"洗牌"。据统计，最近几十年来，大概有80%的创新成果是和逆向创新相关的。

3. 逆向创新法的实操

逆向创新法在具体操作过程中，可以有以下六种操作方式供大家参考：

（1）**原理逆向创新**：从事物原理的相反方向进行创新，比如法拉第从"电流产生磁场"进行逆向思考"磁场产生电流"，提出了电磁感应定律，并发明了电动机。

（2）**功能逆向创新**：按照产品的现有功能进行相反的创新实践，比如电动机和发电机都是由磁铁、线圈、换向器和电刷组成的，但是电动机是将电力转化为动力，而发电机是将动力转化为电力；再比如吸尘器和吹风机，将电机旋转方向变化后，一个是吸风一个是吹风。

（3）**过程逆向创新**：对事物的进行过程进行逆向思考后的创新实践，比如福特的T型车流水线就是对整个生产过程进行逆向思考后发现，只要对每个零部件进行通用性设计，对每个生产岗位进行标准化设计，就能提高生产效率。

（4）**因果逆向创新**：将原因和结果进行发展后的创新实践，比如爱迪生发明留声机就是将"声音能产生振动"的因果进行逆向——"振动能否还原声音"的创新结果。

（5）**结构逆向创新**：也叫做位置逆向创新，是指对已有事物的结构、位置进行逆向创新后的成果，比如3D打印技术，就是将传统的机加工的减材制造变成增材制造的创新过程。

（6）**观念逆向创新**：就是通过观念的改变引起行为的改变，比如哥白尼打破"地心说"的观念而提出"日心说"的理论创新。

【典型案例】打孔反而更防潮

1940年，美国一家制糖公司，每次向南美洲运方糖时都因方糖受潮而遭受巨大的损失。有个工人叫克鲁索，他考虑：既然方糖如此用蜡密封还会受潮，不如用小针戳一个小孔使之通风。经实验，果然取得意想不到的效果，这个方法使各制糖公司减少了几千万美元的损失，而且基本不需要什么成本。克鲁索专利意识十分强，他马上为该方法申请了专利保护，最终该专利在那个年代的转让费竟高达100万美元。

第 5 章
CHAPTER

营销创新魔方，让创新为市场服务

所谓营销创新就是根据营销环境的变化情况,并结合企业自身的资源条件和经营实力,寻求营销要素在某一方面或某一系列的突破或变革的过程。

彼得·德鲁克早在 30 多年前就已经说得很清楚:"一家企业只有两个基本职能:创新和营销。"

在企业营销创新过程中,并非要求一定要有发明创造,只要能够适应环境,赢得消费者的心理且不触犯法律、法规和通行惯例,同时能被企业所接受,那么这种营销创新即是成功的。还需要说明的是,能否最终实现营销目标,不是衡量营销创新成功与否的唯一标准。

在新时代,营销创新要坚持需求为纲、体验为本、产品为魂、品牌为魄、服务为根的"五为"标准。

一、盲点创新法,你是我的眼

所谓"盲点",原指超出视野范围内的空白点,在创新中一般是指市场消费需求中已存在,但是暂时没有被发现或没有被关注的点。

盲点创新法,就是抓住市场需求的这些盲点,进行针对性的研发创新的过程。

1. 找到市场盲点进行创新

盲点是需求背后的需求，有时候我们经常会停留在解决用户的表面需求上，就像《哈佛商业评论》的前主编、现代营销学的奠基人西奥多·莱维特所说："客户不是要买 0.25 英寸的钻头，而是要买 0.25 英寸的洞，为什么我们不直接提供 0.25 英寸的洞的产品呢？"产品能给用户带来什么好处比产品好用对用户来说更重要，我们通常会聚集在产品如何如何好用，却忽略了产品本身给用户带来了哪些好处，所以盲点创新法的第一原则就是帮用户寻找并解决实质问题。

乔布斯说："永远不要问用户想要什么！因为用户都是傻瓜，不知道自己想要什么。"因此，好的创新应该是让市场"盲点"变成产品"亮点"。

但是，需要注意的是，盲点创新并不代表刚愎自用，而不考虑市场的反馈，有时候需要针对市场反馈的结果对创新做优化处理。

2004 年，苹果推出第四代 iPod，在当时有个非常领先的功能叫做"随机播放"，这个随机播放功能就是抓住了一个市场盲点——给用户以确定中的不确定性的小惊喜。

不料产品推出后很多消费者抱怨：用了这个功能，听完一首歌后，随机听到的歌曲居然还是刚听过的歌，有时候甚至会连续收听同一首歌曲好几次。苹果公司去调查没有发现 BUG，后来他们发现，凡是投诉的用户，都有一个特点，那就是他们的歌单大多比较小，也就是十几二十首歌。因为选择少，所以随机播放时，确实会经常重复。

后来，苹果就修改了代码，在随机的同时，又加了个前提，保证用户绝对不会收听到前一首歌曲。结果用伪随机代替了真随机，这种伪随机反而大受欢迎，用户纷纷称赞。

2. 企业使用盲点创新法的操作步骤

企业在生产经营中，需要把握市场运作规律，深入研究消费需求、独辟蹊径，致力于经营人无我有的商品和服务，巧占市场盲点，并逐渐将其转化为企业的核心竞争力。

使用盲点创新法，在实操中的具体操作步骤是：

第一，一个企业要清楚地勾画出它自身所处的产业链，或生态系统的结构和所有成员的位置，并从用户角度出发，确认出生态系统中所有重要的伙伴，尤其是产业链下游的和用户直接接触的那些产业链成员。重要的相关企业有两类，一是上游硬软件配套企业，二是下游的前期商业用户，这些商业用户必须接受此新产品才能使它到达最终用户的手中，这些商业用户对一个新产品的成功往往十分关键，却通常被忽略。

第二，详细确认并分析此新产品成功到达用户手中的全过程所面临的所有风险，并将这些风险按影响新产品成功的重要程度排列，以确定核心风险和与这些核心风险相关的企业。

第三，根据用户需求的价值定义，从上述企业中选出能够提供这种价值的最小数目的企业，这就是在这个产业生态系统中确保这个新产品能够成功的最关键企业。一个企业在进行新产品研发时就已经要把这些企业的需求考虑进去。而且在推出新产品时，必须降低这些关键企业的接受成本和风险。只有这样才能消除创新盲点，确保新产品的最终成功。

3. 企业使用盲点创新法的注意事项

为什么有些号称解决了市场盲点的创新、性能也优异的产品推出后，市场销售情况却反而不尽如人意呢？其实，80%的创新在市场上都遭遇失败。创新失败的原因很多，如未真正针对用户需求、质量欠佳、价格过高、转换成本过高和配套产品缺乏等。

还有一个重要的原因影响企业创新成功，这就是产业链内部企业的配合，大部分创新的失败都是由各自部门或产业链内部的相关企业没有给予相应支持和配合，或没有跟得上创新相应的步伐而造成的。这，反而人为造成了创新过程中的新的盲点。不消除这种创新过程中供应链中的盲点，盲点创新很难真正在市场上取得成功。

因此，找出市场盲点只是第一步，还要找出盲点中的盲点，即在创新过程中还需要解决执行的盲点，这不但需要持续的敏锐的眼光、创意和灵感，还需要较强的创新执行力。

20世纪90年代后期，好莱坞在推出数字影院的概念时，通过推出极其成功的电影《星际战争》来引领美国各影院的数字化转型，但7年之后也仅有5%的影院进行了数字化变革。原因很简单，影院要进行改造，需要在每个屏幕上投资7万美金。好莱坞意识到影院的配合对数字电影推广的重要性，最后采取向影院提供补贴的方法，才使这种新技术普及开来。

最后，需要注意的是，不要刻意寻求盲点创新而造成"需求盲点"，即不要将小众需求和虚假需求作为创新的重点去大力开展，以防徒增"我本将心向明月，奈何明月照沟渠"式的烦恼。

【典型案例】米其林利用盲点创新法解决轮胎爆胎问题

为了解决汽车轮胎爆胎的问题，经过多年研发，1998年米其林轮胎推出了前所未有的抗穿透轮胎PAX系统。这种轮胎在被钉子穿透后还允许驾车人以65公里的时速继续前行200公里。它从根本上消除了最危险的爆胎，以及路边换胎和等待救援的诸多不便，而设计本身并不降低驾车人的舒适程度。米其林高调推出此新型轮胎，称其为交通安全领域的最重要突破，而美国以提供汽车行业信息著称的市场研究公司 J. D. Power & Associates 也对此产品大加推崇，并预测到2010年，80%的汽车都将会采用这种新型轮胎。但令人惊讶的是，在2007年，米其林宣布放弃这种新型轮胎的继续开发，承认市场推广失败。

为什么米其林这种创新会失败呢？因为米其林只找到了市场需求的创新盲点，没找到产品营销的盲点。

其实，米其林在推出这个创新时充分意识到了这一点。它首先花费精力和竞争对手固特异（Goodyear）建立了强大的合作关系，以便共同推进这种先进的轮胎。同时，它也和奔驰、奥迪、本田等主要汽车公司签约，在它们的新车上使用这种轮胎。但它却忽略了这个企业生态系统中另一个重要的合作伙伴，即数目众多的修车行。米其林没有考虑到这种新型轮胎的成败很大程度上取决于修车行的支持。为了维修这种新轮胎，修车行需要购买昂贵的设备。而大多数修车行既无这样的资金，也无足够的空间。而且，他们进行这项主要投资后，这种新轮胎的维修市场要经过较长的一段时间才能形成，导致他们投资的回报周期太长。所以，这些修车行根本没有参与的动机。没有他们的支持，这项创新无论多么优异也无法在市场上获得成功。

后来，米其林改变策略，主动加大了和修车行的合作力度，通过帮助各个修车行购买设备进行入股，终于获得了巨大的成功。

【典型案例】电子书领域的成与败

在电子书领域，亚马逊的 Kindle 是当仁不让的全球领袖，但其实电子产业巨头索尼早在 2006 年就率先推出了第一代电子书，三年后推出的亚马逊 Kindle 在几个关键性能上明显落后于索尼产品，如体积大、过重、屏幕设计差等。

但索尼产品仍然遭受败绩，它在推出电子书时，仅仅从产品角度出发，根本没有考虑到如何获得这个生态系统中其他核心成员如出版商和作者的支持。同时，作为一个以硬件为主的企业，索尼也没有能力设计出一个真正高质量的网上书店供用户下载图书。其结果是出版商、作者和用户都没有接受这个新产品，它的失败是必然的，不得不完全退出这个市场。

而亚马逊的成功恰恰是抓住了市场上消费者真正的盲点进行了针对性的创新和推广。

二、痒点创新法，来啊快活啊

相声大师马三立先生的相声《祖传秘方》里描述了这样一个故事：有个胖子得了皮肤病，从天桥手艺人手里买了一个"治瘙痒的祖传秘方"，号称能治长疖子、长疮、蚊子叮、身上刺挠、痒痒，还声称"不灵不要钱"。胖子高价买回家，打开多达七八层的纸包一看，里面是一张金纸，上面有两个字——"挠挠"。

身体上有哪里痒了，挠一下就很舒服，不挠忍一忍也没事，少有人一直不停地挠。痒点不能解决用户刚需，但能够让用户使用时方便、快捷、舒适很多，体验上有升级但起的实际作用不一定很大。

痒点创新法，主要应用于市场营销，就是勾起用户的使用和消费欲望，然后针对性地创新的一种创新，"越挠越搔越痒"，彻底勾起消费者的购买欲望。

痒点创新法在市场上的应用一般有以下几个场景：

1. 痒点是能满足个人的虚拟自我的需求

相信大部分人小时候一定有过这样的经历：看到别的小朋友穿上新衣服美美的，心里痒痒的自己也想要，有的时候甚至会脑补自己穿上新衣服后被别人羡慕的样子，充分满足自己的虚荣心，而这，其实就是作为群居动物的人类发自本能的"痒点"。

我们看的名人自传、霸道总裁、白富美高富帅、英雄主义电影、偶像剧、创业故事、各种鸡汤文、成功学故事以及各种网络游戏，其实我们关注的并不是这个人的真实经历，而是我们会情不自禁地把自己投射为故事中的主角，以自我的视角去过主人公的人生，以一个旁观者的角度实现草根逆袭，试图找到一个想象中的自己。

在互联网时代，各种网红产品附加了网红生活方式，是人们想象的投射，是消费者的虚拟自我，满足了人们对于网红美好生活的想象和体验感，用户情不自禁就会关注。网红们卖的其实不仅仅是东西，而是我们理想生活的投射，让你觉得购买了他们的产品，也部分地过上了他们的日子。网红们的任何看似很随意的街拍照片，其实从选址、位置、姿势、拍照、后期处理都有一套非常精细化的运营套路，因为拍出优质的照片，是她（他）们满足用户虚拟自我的一个重要渠道。

2. 痒点是能勾起你上瘾行为的潜在需求

对于消费者而言，产品能"达成目标—及时反馈—获得满足感"，然后不断地进行循环，就能对产品上瘾。

为什么绝大多数的人对游戏都没有免疫力？因为会上瘾。游戏过程中，我们一般都是有着明确的目标，要赢得这一局，要完成什么任务。然后通过自己的努力，不断达成这个目标，我们能清楚地看到自己努力的价值；目标达成之后，我们会很兴奋，然后下一个目标就又出现了，我们就开始了新一轮的循环。关键一点，游戏还具有生活中不具备的无限反悔重来的特点。

3. 痒点是能带来趣味和愉悦的需求

从趣味性和带给用户的愉悦感入手，另辟蹊径，在另一个维度上实现逆袭。

直播平台抖音是依靠音乐和特效元素，成为一个哈哈镜，抓住了用户的"爽点"，帮人们塑造心中的虚拟自我，通过美颜和场景沉浸等形式让大家看到更好的理想自己。

4. 痒点是能超出预期的个性化需求

在大数据时代，精准营销的核心逻辑是基于对客户的理解，利用大数据归纳出客户偏好标签价值，为精准触达目标客群提供更多的可能性。"个性化"已经进化为"超个性化"，即超出预期的个性化需求，使用来自多渠道和社交媒体的数据、人工智能、区块链和先进算法，专业地定制营销内容、产品和服务。

如今，全球约63%的消费者甚至没有意识到他们现在每天都在使用人工智能的"超个性化"服务，而这些"超个性化"服务都是很好地抓住了用户的痒点。因为大数据具有非一般的"读心术"，它可以根据你的消费习惯、个人所好，为你推送精细化的相关产品与服务。如果你观看得多，它会随着数据量的不断扩大，对你进行更加个性化的消费特征、消费习惯和性格分析等。

5. 痒点往往伴随着高性价比、高品质等关键词

目前畅销产品的三个方向：高品质低价产品、极致性价比产品、高格调个性化产品，其实也都是抓住了用户痒点的营销方向。

小米就深谙痒点营销之道，除了手机之外，"米家"系列的扫地机、充电器、插线板、行李箱等比市面上的大部分高品质产品价格都低，产品品质也不错，外观也很好，品牌形象也不错，在这么多优点加持下，还能共享小米系统资源，消费者能不欢迎吗？

痒点创新法在应用时需要注意的是：

第一，"痒点"的"撩拨"需要持续，挠痒天生就是用来持续撩拨的，需要持续地创造痒点并进行运营。

第二，"痒点"的"撩拨"需要适度，过度的痒点挖掘会对消费者的隐私和生活造成影响，让人反感。

【典型案例】大部分的 App 打动你的正是痒点

智能手机的 App 下载排行榜中，排名前几位的大部分都是痒点创新。

以 2021 年 12 月的一个 App Store 下载排行结果为例，我们可以发现：所谓的手机应用痛点是不存在的，基本都是基于痒点或爽点存在！因为在没有它们之前，人们的生活也是照常进行的，它最多就是优化了某一方面，渐渐被人们所接受，但是它又不是不可或缺的，因为替代品非常多。

微信，最早是链接朋友之间的能免费通信的一个痒点，随着应用范围的扩大，现在变成了人们将其作为主要通信手段的一个爽点甚至是痛点；

拼多多，社交电商，对一般用户而言，通过拼单得到了实惠的价格，这是痒点；

抖音，它的出发点是根据大数据推送用户喜欢的小视频的爽点；

高德地图，在滴滴 2021 年因为在美上市出问题之后，获得了更多关注，是爽点，也是痒点；

小红书，解决信息匹配的问题，典型的痒点需求……

【典型案例】尿不湿竟然带来啤酒购买痒点

20 世纪 90 年代，沃尔玛超市的管理人员分析销售数据时发现了一个令人难以理解的现象：在某些特定的情况下，啤酒与尿布这两种看上去毫无关系的商品，竟然会经常出现在同一个购物篮中。

经过调查管理人员发现，这种现象主要出现在年轻的父亲身上。因为，美国有婴儿的家庭中，一般是母亲在家中照看婴儿，父亲前去超市购买尿布。

在购买尿布的同时，有 30%—40% 的父亲为了犒劳自己往往会顺便

> 购买啤酒,这样就会出现啤酒与尿布这两件看上去毫不相干的商品经常会出现在同一个购物篮的现象。如果这个父亲在卖场只能买到两件商品之一,则他很有可能会放弃购物而到另一家商店,直到可以一次同时买到啤酒与尿布为止。
>
> 发现了这一独特的现象后,沃尔玛开始在卖场尝试将啤酒与尿布摆放在相同的区域,让父亲们可以同时找到这两件商品,并很快地完成购物;而沃尔玛超市也通过让这些客户一次购买两件商品,从而获得了很好的商品销售收入[①]。

三、痛点创新法,多么痛的领悟

"痛点"是人们在完成某种行为、进行某种体验过程中的阻碍,是能够触发人强烈渴求的动机或产生负面情绪(例如恐惧、害怕、抱怨等)的原因。从另一个角度看,"痛点"是一种需求,而且真正的痛点是产品/服务需要去解决的问题,这种问题往往都是用户和消费者的刚需。

1. 痛点创新法的定义

痛点创新法,就是针对满足上述的这些刚需而进行的创新。

无痛不变,无痛不新,无痛不进,这里的"变"指的是变革,"新"指的

[①] 同样的道理,在 21 世纪智能手机普及之后,排队的顾客不再没事干了,玩玩王者荣耀,斗几盘地主,就该结账了,放在收银台旁边的口香糖销量顿时锐减。这就是:如果跟不上趋势,战胜了所有对手,却输给了时代。

是创新,"进"指的是社会进步。

痛点倒逼创新,痛点也成就创新。发现痛点需要眼光,分析痛点需要头脑,而用创新解决痛点则需要身体力行。

2. 痛点创新法的分类

痛点如果按情绪来区分,可以分为"止痛型"痛点和"愉悦型"痛点。

(1)"止痛型"痛点,指的是产生的这个问题必须解决,不解决会让用户产生愤怒、抱怨、害怕等负面情绪。比如手机电池容量不足,造成使用障碍,若通过充电宝、大容量电池等手段解决使用过程中电量不足的问题就是解决了用户的止痛型痛点。

(2)"愉悦型"痛点,则是指这个问题可能用户根本没想过,或者根本不知道有这种解决方案,一旦解决了用户会产生非常愉悦和高兴的积极情绪,且甚至从此依赖于它。同样以手机电池举例,若能实现快速充电、无线充电,让用户节省时间、提高效率、更加方便,就是解决了智能手机时代用户的愉悦型痛点。

产品、技术、市场等创新,核心目的应该集中于解决痛点。产品创新可以当作解决了需求侧的痛点,技术创新解决了供给侧的痛点,市场创新解决了供需双方之间的交易痛点。

3. 痛点创新法的实操步骤

想一万次不如实操一次,痛点创新法在实践中的具体操作步骤是:

第一步,通过市场、调研等多方联动,发现用户真正的痛点;

第二步,针对发现的市场痛点进行针对性的研发创新;

第三步,进行市场试验,根据多次市场反馈的结果做针对性改进,最后再进行全力推广。

那么,如何发现真正的痛点呢?

第一步,确认该痛点是否是当下迫切需要解决的问题,避免掉入伪需求的坑里。

功能机时代的王者诺基亚手机，曾幻想以"可以砸核桃"的高质量外壳来解决手机容易摔坏的痛点，但面对苹果和三星公司在"用户体验"上的持续创新，坚固无比但是不易操作的诺基亚手机市场份额不断萎缩，最终无奈被微软公司所收购。

第二步，从用户群体使用频次出发，分析使用频次的大小，如果使用频次太低，则不是真正意义上的痛点，也不便于大范围推广。

苹果创始人乔布斯当年曾经很高调地表示："我们并不需要触控笔。"但是，后来后乔布斯时代的苹果推出了 iPad 用的触控笔，叫做 Apple Pencil。市场销售和用户反馈等大量事实证明，Apple Pencil 是个解决伪需求的失败的产品！

第三步，对问题本身进行层层拆解，比对问题进行一层层拆解、自问和分析，直到问题背后的原因逐渐清晰，找到最小的不可拆分单元，确定痛点的精确位置。

只有按照这样的三步走，才能对症下药、有的放矢，才能真正解决痛点的问题。

我们国家在发展过程中，很多关键技术被国外"卡脖子"①，因此，在此关键时期，科技创新的重点要持续聚焦硬科技，解决制约产业发展的"卡脖子"的痛点，推动产业转型升级，支撑我国产业向价值链中高端转变，提升国际竞争力。

【典型案例】安藤百福针对排队痛点发明方便面

日本人有吃拉面的习惯，每到饭点各个拉面馆人满为患。日清公司的创始人安藤百福有一天在排队吃拉面时，突发奇想：既然每个拉面馆都排队，能不能通过提高效率，解决这个不用排队就能吃上一碗热拉面的痛点呢？

---

① 卡脖子，本意是指用双手掐住别人的脖子，多比喻抓住要害，致对方于死地。又指中国仍依赖发达国家的多项关键核心技术和设备，如光刻机、操作系统等。

为此，安藤百福为自己定了5个目标：味道鲜美，易于保存，食用方便，价格便宜，安全卫生。说干就干，他买来一台半旧的轧面机，又买了不少面粉，开始尝试制作面条。起初，他只在面里加了一些咸肉汤。后来他想，面条是否鲜美，与面汤的质量关系很大。

于是他决定制作一种"鸡汤方便面"，让爱喝鸡汤的人可以享受到这种美味。他又发现，油炸过后的面粉，会形成一层蓬松的物质，它的表层多孔，非常易于保存。安藤百福从这里得到了启发，他将盐水和油加入面粉中，轧成面条，然后用高温蒸制，最后放入鸡汤中浸泡，使之带上鸡汤的香味。再放入模具中油炸使之成型，并为它附带一包用塑料纸包装的调料，并同时申请了专利，然后又把飞机上装汤的纸盒移植过来作为包装。

就这样，世界上第一盒真正的方便面诞生了。1963年，安藤百福创立的日清食品在东京证券交易所上市。

【典型案例】猫砂的发明带来的百亿产业

1947年猫砂被发明。《商业周刊》杂志曾经把猫砂评选为世界上最重要的发明之一。

猫砂有什么技术含量？为什么这么重要？不就是个供猫排便的材料吗？其实，猫砂是解决了现代社会的需求痛点问题而应运而生，直至快速发展的。

首先，随着城市化浪潮的到来，城市人类的心理压力变大、社交边际变硬，此时人和宠物的关系出现了微妙的变化，很多人不结婚，或者结了婚不生孩子做丁克，但是情感上需要陪伴，猫变成了人类的朋友需要住在室内，这时宠物的排便问题就成了需求痛点。

其次，猫砂的技术创新点不少：材料可再生，需要杀虫灭菌，要能增加猫的舒适度，要能方便清理。

在此背景下，2021年猫砂在美国的销售额是50亿美元左右。除此之外，全世界围绕着猫、猫粮、猫爬架、猫抓板、猫沙发、猫玩具、猫医生、撸猫手套，发展了更多的周边产业。

> 而所有这些趋势追溯到最源头,都是因为1947年"猫砂之父"爱德华·洛为解决猫排便的痛点发明了猫砂!

四、爽点创新法,这个 feel 倍儿爽

一个人如果需求没被满足,就会感到难受和不爽,就会开始寻求被满足,如果在寻求中可以得到即时满足,就会感到高兴、感到爽、感到嗨。

爽点创新法就是即时满足需求的创新法,也叫做"嗨点"创新法。

爽点创新法,就是为了满足用户的爽点而进行的创新,一般是指即时满足的爽点。比如,可口可乐公司的雪碧抓住的爽点是"透心凉,就是爽";凉茶品牌王老吉抓住的用户爽点是"吃火锅,喝王老吉"。

比如耐克、苹果、乐高这些知名公司的产品都是靠抓住了用户爽点,从缘何(Why)出发,从如何(How)着手,从做何(What)落实,通过"三何"即时性地满足用户的需求(表5-1),从而获得了市场上的巨大成功。

表5-1 知名公司用"三何"理论的爽点创新举例

品牌	缘何(Why)	如何(How)	做何(What)
耐克(Nike)	致敬伟大的运动员,Just do it	体现体育、表演、洒脱自由的运动员精神	做出充满活力的运动鞋和运动服装
苹果(Apple)	不同凡响,Think different	用户体验至上,兼顾完美和易用性	创造电脑和电子消费品
乐高(Lego)	玩乐中创造,Play well	造出创造无限可能的产品	以凹凸积木为基础,做一系列的IP文化

当前，那些新经济公司、互联网公司的背后往往会有一个"多巴胺实验室"①，他们更注意研究用户体验，科技只是一种手段，重点是通过爽点创新法刺激用户大脑释放令人产生愉悦情绪的多巴胺，"来给每位用户带来惊喜，并让其无法自拔"，用户就会"愿意为新科技多花钱"。

至于如何做到"好玩"，就是要给你的产品持续注入爽点。可以基于以下三个层次进行理解：

1. 产品团队要有娱乐基因

产品团队的娱乐气质和娱乐基因足以影响产品的调性，谷歌、苹果、百度、小米这些科技公司，刻意把办公环境布置得轻松随意，有咖啡厅、游戏室，甚至电影院，为什么要这样？这是为了加速想法自由流动和促进创新灵感的产生。

2. 用"好玩"给生意赋能

给生意赋予"好玩"的基因，贴地气，把握目标客户的心理特点，引发消费者积极参与、互动扩散，天下就没有难做的生意。

众所周知，餐饮业是孵化网红的黄金地带。为什么呢？餐饮业很擅长用"好玩"给生意赋能。传统餐厅已经很难靠菜品、口感、服务来竞争了，客人总会有麻木无感的一天。现在，大家拼的是情趣，是体验。

海底捞号称"餐饮服务界的珠穆朗玛峰"，可以用16个字来概括它的服务："有求必应，无微不至，嘘寒问暖，小恩小惠。"因为食客很多，经常要排队，餐厅就为等待的顾客提供免费美甲、美鞋、护手，免费饮料、零食和水果。

---

① 多巴胺是人体在感到愉悦和兴奋刺激的时候分泌的一种生物化学物质，跟上瘾行为密切相关，也包括商品或服务上的体验感激励。

3. 直接将"好玩"当作一门生意

具有最好的体验感,将最好玩的东西推荐给最多的人,而且爽得过分、好玩得超预期,这种产品思维、用户思维是永恒不变的。

美国网红汉堡连锁店 Shake Shack,在全球拥有数百家门店,2019 全年收入超过 5 亿美元。Shake Shack 在招人的时候,特别看重他们是否具有讨人喜欢的个性,以及他们的情感技能,包括温和、友善、积极、关怀和自觉等人格特质,情感技能决定了员工收入的 51%。员工可以用各种办法将客人逗乐。

当今的智能手机和移动互联网的推广为爽点创新法提供了更多实施的场景和可能性,即时满足用户需求,也就催生了另外一个互联网热词——超高效率。比如外卖,你一下单,吃的就给你送上门来了;手机拍照 App,直接提供了自动美化和处理的功能,一键帮你拍出美美的照片;你不想出门买菜做饭,那就在线上下单购买生鲜食物,30 分钟内新鲜食物就会给你送到家,让你"想要就有,马上就有,真爽!";游戏的各种充值和外挂,让用户短时间内大幅提高等级和战斗力,追赶好友后来居上,让有钱没闲的用户感到玩家的爽和炫。

总之,无论是线上还是线下,爽点创新法虽然看起来打法各不相同,但本质都一样,即通过各种渠道快速抵达用户,接近用户,大幅度提高用户获得效率,让用户觉得很爽,并乐意为之埋单。

【典型案例】Snap 靠"阅后即焚"的爽点获得用户

互联网和移动通信技术,每隔几年就会有一些明显的进化迭代,那么,有没有什么东西是始终不变的?那就是用户体验!

自从 2011 年推出以来,诞生于洛杉矶的美国社交巨头 Snap 实现了快速增长,如今已经成了社交媒体圈最火的应用程序之一。

Snap 的崛起靠的正是其抓住用户爽点的爆品——"阅后即焚"的 Snapchat。Snapchat 何以能够实现如此迅猛的增长？主要通过以下五种方式：

1）不记录任何内容

大多数的社交软件是记录你生活点滴的社交系统，它会存储你的照片，追踪你的人际关系和你去过的地方，监视你喜欢的产品和你最近看过的新闻。虽然这为消费者（和广告主）创造了一些价值，但也引发了一个意想不到的后果：你的生活就将永远留在上面，供全世界搜索，个人隐私将会轻易被全部"挖掘"出来。

而通过 Snapchat，用户可以用手机拍摄照片或视频，然后把这些被称作"阅后即焚"的内容发送给其他用户——这些 Snapchat 都会在 1—10 秒的时间内自动消失，且不能被截屏。

这种"阅后即焚"模式降低了内容创作门槛，从而增加了用户在 Snap 上观看的内容数量。这也提升了互动性，并进一步加快了内容创作速度。另外，"阅后即焚"的特点也对人类"担心错过"的基本情绪形成了吸引。"社交控"们会不断查看 Snap，生怕错过什么炫酷的内容。

2）尽量保持真实感

Snapchat 天生就带有极强的真实性。它鼓励用户拍摄实时照片和视频，然后在不使用滤镜的情况下直接发布出来。相机就是他们的应用，他们鼓励用户快速抓拍瞬间的精彩，然后与他人分享，而不需要在 10 张不同的照片中选择一张最满意的。这才是 Snap 的核心所在。朋友和家人都能在上面看到"真实的"你，而不必担心别人的品头论足，更不必害怕由此产生任何后果。

粉丝们喜欢窥探明星真实的生活，而明星则借此与粉丝建立了更强的纽带。

3）从一开始就重视移动平台

Snapchat 成功的另外一个原因在于它对移动视频的重视，这种新型的媒体形式正在吸引越来越多的用户。

Snapchat 重新定义了伴随手机长大的青少年的使用模式，以及他们使用手机记录生活的方式。再加上移动数据费用的不断降低，使得移动视频成为一种更加廉价而便利的分享方式，吸引所有人参与其中。移动视频甚至成了社交媒体上的默认内容形式。

4）聚焦主要的爽点对象

Snapchat 最早的爽点对象是学生，学生们在上课时一般禁止使用社交媒体，学生们可以使用 Snapchat 而不留下任何证据免于被学校处罚。

Snapchat 另一个爽点对象是女性，一个原因是女性爱自拍，另一个原因是阅后即焚降低了女性自拍上传的心理压力，因为不会被人反复观看、品头论足。

5）差异化打造商业模式

Snapchat 获得用户的使用黏性后，立即推出了阅后即焚的广告功能和支付功能，截止到 2022 年 8 月，公司市值达 160 亿美元，月活跃用户数超过了 1 亿。

【典型案例】玩出来的一流冷饮品牌

"本杰瑞冰激凌"（Ben &Jerry's）是美国的一个顶级网红冷饮品牌，两位创始人 Ben 和 Jerry，一个曾被学校开除，另一个两次高考落榜，在传统的商业世界里碰得头破血流。他们是怎么"红"起来的呢？

他们做冰激凌毫无成本意识，什么材料搭配都敢做、都敢玩，还发明了一个冰激凌坟场，每次都展示给客人看。现在，"本杰瑞冰激凌"分店遍布美国和欧洲，每年有超过 50 万人到他们的工厂朝圣，并且哀悼冰激凌墓园中的失败口味。

现在很多年轻人将本杰瑞冰激凌视为"世界上最好吃的冰激凌品牌"，甚至连有 100 年历史的著名品牌哈根达斯都排在它后面。新生代的消费思维跟消费行为，决定了冰激凌整个产业端的一个创新、升级以及迭代的方向。谁离这个新生代越近，谁的市场业绩就有可能上升甚至占据主流。

五、卖点创新法，酒干倘卖无

"市场是个宝，全靠自己找。"找什么？找卖点！

所谓"卖点"，其实主要针对互联网时代的特点，一切以用户为中心，是指所卖商品具备了前所未有、别出心裁或与众不同的特色、特点。

这些特点、特色，一方面是产品与生俱来的，另一方面是通过营销策划人的想象力、创造力而"无中生有"创造出来的。

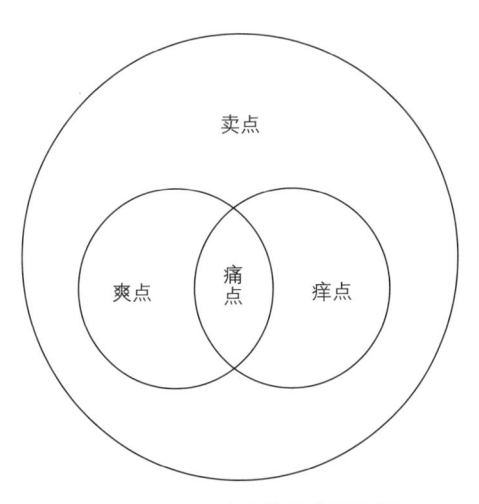

图 5-1　产品卖点的组成示意图

无论是市场上需求的盲点、痒点、痛点还是爽点，其实都可以作为市场卖点来打造创新爆品，当然首先得以满足用户需求为根本出发点。如图 5-1 所示，其中尤其以能结合爽点和痒点并能解决用户痛点的需求为产品卖点的为首选。

比如我们都熟悉的可口可乐，作为一种高热量的碳酸饮料，在当今的消费趋势下显然是不利于身体健康的，那么如何找卖点？就是，不让消费者考虑未来只考虑现在的同时，让其支付成本还很低！

● 这个时候可以诉说爽点——如前面所说，炎热的夏天运动完，大量出汗后，狂热不安的你立马就能喝到一瓶冰镇可乐，爽呀！

● 可以利用痛点——炎热的夏天，剧烈的户外运动让我干渴难耐，喝水补充不了能量，喝果汁饮料显得不够酷。一口可口可乐下去，能量瞬间补充回来，还让我看上去很酷。

● 也可以利用痒点打动用户——终于可以像广告中的帅哥美女一样，品味这够爽的感觉了。

卖点创新法的具体操作步骤有以下六步：

第一步，提炼基本需求。比如从对用户的采访记录中，力求找到每位用户说的一句饱含情感的原话，用户表达的抱怨或者需求可能特别有价值。然后，推测这句话的含义，弄清楚每个推断结果可能指向什么基本需求。

第二步，按主题对基本需求归类。比如可将个人需求归类，分成几个比较大的共同需求领域。

第三步，综合分析潜在需求，从中洞悉市场机会。把需求分类之后，试着总结出每一类需求的共同点，并且从这些共性中，总结出用户的深层需求。

第四步，创造新机会。你对于用户深层需求的推断，能帮你准确识别创新和改进的新机会，因为它表明了一系列没有被满足的需求和用户没说出来的要求。这时候你需要做的，就是根据用户潜在需求的描述，重新定义初始问题，以便做进一步的探索。

第五步，重新定义面临的挑战。基于这些新机会，就能确立一套对初始问题的重新定义。问自己"我们怎样才能做到"，这样的提问方式可以让人们从团队角度出发，本着开放的探索精神来产生创意。

第六步，维持持续的卖点价值。当由卖点产生的交易频繁发生的时候，用户也就越离不开这个产品，并通过持续降低生产成本和交易成本，卖点也才会有持续的价值。

2013年6月，支付宝旗下的产品"余额宝"横空出世，主打余额增值服务和活期资金管理服务产品，还可以进行转账及直接淘宝支付。余额宝主打

"为草根人群量身定制理财"的卖点，其操作简便、门槛低、零手续费、可随取随用，它还比银行存款利率高得多，而且用户每天都会产生收入，这些都成了其重要的"卖点"。因此在余额宝早期崛起发展的几年里，吸引了众多存款人群，尤其获得大部分年轻人的青睐，同时余额宝也让很多人养成了"理财"的观念和习惯。

【典型案例】传音利用卖点成为非洲之王

有一家来自中国的手机公司，但他们生产的手机不在中国卖，只在非洲卖，卖得还特别好，在非洲卖到了销量第一，还在2019年成功在国内创业板上市，它就是传音公司（Transsion Holdings）。传音当年走出国门，去非洲闯荡，可以说是白手起家，而现在已成为非洲的手机之王，最核心的原因就是它把非洲手机用户的盲点、痒点、痛点和爽点统统开发出来，作为卖点。

1. 找到市场蓝海，成为传音手机立身之本

传音的创始人竺兆江在创立传音之前，在波导手机公司担任销售公司的常务副总经理。

到了2006年，竺兆江决定自立门户，就从波导带了一拨人出来创立了传音公司。

这时，国内市场已经饱和，传音就把目光投向了非洲。竺兆江之前在帮波导进行海外业务探索的时候就发现，非洲这块手机市场，没人看得上，大家都觉得那里又穷又落后，购买力肯定不行，所以当时在非洲，只有像三星、诺基亚这些品牌，但这些公司也是为了所谓的全球销售战略，才在非洲卖的，对于非洲手机市场那些可有可无的市场份额一点也不看重。

竺兆江反而认为，你们嫌弃不要的市场我来做，你们小看的消费者我来服务，你们这些大厂商即使到了非洲，也主要在大城市销售，那我就从非洲的二、三线城市和贫困地区开始。他的商业策略就是集中攻克非洲市场，建立自有品牌。再回头看，竺兆江完美避开了中国白热化的竞争市场，连在非洲的竞争，都巧妙躲开了。别人看到的，是穷，是落后，他看到的，是一片蓝海。

2. 创业的本质是找到卖点，满足需求

传音打开非洲手机市场的秘诀是，找到卖点，进行差异化竞争！因此，传音当时制定的策略就是，非洲当地人需要什么功能，我就做什么功能。

从2008年到2010年，传音就是根据非洲用户的特点，作为产品卖点，对症下药。传音手机在满足非洲用户需求上，可以说是无微不至。

非洲天气热，手心爱出汗，传音就用能防油防汗的材料来做手机背壳。

传音刚进入非洲的时候，非洲只有单卡手机，但大多数人手头都有好几张卡，传音为了满足非洲用户的需求，推出了多卡多待手机，获得大卖。

非洲人不是喜欢音乐吗？没问题，音乐功能全面开花，超长时间的开机音乐，手机外放的喇叭声音一定要响，想跳就跳，手机在哪里，哪里就是你的舞台。手机内置音乐App，提供大量的免费音乐，全方位满足非洲用户对于音乐的需求。

真正让传音封王的，是它的拍照功能。绝大多数非洲人最大特征就是肤色黑，他们在晚上拍照的时候，一般的手机，除了牙齿外，啥都拍不清。那怎么办呢？传音手机，一改传统手机曝光漫反射的特点，采用眼睛和牙齿来进行三点定位的方式进行强曝光，还在前面加一个大功率的前置闪光灯，增加亮度，不仅如此，还能把黑色肤色调和成泛着光泽的巧克力色，这就满足了非洲用户对于拍照的拍清、拍美、拍好需求，痛点、爽点统统解决，传音手机从此一战成名。

3. 不挣快钱也是一种选择

到2010年左右，中国的山寨机纷纷涌入非洲市场，都想着挣快钱，能捞一票是一票。传音是怎么做的呢？脚踏实地做服务，做时间的朋友！

传音到 2008 年才在非洲尼日利亚有了第一个办事处，但在 2010 年传音就成立了手机服务中心，它是第一个在非洲本地建设售后服务网络的外国手机企业，不仅能修自家品牌的手机，还能修其他品牌的手机。不仅如此，传音在非洲传达了一种思想，就是我不仅为你们带来了好产品，我还会为你们带来好生活，这种思想带来了双赢的结果。

在宣传上，传音也独辟蹊径：非洲有很多地区经常停电，居民也都习以为常了，而每当停电的时候，都会有一块块写着传音品牌名的巨型显示屏在街区上方亮起，免费为大家把路照亮。

另外，传音全球有五家制造工厂，有两家在埃塞俄比亚，在非洲绝大多数的工作人员，都是当地人，绝大多数的合作方，也是非洲当地的公司。既能解决当地就业，又能降低人员成本，还能很好地融入当地，一举三得的同时也为传音赢得了更多的非洲当地政府支持。

传音作为一家创业公司，它的秘诀也许就是在传音中一直流传的那句话——要成功，要么就做第一，要么就做唯一，要么就第一个做。于是，传音的成功不仅是一家公司的成功，它的"卖点"创新法造就的成功，不但改变了世界对于非洲购买力的消极看法，更为中国厂商蹚出了一条可供借鉴的成功的出海之路。

【典型案例】遭遇投诉，海尔开发新产品作为卖点

1996 年，一位四川农民投诉海尔洗衣机排水管老是被堵。服务人员上门维修时发现，这位农民居然用洗衣机洗地瓜，泥土多了排不出来，当然容易堵塞管道！但服务人员并没有推卸责任，依然帮顾客加粗了排水管。农民感激之余，感慨地说："如果能有洗地瓜的洗衣机就好了。"

农民一句话，海尔人记在了心上。经过调查，他们发现原来这位农民生活在一个"红薯之乡"，当年红薯喜获丰收，卖不出去的红薯需要加工成薯条或红薯粉。在加工前要先把红薯洗净，但红薯上沾带的泥土洗起来费时费力，于是农民就动用了洗衣机。更进一步的调查发现，在四川农村有不少洗衣机用过一段时间后，存在电机转速减弱、电机壳体发烫的现象。向农民一打听，才知道他们冬天用洗衣机洗红薯，夏天用它来洗衣服。

技术人员一开始是把此事当笑话讲出来的，但是海尔集团董事局主席兼CEO张瑞敏听了之后却认为：满足用户需求，是产品开发的出发点与目的，应"顺手牵羊"开发创造出一个全新的市场。

于是，海尔马上成立了以研发负责人李崇正为组长的课题组，研发内部型号为XPB40-DS的洗衣机。终于，在1999年"洗地瓜洗衣机"在海尔诞生了，它不仅具有一般双桶洗衣机的全部功能，还可以洗地瓜、土豆和水果，售价"仅为"848元！

在产品研发层面上，海尔公司在解决用户需求的基础上利用产品差异化策略作为卖点，开拓了新的市场。

除了"地瓜洗衣机"外，海尔还研发了"打酥油洗衣机"、"小龙虾洗衣机"、"不用洗衣粉的洗衣机"、"能洗玫瑰花的洗衣机"、"女士内衣专属洗衣机"和"小神童洗衣机"等多种洗衣机神器，并且都取得了良好的市场反响和销售业绩。

六、概念创新法，做颜色不一样的烟火

概念创新法，就是针对用户的需求和产品的特点，人为地打造创新的营销概念和生态的创新法。

概念创新法的本质就是：差异化营销，概念化先行。深度挖掘客户的隐性需求，并通过制造出一些概念来引领市场需求。

概念先行是指在事情还没有做之前或同时，就先造出一种概念，引起消

费者的注意,通过宣传来教育和引导市场,然后再根据概念来实施行动。这种"先想后做"的做法,用在创新营销中并不是一种贬义词。

概念创新法,应用最多的场景就是广告行业。在广告界流传一句验证是否是好创意的话:"一句话不能讲清楚的创意不是好创意",这句话同样适合概念创新法,也叫做"关键词创新法"或"文案创新法",简单说就是,一个词不能概括的创意也不是好创意。

食用油品牌金龙鱼在品牌概念上出现新的突破,关键在于其新的营销传播概念"1∶1∶1"。看似简单的"1∶1∶1"概念,配合"1∶1∶1最佳营养配方"的理性诉求,既形象地传达出金龙鱼由三种油调和而成的特点,又让消费者以为只有"1∶1∶1"的金龙鱼才是最好的食用油。

小天鹅洗衣机创造的概念是:7500次运行无故障;富康轿车创造的概念是:座椅30万次耐久性实验、288小时整车暴晒考验、50000次车门开启耐久性实验、4000公里轮侧冲击实验、3800多个焊点逐一撕裂实验。

概念创新法,创造概念时要从受众角度出发,要了解你的受众,知道你的概念是给谁创造的,他们都是什么人,他们需要听到什么话,有什么是他们想表达但还没有很好地表达出来的。

概念创新法,创造概念时要了解传播环境和文化环境,写符合当下环境的文案。我最佩服和喜欢的文案之一,是1984年国庆时北京大学学生打出的"小平您好"标语,我记得我第一次从电视画面中看到时,感觉浑身汗毛竖起、血脉偾张,简直太燃了。

概念创新法,是与时俱进的,2020年人类社会到达虚拟化的临界点,疫情加速了新技术的发展,加速了非接触式文化的形成,于是成就了"元宇宙"概念的火爆。

最后需要注意的是,概念创新法也好,关键词创新法也好,文案创新法也好,创造新词并不是玩文字游戏,而是通过洞察创造新的意义,关键词所代表的意义是核心,并非文字本身,一切以市场大浪淘沙之后的认可度作为考核结果。

【典型案例】OPPO 手机重塑充电概念

概念化创新的最优打法是技术隐身于市场背后，结合品牌宣传通过市场取胜。OPPO 手机很会制造概念推销自己的卖点，比如：

（1）VOOC 闪充："充电 5 分钟，通话 2 小时""充电 5 分钟，追剧 8 小时"，同时借助多种专利技术 VOOC 闪充技术进行知识产权保护助力；

（2）手机相机：前后 2000 万，拍照更清晰，照亮你的美；

（3）升降摄像头：告别"刘海屏"，真正实现了全面屏；

（4）音乐功能：实现你的音乐梦想，在我眼里，你会发光。

【典型案例】清酒的发明

日本大阪有一个富商家族叫做鸿池善右卫门，凭借清酒的发明成为全日本十大财阀之一。

当初，鸿池善右不过是个走街串巷的卖酒小商贩，那时市面上的酒都是米酒，都是浑浊的，买了酒之后必须过滤、沉淀后才能饮用。有一天晚上，鸿池的仆人加藤被惩罚后为了报复鸿池，将火炉中的灰抛入浊酒桶里，然后慌张地逃跑了。第二天，鸿池查看酒时，惊讶不已地发现，桶底有一层沉淀物，上面的酒竟异常清澈。尝一口，味道相当不错，真是不可思议！鸿池认识到草木灰有过滤浊酒的作用，并经过不断的研究，尝试了用石灰等物质来过滤浊酒。

经过十几年的钻研，鸿池研究出了一套科学的过滤装置，使浑浊的米酒经过这种装置变得清澈起来，成为名副其实的清酒，而且口味更加纯正。鸿池制成了清酒，并定义了"清酒"的概念，创造了源源不断的利润，还使清酒成为日本的国饮。

【典型案例】元宇宙概念引爆全球

"元宇宙"一词诞生于 1992 年美国著名科幻大师尼尔·斯蒂芬森的科幻小说《雪崩》。《雪崩》中这样描述元宇宙："戴上耳机和目镜，找到连接终端，就能够以虚拟分身的方式进入由计算机模拟、与真实世界平行的虚拟空间。"

现在元宇宙（Metaverse）泛指利用科技手段进行链接与创造的，与现实世界映射与交互的虚拟世界，具备新型社会体系的数字生活空间。

元宇宙涉及非常多的技术，包括人工智能、数字孪生、区块链、云计算、拓展现实、机器人、脑机接口、5G 等。元宇宙的生态版图中有底层技术支撑、前端设备平台和场景内容入口。元宇宙有三个属性，一是包括时间和空间的时空性，二是包括虚拟人、自然人、机器人的人机性，三是基于区块链所产生的经济增值性。

2021 年被称为元宇宙元年。2021 年初，Soul App 在行业内首次提出构建"社交元宇宙"；3 月，被称为元宇宙第一股的罗布乐思（Roblox）正式在纽约证券交易所上市；5 月，微软首席执行官萨蒂亚·纳德拉表示公司正在努力打造一个"企业元宇宙"；8 月，中国海尔集团率先发布制造行业的首个智造元宇宙平台，涵盖工业互联网、人工智能、增强现实、虚拟现实及区块链技术，实现智能制造物理和虚拟融合，融合"厂、店、家"跨场景的体验；8 月，英伟达宣布推出全球首个为元宇宙建立提供基础的模拟和协作平台；8 月，字节跳动斥巨资收购 VR 创业公司 Pico；10 月 28 日，美国社交媒体巨头脸书（Facebook）宣布公司更名为"元"（Meta），来源于"元宇宙"（Metaverse），Facebook 更名 Meta 直接推动了全球元宇宙产业热度，其发布的元宇宙视频全面诠释了未来元宇宙对工作、学习、生活等的影响，对元宇宙产业的正向影响推动力无出其右；11 月，虚拟世界平台 Decentraland 公司发布消息，巴巴多斯将在元宇宙设立全球首个大使馆，已于 2022 年 1 月启用；12 月 6 日，元宇宙产品沙盒（sandbox）上的一块虚拟土地以 430 万美元（约 2739 万元人民币）的价格售出，创下"元宇宙"房地产交易价格的新纪录，价格远超纽约曼哈顿的房价……

七、创意列举法，相逢是首歌

被誉为 20 世纪最伟大的成功学大师的戴尔·卡耐基曾经说过："我们多数人的毛病是，当机会朝我们冲奔而来时，我们却自己闭着眼睛，很少人能够去追寻自己的机会，甚至在跌倒时也看不到它的影子。"

卡耐基的话启示我们，创新从来都不会到来，但是对于一个内心丰富的人来说创新便是信手拈来。彼得·德鲁克曾经说过，一项创新能赢得的最大赞美莫过于人们说：这太显而易见了，为什么我就没有想到呢？

任何问题，在创新者眼中都是机会。即使解决既定的问题没有成功，在解决问题中产生的新的创意也可能产生意想不到的效果。

这时，创意列举创新法就会发挥重要的作用。创意列举创新法就是把你的所有想法按照一定的方式列举出来进行一一分析比对，即通过 SWOT 分析将其分为优势列举、劣势列举、机遇列举和挑战列举，见表 5-2。

表 5-2 创意列举法的关键点说明和操作技巧

创意列举类型	关键点说明	操作方式
机遇列举	强调要抓住机会，拆解特征进行关联	拆解、观察、分析物体的属性特征，针对每项特征提出相应的设计、改变和改良方案
挑战列举	强调不满足，不断发起挑战、挑战现状、挑战权威、挑战自己	针对生活工作中遇到的问题，不断推出理想和愿望，并针对其不断发起挑战，寻求解决问题的方法、对策和解决方案
优势列举	逐一列出优点，哪怕微不足道	逐一列出事物的优点，进行分析、组合、借鉴、完善，找到解决方法
劣势列举	逐一检讨和列举缺点与不足	通过头脑风暴法，逐一检讨和列举缺点和不足，然后一一分析这些缺点，找出解决方案

对于创新者而言，千万别小看自己无意中的创意，几乎所有成功者都是在自身实力的基础上，看准时机，及时捕捉，借此冲向目标。多留心生活，一点小事可能就是将你引上成功之路的千载难逢的机遇。

谁能想到小苏打和止咳糖浆的无意间混合，造就了市值数千亿美元的可口可乐公司？谁能想到一个从天而降的苹果，引导牛顿发现了万有引力定律？

对于创新者而言，不要轻易放过偶然的现象。在长期的生活实践中，有时会得到一些偶然的发现。说是偶然，其实并不神秘，当人们对所研究的对象还认识不清而又不断和它打交道时，就可能从潜意识中发现一些出乎意料的新东西。对待偶然发现，一是不要轻易放过，二是要弄清它的原因。有些偶然发现，正因为它不在预料之中，正因为它不属于旧的思想体系，正因为它独树一帜，所以往往可以成为新研究的新起点。

1820年丹麦的物理学家汉斯·奥斯特偶然发现：通过电流的导线周围的磁针，会受到力的作用而偏转，这一发现说明电流会产生磁场，电学和磁从此结合起来了。

为了研究胰的消化功能，明可夫斯基给狗作了胰切除术。这只狗的尿引来了许多苍蝇，对尿进行分析后，发现尿中有糖，于是领悟到胰和糖尿病有密切关系。

英国圣玛利学院的细菌学讲师亚历山大·弗莱明早就希望发明一种有效的杀菌药物。1928年，当他正研究毒性很大的葡萄球菌时，忽然发现原来生长得很好的葡萄球菌全都消失了。是什么原因呢？经过仔细观察后他发现，原来有些别的霉菌掉到那里去了。显然消灭这些葡萄球菌的，不是别的，正是青霉菌。这一偶然事件，导致药物青霉素以及一系列其他抗菌素的发明，后者是现代医药学中最大成就之一。

"踏破铁鞋无觅处，得来全不费功夫。"如果不是存心在寻"觅"，那么再伟大的奇迹也会视而不见的。无论是科学工作者还是非科学工作者，不仅要善于发现，而且要善于自知已经作出了发现。只有那些辛勤劳动，对问题有过长期的苦心钻研，下过大功夫的人，才会有高度的科学敏感性，才可能达到成功的彼岸。

记住，机遇只偏爱那些有准备的人！

【典型案例】即时贴便笺的无意发明

1968 年，本来想发明一种超强的黏贴剂的 3M 公司的科学家 Spencer Silver 博士，经过几个月的研究后，得到了一个令人失望的结果，这种黏贴剂虽然黏，但是不容易凝固，贴上就可以轻松撕下来，该项技术也被 3M 公司作为当年失败的研发项目之一被束之高阁。

3M 公司的一位工程师 Art Fry 没有放弃，一直在努力寻找应用场景，经过多次实验，在 1972 年，他终于利用这项技术开发出了"即时贴便笺"（Post-it ©），并将黏胶配方及时申请了专利保护。

1980 年，专利产品"即时贴便笺"投放市场后迅速赢得了消费者的青睐，成为公司最赚钱的产品，为 3M 公司赢得丰厚的利润。

1999 年，"即时贴便笺"被《财富》杂志评为 20 世纪最佳产品之一，也被公认是技术转化最为成功的产品之一。一件本来被放弃的发明技术，被捡起来重新应用，结果创造了巨大的市场价值。

【典型案例】固特异"意外"发明橡胶硫化技术

自橡胶发现伊始，人们便不断开发它的用途。德国的弗雷德里克用溶解在乙醚中的橡胶制成了一双骑马用的长筒靴。由于橡胶能擦去铅笔痕迹，因而人们把它制成了橡皮。1791 年英国制造商用松节油作溶剂将橡胶制成了防水服，并申请了橡胶的第一个专利。在 19 世纪初，英国和美国兴起早期的橡胶工业。

但橡胶却有一个致命的缺点，就是对温度过于敏感。温度稍高它就会变软变黏，而且有臭味；温度一低它就会变脆变硬。这一缺点使得橡胶产品毫无市场，早期的橡胶工业无一例外地陷入了危机。

1834 年查尔斯·固特异（Charles·Goodyear）决心研究橡胶的改性，不停把各种材料拿来与橡胶一起试验。

1839年1月固特异的试验有了重大突破，他偶然把橡胶、氧化铅和硫黄放在一起加热并得到了类似皮革状的物质，这种物质不像通常知道的弹性橡胶会在较高的温度下分解。固特异经过一系列改良，最终确信他所制备的这种物质不会在沸点以下的任何温度分解，橡胶硫化技术伴随着无意中的"顺手牵羊"得以问世。并于1844年6月14日取得US3633专利。

1851年5月1日，固特异参加了维多利亚女王主办的展览会，他的展品从家具到地毯，从梳子到钮扣都是由橡胶制成的，有成千上万的人参观了他的作品。他因此被授予国会勋章以及拿破伦三世的英雄荣誉勋章、军团英雄十字勋章。

1898年，为了纪念查尔斯·固特异对美国橡胶工业做出的巨大贡献，富兰克林·克伯林把自己创建的橡胶轮胎公司命名为"固特异"（Goodyear）。

八、情怀创新法，回忆是思念的愁

情怀创新法，就是利用文化或一批特定人群心中的情结，如同学、同乡、战友、同事、同辈、同胞、同宗、同族、同庚、同姓等情怀，来寻找"共情点"进行产品或服务的创新。创新机会奖励的，不止是那些捷足先登、高瞻远瞩的人，也不会忘记那些心细如发、善解人意、有情怀的人。

具体操作中，情怀创新法相当于从特定产品、特定场景、特定人群出发和定位，而进行的定制化创新。

饥饿营销，是情怀创新法的一个变种，是利用消费者心中"物以稀为贵"的情怀，制造"来之不易"的体验，主要是通过各种限量策略或限时策略，制造供不应求的"假象"，以充分引起消费者的关注和重视，激发消费者的购买欲望，从而实现产品由厂商到消费者的快速转移。

老话说"物以稀为贵"。往往越是得不到的越感觉是好的，越是不容易得到的东西越让我们刻骨铭心，越是容易够得着的东西越觉得无所谓。这样的逆反心理，让我们不断地去追求新奇、刺激，把它运用到营销之中，不仅满足了逆反、好奇之心，还使用户获得了一种通常难以得到的情感体验。众多奢侈品品牌、地理标志产品及特殊目标受众的产品，都擅长使用饥饿营销，以充分满足消费者的需求。苹果公司的产品在推出市场之前，众多"果粉"大规模彻夜排队；小米手机新品上市前，众多"米粉"提前进行网络预订，产品供不应求。这些公司在产品推出市场初期频频出现卖断货现象，让很多消费者产生了购买的冲动，这正是企业通过实施"欲擒故纵"的品牌饥饿营销策略，通过调控产品的供求，制造供不应求的假象，引发消费者的好奇和逆反心理，最后使之疯狂追逐。

【典型案例】诸葛亮的情怀营销法

《三国演义》中最精彩的故事之一——刘备三顾茅庐才把诸葛亮请出来，诸葛亮在营销自己的方式上，就是采取了饥饿营销的策略，刘备你越想请我，我就越不让你轻易找到我。诸葛亮躬耕陇亩，在南阳卧龙岗当个农民，其实他不干活儿，下边有长工，家里有用人，没事听个曲儿，写个诗词，弹弹琴，唱唱《梁甫吟》，报名参加"三国好声音"。其实诸葛亮憋一肚子劲儿想跟刘备干，但为啥一顾茅庐、二顾茅庐他不同意，甚至不见面，这就是技巧。就好像现在的男孩追女孩，女孩都懂得欲擒故纵的技巧：男孩挺积极地追求女孩，那越费劲，越追不上，他越来劲，追到手以后往往对女孩非常珍惜，这就是饥饿营销策略。给你制造一种饥饿效应，越得不到你觉得对方越好，如果得到太容易就不懂得珍惜。所以诸葛亮为什么到处安插眼线，前两次刘备一来就大声唱歌通风报信，让诸葛亮躲起来，来回折腾刘备三次。那就是让刘备觉得你得到诸葛亮不容易,那你就得加倍珍惜我。所以诸葛亮在营销方面的情商和技巧都非常高。

【典型案例】笔者的球迷情怀创新法

在实际操作中,笔者曾为主打篮球球迷的餐厅取名为"巴斯卡特"(Basket),首先在餐厅的整体装修上打造以 NBA、CBA 为装修特色的篮球球迷的情怀文化;其次,在服务特色和菜品特色上打造篮球文化,将餐盘做成篮球场的形状;最后,与各个篮球俱乐部进行合作,借着各种比赛创造营销氛围。

笔者还曾将主打足球球迷的包子铺取名为"馥特包子铺"(Football),做出足球造型的包子命名为"馥特包",将餐盘做成足球场的形状,分别将牛肉馅的足球造型包子命名为"西班牙斗牛士",将咖喱馅的足球造型包子命名为"南亚风情",将鸡肉馅的足球造型包子命名为"法国高卢雄鸡",将生鱼片加芥末馅的足球造型包子命名为"日式料理",将泡菜猪肉馅的足球造型包子命名为"韩国太极虎",将胡萝卜馅的足球造型包子命名为"巴西桑巴军团",取得了一定的反响。

九、定位创新法,夜光中最亮的星

定位创新法,是从消费心理出发,对目标消费者进行锚定,甚至进行心智资源争夺的一种创新方式,并会根据不同时期的市场经济和社会文化,进行定位调整的过程。

1. 定位创新法的驱动力

品牌定位创新法的驱动力常常来自企业外部。

第一，激烈的竞争迫使企业避实就虚。或者市场已经饱和，或者强势品牌占据行业市场的绝对领导地位，使自己的品牌不得不面向未饱和的市场或者被强势品牌忽略的市场。

第二，竞争对手迫使品牌创新。如果竞争者的品牌和自己的品牌定位相同或相似，夺走了自己品牌的一部分市场份额，那么就要考虑对品牌定位进行调整。

第三，消费需求的改变。对品牌创新来说，这是至关重要的一个外部驱动力。为了维持消费者的忠诚度，企业有必要根据消费者需求的变化，删除某些不妥当的定位点，或增加一些新的定位点，适时创新品牌。

第四，时代特色的变化。不同时代有不同的流行风格，流行风格在很大程度上反映了消费者的向往和审美趣味，因而品牌也要适应这种流行风格，显示时代特色。品牌定位创新有时是基于自身的原因，主要是原有的品牌定位错误或不当，没有被消费者所接受，必须抛弃而重新定位。

2. 定位创新法如何进行精准定位

世界级营销大师杰克·特劳特说："任何一个成功的品牌，必须蕴含一个定位！"品牌的定位方法一般包括精准定位、关联定位和重新定位三种。

1）品牌的精准定位

在品牌运营中，没必要非得鱼死网破争个"第一"的虚名。企业的精准定位是指为某个特定品牌确定一个适当的市场位置，通过服务差异化以吸引目标顾客，让自己的品牌成为顾客心目中的最优选择。

在汽车行业，奔驰的定位是"尊贵"，宝马的定位是"驾乘"，沃尔沃的定位是"安全"，法拉利的定位是"速度"，丰田的定位是"节油"，特斯拉的定位是"科技+环保"，这些精准的定位令其各自的品牌变为风行世界的强势品牌。

在饮料行业，可口可乐的定位是"传统"，百事可乐的定位是"年轻"，七喜的定位是"无咖啡因"，红牛的定位是"功能饮料"，加多宝的定位是"怕上火"，乐百氏的定位是"净化"，农夫山泉的定位是"天然"，均凭借各自的USP（独特的卖点），在各自的领域成为执牛耳的品牌。

2）品牌的关联定位

在企业管理运营中，如果好的理念已经被人抢先定位了，怎么办呢？可以采取关联定位的策略来一起顺带成功。其中的原理就是，当顾客想到第一选择的时候，因为我和第一产生了关联定位，他就能马上想起我的品牌、服务和产品。

品牌方面，关联定位做得最好的例子就是"加多宝"。"王老吉"商标到期后，加多宝开始经营"加多宝"品牌的凉茶。加多宝在全国铺天盖地地进行"王老吉改名为加多宝"、"全国销量领先的红罐凉茶改名为加多宝"等品牌关联定位的广告宣传。运用"关联定位"的品牌战术，在博取知名度弥补自己的损失的同时，又大打同情牌获取广大学者、社会公众尤其是广大消费者的支持，不能不说是一个非常高明的营销战术。

3）品牌的为竞争对手重新定位

"为竞争对手重新定位"的方法就是通过"Think different"，去发现对手的弱点，从它的弱点中一举攻入进行颠覆式创新，让对手失去自己的固有节奏而按照我们的节拍来跳舞，这样就能轻而易举把它拿下来。市场原理是这样的：当顾客想到消费某一品类时，立刻会想到这个行业的领导品牌，如果我作为一个替代技术的角色或颠覆式创新的代表出现，就能在顾客的心中完成置换反应，这样就代替了该领导品牌的地位，进而起到反客为主的效果。

在泰诺林进入头疼药市场前，消费者的第一反应就是使用阿司匹林治疗头痛。于是泰诺林攻击阿斯匹林导致胃肠毛细血管出血，并以点及面夸大效果，消费者反响巨大，导致连阿司匹林的母公司拜耳制药都不得不开始针对性地改进制剂。这时，泰诺林反客为主，最终把貌似无可取代的阿司匹林替换掉，成功地成为头疼药市场的领导品牌。

百事可乐通过给可口可乐重新定位成"传统的可乐",为自己"年轻的可乐"奠定了胜局,并且在可口可乐更改配方之后,通过"为竞争对手重新定位"逼迫可口可乐重新回到传统可乐的路径上来。

近年来,"为竞争对手重新定位"最好的例子还是苹果公司。1984年的"超级碗"上播放了一则60秒广告短片,即后来被称为拯救了苹果公司的最伟大的广告《1984》,在该广告中苹果公司将IBM定义为"老迈的公司",旨在向全世界发出挑战当时IT界老大哥IBM的信号,同时标榜自己是代表创新、潮流的新型公司。

另外,在企业运营中,无论哪种定位方式,最主要的定位对象都应该是消费者。正如蒙牛公司的创始人牛根生所言:如果把企业比作一辆公共汽车,那么,创业者只是这辆车上的司机而已,本车的核心目的是把来来往往的乘客运到他们想去的地方,只有乘客安全抵达目标,司机才有资格收取车费。如果司机误以为自己是中心,乘客是陪衬,那么,整个定位就大错特错了。

3. 定位创新法的具体操作方式

定位创新法的主要方法有七个:目标市场法、消费感受法、情感形象法、文化观念法、产品形式法、产品功能法、消费诉求法。

(1)目标市场法,就是用品牌信息去启发对产品感兴趣的消费人群。

"太太口服液"最初出现在报纸上的"三个太太两个黄""三个太太一个虚""三个太太三个喜"等广告语一下就抓住了太太们的心理,感觉"太太口服液"是为太太准备的,一下子感受到了强烈的被重视感。太太们牢牢记住了"太太口服液",并通过朗朗上口的名字口口相传。

(2)消费感受法,就是以产品功能所产生的消费效果为导向去吸引消费者。

人们或许不熟悉戴比尔斯,但大概没有人会不知道他那句著名的广告语——"钻石恒久远,一颗永流传"。在戴比尔斯家族的炒作下,钻石被定义为爱情的见证,价格一路蹿升,一个碳元素的构成体活生生变成了比黄金还贵的"稀有元素"。

（3）情感形象法，是以产品给客户带来的形象变化为导向去吸引消费者。

宗庆后在接受采访时曾说，公司品牌之所以选中"娃哈哈"这三个字，原因有二：其一，"娃哈哈"三字读音中的韵母a，是任何孩子最早学的音节，且发音响亮，音韵和谐，便于模仿，极易传播；其二，从字面上看，"哈哈"是各种肤色的人抒发欢笑喜悦之情的共同表达方式，蕴含了健康快乐之意，不仅孩子喜欢，孩子的父母也会喜欢。

（4）文化观念法，是以文化观念为导向去吸引消费者。

作为一个中国本土的护肤品牌，"佰草集"就很好地利用了中国传统文化以及传统价值观的文化复兴。

（5）产品形式法，是以产品特征为导向去吸引消费者。

在"白加黑"出现之前，可以说市场上感冒药铺天盖地，但白加黑感冒药生产厂家却想出了一个绝妙的与众不同的方法。因为很多感冒药服了之后嗜睡，当你还要工作的时候就会影响到状态，但"白加黑"就很好地解决了这个难题：将感冒药中容易引起瞌睡的镇静剂"扑尔敏"放在黑片中，"白天服白片，不瞌睡；晚上服黑片，睡得香"。

（6）产品功能定位法，是以产品的主要使用功能为导向去吸引消费者。

例如，定位治疗牙龈病的"蓝天六必治"牙膏，定位补钙的"盖中盖"高钙片。

（7）消费诉求法，是以消费期望为导向去吸引消费者。

定位平民百姓的化妆品行业的大宝广告就做得非常经典，一句"大宝，天天见"不知吸引了多少平民百姓的关注和持续购买。

【典型案例】定位创新法卖苹果的真实故事

《中国商报》中曾报道过一个真实的故事：

1985年，三个年轻人一同结伴外出，寻求发财机会。

在陕西一个偏僻的山区小镇，他们发现了一种又红又大、又香又甜的苹果。由于地处山区，信息、交通都不发达，这种优质苹果只能在当地销售，售价相当便宜。

一个年轻人小A倾其所有，购买了10吨最好的苹果，千辛万苦地运回家乡，以比原价高两倍的价格出售，每年往返数次。

第二个年轻人小B用了一半的钱，购买了100棵最好的苹果苗，运回家乡，承包了一片山坡，把果苗栽种上。

第三个年轻人小C找到果园的主人，用一元钱买走了一捧苹果树的泥土。他带着这捧泥土，返回家乡，把泥土送到省农业科技研究所，化验分析出泥土的各种成分等，并申请了专利"一种苹果树的栽培方法"，同时注册了商标"小C"。然后，他承包了一片荒山坡，用了三年的时间，开垦、培育出与那捧泥土一样的土壤，他在上面栽种了自己培育的苹果树苗。

三年后，也就是1988年……

小A成了家乡第一个万元户。

小B三年内没挣上一分钱，但是拥有了自己的一片果园，果树开始挂果了。

小C也没挣到钱，但是专利授权了，也拥有了自己的果园，果树刚刚长成。

十年后，到了1995年……

小A现在依然还要去陕西购买苹果，运回来销售，但是因为当地信息和交通已经很发达，竞争者太多，所以每年赚的钱越来越少。

小B虽早已有自己的果园，但是果园中长出的苹果味道相比于原产地有些逊色，只能薄利多销，不过仍然可以赚到一定的利润。

小C种植的苹果从1990年开始丰收，个大味美，和陕西原产地的苹果不相上下，每年果熟时节引来无数购买者竞相购买"小C"牌苹果；1995年，小C又利用自己的专业技术吸引投资，并成立了"小C苹果农业合作社",带动了当地老乡共同致富,自己所在的村庄也成为全国闻名的富裕村。

【典型案例】定位创新法定义图书管理员

我国著名教育学家李希贵在教学上非常善于从学生的出发点定位进行创新,在他刚到北京十一学校任校长的时候,就问了图书管理员一个问题:假设有学生因为太爱看书,把书直接给拿走了,你会怎么办?

图书管理员说,这不是违反校纪吗?性质很恶劣,一定得严肃处理。

李希贵校长却说,"你为什么不换一个角度重新定位呢?作为一个图书管理员,你觉得这是在对你的工作负责。但是你却因为负责,站到了一个爱看书的孩子的对立面。你不觉得这有点荒谬吗?"

身为一名图书管理员,你到底是对书负责?还是对人负责?

你要是对书负责,那当然,书要干干净净的,不能在上面乱涂乱画乱折页,最好别碰,甚至干脆别看。但你在捍卫书的过程中,不知不觉,就站到了读书人的对立面。

十一学校后来是怎么做的——大量的书被送到班级中,这绝对不只是给书换了位置,图书管理员服务的不再是书,而是每一个教室里的老师和学生。

不同的班,上着不同的课;不同的老师,推荐着不同的书。为了能配合好每个老师,这个图书管理员需要不断地跟所有老师交流,动态调整这些书。怎么优化登记流程,让新书第一时间送到教室,正好赶上学习进度……

十、模式创新法，一双隐形的翅膀

我们常说的创新除了科技创新，还包括商业模式的创新。科技创新是生产力的创新，模式创新是生产关系的创新，没有单纯的科技创新，也没有单纯的模式创新，二者一般是相辅相成的。

1. 商业模式创新的定义

商业模式创新，指的是用一种新的商业模式，满足市场需求，实现传统技术和产业的创新。

中国的模式创新规模巨大，最近被众多网友定义的"新四大发明"：网购、高铁、支付宝和共享单车，除了高铁之外都是商业模式的创新。这些商业模式的创新有些是彻底影响和改变了普通人的日常生活，但是适应商品经济的生产关系还非常不完善，还需要进行大规模改变。

很多情况下，创新技术在商业上的成败往往与技术本身关系不大，很多时候是因为没有形成与之匹配的商业模式。如果技术创新还匹配了恰当的商业模式，则会显著促进技术创新的商业化转化，并能够充分发挥甚至放大技术的创新价值。

华为公司的总裁任正非曾指出："公司正常运转靠两个轮子，一个是技术创新，一个是商业模式。"

技术创新和商业模式两个因素是相辅相成、互相促进的：

第一，商业模式能够促进技术创新，从而成为公司技术创新的重要来源；

第二，商业模式能够充分放大和发挥技术创新的价值，让技术创新迸发出强大的经济活力，进而转化为经济效益；

第三，技术创新能够在一定程度上激发用户的需求，促进商业模式的改进和创新，并成为商业模式推广的原动力。

2. 商业模式创新的特点

一个好的商业模式，可能会因为执行不当而不成功。一个差的商业模式，也可能因为有力的管理与实施技能，而取得成功。因此，商业模式描述也要包括一定的时间与实施方面的因素。总之，从构成要素及具体表现、相互连接关系、"动力机制"三方面去描述商业模式时，还要放在价值链或价值网络中、一定的时间跨度内，包含动态实施方面的内容。

相对于传统的创新类型，商业模式创新有几个明显的特点：

第一，商业模式创新更注重从客户的角度，从根本上思考设计企业的行为，视角更为外向和开放，更多注重和涉及企业经济方面的因素。商业模式创新的出发点，是如何从根本上为客户创造增加的价值。因此，它逻辑思考的起点是客户的需求，根据客户需求考虑如何有效满足它，这一点明显不同于许多技术创新。一种技术可能有多种用途，技术创新的视角，常是从技术特性与功能出发，看它能用来干什么，去找它潜在的市场用途。商业模式创新即使涉及技术，也多是和技术的经济方面因素，与技术所蕴含的经济价值及经济可行性有关，而不是纯粹的技术特性。

第二，商业模式创新表现得更为系统和立体，它不是单一因素的变化。它常常涉及商业模式多个要素同时的变化，需要企业组织的较大战略调整，是一种集成创新。商业模式创新往往伴随产品、工艺或者组织的创新，反之，则未必足以构成商业模式创新。如开发出新产品或者新的生产工艺，就是通常认为的技术创新。技术创新，通常是对有形实物产品的生产来说的。但如今是以服务为主导的时代，如美国2006年服务业比重高达68.1%，对传统制造企业来说，服务也远比以前重要。因此，商业模式创新也常体现为服务创新，表现为服务内容与方式及组织形态等多方面的创新变化。

第三，从绩效表现看，商业模式创新如果提供全新的产品或服务，那么它可能开创了一个全新的可赢利产业领域，即便提供已有的产品或服务，也能给企业带来更持久的赢利能力与更大的竞争优势。传统的创新形态，能带来企业局部内部效率的提高、成本降低，而且它容易被其他企业在较短时期内模仿。商业模式创新，虽然也表现为企业效率提高、成本降低，由于它涉及多个要素的同时变化，因此，它也更难以被竞争者模仿，常给企业带来战略性的竞争优势，而且优势往往可以持续数年。

3. 商业模式创新的操作步骤

商业模式创新法在具体实施时的步骤如下：

第一，提供全新的产品或服务、开创新的产业领域，或以前所未有的方式提供已有的产品或服务。

生鲜电商平台叮咚买菜经历了几年的探索与尝试，定位在家庭买菜业务上，以生鲜配送为切入点，满足消费者日常三餐的购物所需，为中高端群体提供配送上门服务，并成功转型为社区生鲜零售平台。

第二，其商业模式至少有3个要素明显不同于传统企业。

叮咚买菜大力布局前置仓，靠近消费者，为消费者提供高效高质的生鲜即时配送到家服务，而且与其他同类平台相比，叮咚买菜采取社区生鲜"到家+到店"模式明显具有更强的优势，而且随着社区前置仓的布局密度提高，更好地满足消费者的购物体验。

第三，有良好的业绩表现，体现在成本、赢利能力、独特竞争优势等方面。

叮咚买菜仅在上海就布置了200多个前置仓，日单量约15万单，月销售额超过1亿元。叮咚买菜还通过利用大数据对平台消费数据进行分析优化，对"妈妈帮"进行精准营销；在原有保障新鲜食材供应的基础上快速上线了即时、即热、即烹类的快手菜；疫情当中，投放了很多无接触货架的无接触配送模式；采取集约式配送的"公交车配送模式"等方式，来降低成本、增加竞争优势。

4. 商业模式创新的知识产权保护

从全球商业模式的知识产权保护来看，美国专利商标局于 2014 年 12 月 16 日颁布了专利法第 101 条针对商业模式可专利性的最新审查指南。美国对商业模式专利保护的特点是申请限制少；对商业模式专利的审查采取宽松的标准，基本上只要能够具备一定的实用性，同时不违反其他专利性条件，就可以得到保护。欧洲和日本对待商业模式专利的保守态度，则使得他们采取了严格的"技术性"标准来审查商业模式专利的申请。

对于我国企业而言，大部分中小企业的崛起，主要依赖于它们的商业方法、商业模式的创新，然而，好的商业模式又容易被众多跟随者模仿和复制，如果不能得到及时有效的知识产权保护，成功的商业模式很容易被资本、体量更大的企业"强占"，中小企业的发展无疑面临巨大风险。因此，尤其是互联网领域的中小企业非常有必要加强和完善自己的商业模式知识产权保护。总结而言，主要有以下三种保护方法。

1）策略性的专利保护手段

首先，商业模式专利与计算机软件往往密不可分，因而对商业模式的保护往往可以通过软件技术专利来达到目的，这样就使得商业模式的保护主体从"智力活动的规则和方法"转变为对"技术方案主体"的保护，对技术专利的审查就自然转换成了是否具有新颖性、创造性的审查。

其次，企业可以对商业模式衍生的产品进行专利保护，从而达到侧面、局部保护商业模式的目的。例如，用"曲线救国"的方式布局商业模式的外围专利，对其配套设备、装置、电子系统等申请专利保护自己的核心商业模式。

另外，企业应对商业模式申请界面（GUI）外观设计专利保护，对商业模式涉及网页的外观、风格、特色等申请界面保护。但是，我国 GUI 外观设计专利申请时必须结合载体。例如，同一个 GUI 在申请外观设计专利时必须提交手机端、PAD 端、PC 端等的 GUI 外观设计专利申请。

电子商务网站亚马逊的 i-didk 技术，也叫作一键下单技术，允许在线用户仅通过一次点击便完成整个购买过程,大大改善了用户的网购体验,该商业模式在 1999 年 9 月 28 日获得了美国专利权,发明名称为"通过通信网站进行订购的方法和系统"。当亚马逊发现另一家商务网站 www.barnesandnoble.com 也在采用相似的技术时,它将对方告上了美国法庭,请求法庭判决对方承担侵犯专利权的责任,并赔偿原告的经济损失。最终,法官向被告发出了禁令,要求其立即停止使用该销售方式。

2)通过著作权法对自己的商业模式进行保护

以互联网的商业模式为例,除了包含软件、技术等内在组成部分外,其最大的价值更在于内容的原创性,这时商业模式外在形式实际是一种作品,可以用著作权法进行保护。例如,通过软件著作权对支撑商业模式运转的软件实现保护,通过作品著作权可以对商业模式中的文字作品、美术作品、视频作品等进行保护。

大新闻网站与"今日头条"的版权争议、小米与乐视之间有关内容平台的法律争议、"大众点评网"与"爱帮网"之间的不正当竞争法律诉讼,原告方都试图通过著作权法来保护商业模式,法院判决中也大都援引著作权法中的相关规定。

3)对"电子商务"等商业模式进行商标保护

《商标法》主要从企业商誉的角度保护商业模式,因此企业应及时对"电子商务"等商业模式进行商标保护。

《尼斯分类表》共分为 45 个类别,与"电子商务"最为接近的类别是第 35 类"广告;商业经营;商业管理;办公事务"。企业可以将"电子商务"纳入到第 35 类的 3505(替他人推销)的商品群组,与该群组中的"替他人推销""拍卖"等共同作为该群组的商品予以保护。

同时,在资金允许的前提下,建议企业对其商业模式采取"组合商标"保护策略,尽量保护更多的类别,以避免后期因保护不足给企业发展带来障碍和损失。

【典型案例】从无到有，戴尔依靠直销商业模式撼动 IBM

在 IT 行业，戴尔公司（DELL）是个另类。在其他品牌大拼研发之际，它却反其道而行，绕过技术的门槛，成为产品的供应商和销售商。戴尔几乎将全部精力用于强调产品如何满足客户的需求上，通过对直销、标准化、零库存等经营策略的探索与实践形成了企业独特的经营模式。

戴尔公司在个人电脑等方面业务上的成功并不取决于产品的技术优势，而是取决于公司独创的按单生产的直销模式，在美国一般称为"直接商业模式"（Direct Business Model）。所谓戴尔直销方式，就是由戴尔公司建立一套与客户联系的渠道，由客户直接向戴尔下订单，订单中可以详细列出所需的配置，然后由戴尔"按单生产"。戴尔所称的"直销模式"实质上就是简化、消灭中间商。

另外，戴尔公司"无中生有"——从运营模式中独树一帜进行专利布局。戴尔公司有 1000 多项专利，其中 550 多项涉及营运领域简化流程方面，100 多项在工业生产制造领域，大多和流水线、包装自动化有关，戴尔公司对其创新的运营模式储备专利达 42 项之多。正是有了这些核心专利，戴尔的发展历程才变得格外明确和细腻，而这些专利布局也正是康柏、IBM 等竞争对手无法真正复制貌似简单的"戴尔模式"的最主要原因，使得戴尔公司取得了成本降低的巨大成功。

第 6 章

管理创新魔方,创新过程需要指挥家

创新不仅是社会进步的原动力，也是企业管理的重要职能，是企业生存和发展的重要保障。

技术创新是基础和核心，管理创新是有效的支撑。

正如一个伟大的交响乐团需要一位指挥家一样，创新过程中也需要通过创新管理来驾驭那些创新者，这就需要管理创新的方式和技巧。很多新创公司拥有一群有才华和想法的工程师，但是没有想好要开发什么产品，这时就需要"创新产品带头人"来领导，从众多的想法中挑选出最为关键的开发爆品产品。

管理创新是指企业对现行管理系统中的一个或多个管理要素（管理理念、管理方法、管理制度、管理模式和管理人员等）进行变革，以期更有效地实现组织主体的创新活动。另外，需要注意的是，管理创新不需要时时创新，而是要在保证整个企业或组织稳定的前提下，针对出现的问题进行适度的、实时的创新，要因地制宜、因时而动地创新。

一、管理创新法，企业创新的内容和路径

现代企业在发展过程中面临很多的发展机遇，同时也将会面临更严峻的考验。这时，为了与时俱进地适应时代潮流，管理创新就成为企业发展不可

或缺的组成部分，企业必须切实把创新活动和创新管理摆在突出的战略位置上，未雨绸缪，不断增强企业的整体管理创新能力。

用一个故事来说明创新管理的重要性：

宋真宗年间，宫中着火。当时大臣丁谓主持重建宫室，需要烧砖，然而取土地很远，所以丁谓颇为其所困扰。

后来，丁谓采取了体系管理创新，做了一件事情而完成了三个任务，省下的费用要用亿万钱币来计算。首先，从大街上当街取土用于重建，并形成大渠；其次，挖通汴河水进入渠中，各地水运的资材都通过汴河和大渠运至宫门口；最后，重建工作完成后，将工程废弃的瓦砾回填入渠中，水渠又变成了街道。

1. 企业创新管理是非常必要的

创新管理是企业全球一体化的要求。随着世界各国经济交流活动的不断加强和更加密切，很多企业面临国内竞争国际化、国际竞争国内化的复杂局面，这些都要求企业对传统的管理理念、管理制度、管理方法进行创新，才能适应瞬息万变的国内外市场环境。

创新管理是企业发展的内在需求。企业只有进行创新管理，才能得到持续发展；企业只有进行创新管理，核心竞争力才能得到增强；企业只有进行创新管理，价值最大化才能得到保证，并在激烈的市场竞争中处于有利地位。

创新管理是加强企业管理的必要条件。通过创新管理，能够对企业的发展目标进行明确，能够对企业的发展规划进行调整，能够使企业的管理人员得到能力提升和人员优化。

2. 企业创新管理涉及哪些内容

（1）思维管理创新。就是企业为了从整体上优化效益，需要打破陈规陋习，克服旧有思想束缚，树立全新的管理思路。企业创新管理必须"从头"

开始，首先进行思维管理创新变革，追求管理的即时性和实效性，注重创新信息的搜集、挖掘、整合、运用和合规风控。

（2）组织管理创新。就是把新的管理方法、新的管理手段、新的管理模式等新的管理要素，或管理要素的组合引入企业管理系统，通过组织管理创新将企业各个创新相关组织，整合成联系紧密、协调一致的统一体。

（3）技术管理创新。对于现代企业而言，技术创新已经成为竞争的制高点，技术管理创新就是通过技术创新战略管理、项目管理、过程管理、风险管理和知识产权管理，及时进行技术研发，合理实施技术改造，全面发挥企业的技术优势。

（4）经营管理创新。经营创新，就是通过新的理念来实施新产品、新渠道、新的商业模式、新的管理方式、新的组织架构等多方面的策略来为客户和企业创造新的价值。随着当前科学技术、信息化、网络化、智能化的迅猛发展，做好企业经营管理创新能够保证产品上市快、成本低、质量好和服务佳。

（5）市场管理创新。市场管理创新需要进行市场调查，以便找到真正的需求，通过对市场进行深挖进行市场营销创新，结合产品策略、价格策略、渠道策略和促销策略，来提高产品的市场渗透率、销售量和占有率。

（6）人力管理创新。现代企业间的竞争主要是人才的竞争，创新管理追求"以人为本"的理念，管理无论如何创新，最终执行者都是人，因此需要通过系统性的宣传和培训调动员工的积极性和创造性；另外，还要建立相应的激励和约束机制，从单一的绩效考核转向符合公司发展战略的全面的绩效管理，通过相应的激励和约束机制的有效协调双管齐下。

（7）文化管理创新。事实证明，企业只有形成了优秀的企业文化，才能打造一支战无不胜的员工队伍，才能形成企业长久发展的内在动力。企业的制度创新、企业经营战略的创新，最终都必然会体现在人的价值理念中，也就是以企业文化的形式表现出来。

3. 企业创新管理可采用哪些方式

（1）打破部门界限，建立矩阵式组织。随着现代技术型企业的崛起，企业内知识型员工不再满足于重复性工作，层层烦琐冗长的行政指挥链和等级森严的职级，弱化了员工之间的协作和资源整合，不同核心业务板块的分兵作战又削弱了企业的反应速度。在这样的情况下，"矩阵管理"应运而生，因为它能够有效提高企业的快速反应机制。矩阵式结构的优势在于它能使人力、设备等资源在不同的产品服务之间灵活分配，使得组织能够适应不断变化的外界要求。在矩阵式组织中，关键组织成员的角色定位非常重要，这些关键组织成员包括高层领导者、矩阵主管和员工。高层领导者的主要职责是维持职能经理和产品经理之间的权力平衡。

（2）建立质量控制、快速反馈和解决机制。建立质量控制、快速反馈和解决机制，可以此来监督创新工作的进展，有的放矢地促进创新驱动发展的实施；基于企业的反馈信息，能够及时发现策略实施中出现的问题，找到对策，保证项目的顺利进行；还可根据员工的反馈信息，把握员工的自身素质及工作能力，充分调动企业内部成员对创新驱动发展战略的积极性和专业性，有利于保证资源的合理利用及优化配置，实现共赢。

（3）以客户导向为中心，兼顾竞争者导向机制。客户导向是指企业以满足顾客需求、增加顾客价值为企业经营出发点，在经营过程中，需要注意顾客的消费能力、消费偏好以及消费行为的调查分析，重视新产品开发和营销手段的创新，以动态地适应顾客需求。脱离了顾客导向，营销将成为无源之水、无本之木。

【典型案例】美国科技创新管理的机制五步法

科技创新日益成为各国竞争的主要内容和手段。当今美国国际地位的取得与其卓有成效的科技体系治理结构密切相关，研究美国的科技治理结构给美国科技发展带来的成效，总结美国科技治理结构的特点及成功经验，对于我国完善科技治理结构，推进科技管理体制改革，乃至促进我国企业的科技创新都具有重要意义。美国的科技创新管理是全世界公认的比较成功的管理方式，其一般分为以下五步[①]。

第一步，逐步建立分散为主、集中为辅的管理机制。通过集中、分散相结合的科技创新管理机制，有利于集成科技创新计划所需的各种要素，提高科技创新资源的使用效率，在合理调控资源的同时避免行政的过分干预。

第二步，逐步建立立项管理与绩效评估机制。首先，由科技行政部门提出科技预算并评估决定；其次，预算形成后，由专门部门负责规划各项目的协调、审计和评价；最后，科技创新的决策、实施管理、评价，采取不同的管理模式（专家管理模式、部门管理模式、产业管理模式等）。

第三步，培育有利于创新的市场环境。美国一直坚持通过市场调节解决资源配置的问题，通过市场化的手段，设置明确的应用研究目标和市场价值判断标准，鼓励企业根据任务导向自行决定人力、物力、财力的投入。一般情况下，政府不会在这个阶段投入资金。

第四步，保证基础研究投入，强调科技创新战略性投资。这种战略性规划是动态调整的，比如进入特朗普、拜登时代后，美国重点布局的优先领域是军事技术、国土安全、制造业回归、能源优势、人民健康。

第五步，强化成果转化，加强成果和市场接轨。美国政府十分重视科技成果转化，通过相关鼓励政策的制定，构建良好的科技营商环境，建立科技孵化器等方式，鼓励实施技术成果转化和商业化发展。

【典型案例】六西格玛创新法

六西格玛创新法是一种管理策略创新法，这种策略主要强调制定极高的目标、收集数据以及分析结果，通过这些来减少产品和服务的缺陷。

---

① 国家科技战略，陈玉涛主编，18—25页，企业管理出版社，2018。

六西格玛创新法的原理就是只要检测到项目中有什么缺陷，就可以找出如何系统地减少缺陷，使项目尽量完美的方法。自20世纪90年代中期开始，六西格玛更是被通用电气公司的CEO杰克·韦尔奇发扬光大，从一种全面质量管理方法演变成一个高度有效的企业流程设计、改善和优化的技术，并提供了一系列同等的适用于设计、生产和服务的新产品开发工具。六西格玛创新法是一个系统性的过程，它涉及管理当中的每一个人和每一个环节。每一个人、每一个环节的成败都关系到整个管理创新的成败。

　　六西格玛创新法的具体操作步骤，是将每个环节都改进为简单的流程模式：定义、测量、分析、改进、控制，进行实施。

- 定义【Define】——辨认需改进的产品或过程，确定项目所需的资源。

- 测量【Measure】——定义缺陷，收集此产品或过程的表现作底线，建立改进目标。

- 分析【Analyze】——分析在测量阶段所收集的数据，以确定一组按重要程度排列的影响质量的变量。

- 改进【Improve】——优化解决方案，并确认该方案能够满足或超过项目质量改进目标。

- 控制【Control】——确保过程改进一旦完成能继续保持下去，而不会返回到先前的状态。

　　对需要改进的流程进行区分，找到最有潜力的改进机会，优先对需要改进的流程实施改进。如果不确定优先次序，企业多方面出手，就可能分散精力，影响六西格玛创新管理的实施效果。

　　六西格玛创新就是六西格玛管理方法中针对企业自主创新提出的方法论，它为企业创新提供了系统的思路和丰富的工具。

二、马斯洛创新法，需求决定一切

1. 马斯洛创新法的定义

马斯洛创新法，是根据美国著名社会心理学家亚伯拉罕·马斯洛于1943年提出的"马斯洛需求层次理论"而制定的创新法，其基本内容是将人的需求从低到高依次分为生理需求、安全需求、社交需求、尊重需求和自我实现需求。在马斯洛看来，人都潜藏着这五种不同层次的需要，但在不同的时期表现出来的各种需要的迫切程度是不同的。低层次的需要基本得到满足以后，它的激励作用就会降低，其优势地位将不再保持下去，高层次的需要会取代它成为推动行为的主要原因。

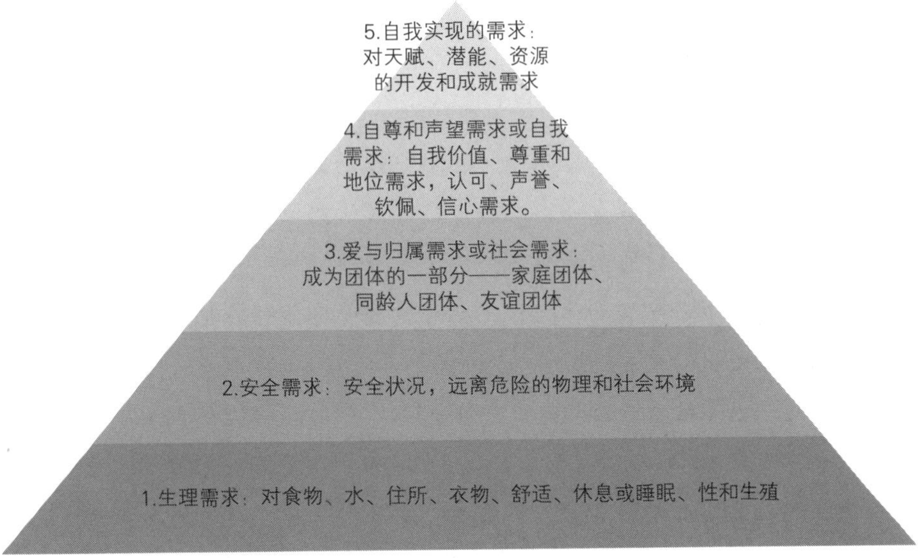

5.自我实现的需求：对天赋、潜能、资源的开发和成就需求

4.自尊和声望需求或自我需求：自我价值、尊重和地位需求，认可、声誉、钦佩、信心需求。

3.爱与归属需求或社会需求：成为团体的一部分——家庭团体、同龄人团体、友谊团体

2.安全需求：安全状况，远离危险的物理和社会环境

1.生理需求：对食物、水、住所、衣物、舒适、休息或睡眠、性和生殖

图6-1 基于马斯洛需求层次理论的创新图

马斯洛需求层次理论可以看作不同生活水平的人的需求，或者不同消费能力的人的需求。马斯洛创新法，是从马斯洛需求层次理论出发，满足不同消费者的不同层级的需求，甚至满足创新者本身需求而出发的一种创新法。

2. 马斯洛创新法的深度解释

1）基于生理需求层面——低价格

基于生理需求的创新就是满足最基本的功能需求。从创新的角度来看，任何创新都是为了满足基本功能存在的，但是也要注意在创新过程中，不要为了创新而创新，从而背离了事物的初始需求和研发初衷。

以色列开国总统魏茨曼曾经说过："只要给我们一碗水，一颗种子，这个民族就能生存！"位于地中海东岸的以色列，自然条件恶劣，可耕用土地面积仅为4100平方公里，国土面积中更是有45%均为沙漠。然而，正是在土地与淡水严重匮乏的条件下，以色列依靠创新在世界上创造了一个沙漠农业的"神话"。

这些创新技术很多是基于生理需求方面的创新，比如：

一是研发出适合各种地形、气候、作物的节水设备，如根据需要，大田滴灌供水量可控制在每小时1至20升，水利用率最高可达95%；在温室内，更小的流量可控制在每小时200毫升水的水平。

二是低压滴灌实现统一灌水量，在水平地面或稍有坡度的地面，能够确保每个滴头的出水量整齐划一，在坡度较大或远距离灌溉时，压力补偿技术仍然使滴头保持一致的出水量。

三是真正实现了水肥一体化，化肥经过滴管到达作物根部，和水一起直接被作物根系吸收，大幅提高水肥利用率。

四是地下埋管技术开始大面积应用，在地下50厘米处侧向水平埋管，可保持滴管寿命在10年以上，省工省力。以色列一家公司还配套开发出一种新材料涂在滴孔上防止周围种子发芽进入，安装空气阀，利用阀内空气防止滴孔堵塞。

五是实现智能监测与控制，将计算机控制与智能计量、自清洗过滤、防漏监测等技术有机结合，建立智能节水灌溉系统，实现节水农业的自动化与精准化。

2）基于安全需求层面——性价比高

基于安全需求的创新，包括为满足人身安全、生活稳定、免遭痛苦、免受威胁等需求而进行的创新。"安全"并不是固定的、一成不变的，而是随着经济、社会的发展而发展的。

在解决了温饱问题之后，我国居民膳食普遍存在高盐、高油、高糖的现象，导致高血压、高血脂和超重等影响居民身体健康的问题。这时，针对"三减"的食品创新行动应运而生，其目的是减少膳食中盐、油、糖摄入量，实现合理膳食。基于此，"0 糖""0 脂""0 卡"饮料、空气炸锅、低钠盐、膳食纤维、人造肉等创新产品相继问世。

3）基于社交需求层面——粉丝模式

基于社交需求的创新，包括对友情、爱情、亲情、乡情等关系的需求。当生理需求和安全需求得到满足后，社交需求才会突显出来。

伴随着抖音、快手等短视频的兴起，电商直播成了基于社交需求的连接人、货、场的新模式，形成了消费的新时尚。相对于传统电商来讲，直播带货更符合当下用户的需求。直播形式可实现基本信息的直接传递与推广，还可以及时地与对方进行互动，形式多样，具有较强的社交功能。

4）基于尊重需求层面——高格调

基于尊重需求层面的创新，包括对成就或自我价值的个人感觉，也包括他人对自己的认可与尊重。有尊重需求的人希望别人按照他们的实际形象来接受他们，甚至希望别人按照自己想象中的形象来看待自己，并认为他们有能力，能胜任工作，当他们得到这些时，不仅赢得了人们的尊重，同时就其内心因对自己价值的满足而充满自信；不能满足这类需求，就会使他们感到沮丧。

随着"80 后"、"90 后"甚至"00 后"步入职场和组建家庭，他们开始成为家电消费的主力人群。"80 后""90 后"这一群体与其父辈在消费行为上有着很大差异，伴随互联网成长起来的一代更加注重产品的智能、时尚、品质和个性化元素。为此，许多家电品牌积极为品牌和产品注入年轻元素，尊重这些年轻消费者需求，推出了"新家电消费"的概念。比如针对"懒人"们推出的智慧家居、洗碗机、吸尘器、扫地机器人、炒菜机器人等。

当然，这些基于尊重消费者需求的创新并不是一项单独的能力，而是包括创新思维、专业经验、技术积累、研发能力等在内的综合能力的体现。

5）基于自我实现需求层面——用户参与

自我实现的需求包括自我实现、发挥潜能，或实现人生理想、目标和抱负。达到自我实现境界的人，接受自己也接受他人。这个需求市场有多大呢？据统计，就算是在比较推崇创新的美国也只有85%的人的生理需求被满足，有70%的人的安全需求被满足，有50%的人的社交需求被满足，有40%的人的尊重需求被满足，仅有10%的人的自我实现需求得到了满足。

为满足自我实现需求所采取的手段是因人而异的，对于个人而言还会随年龄、环境等因素的变化而变化，因此满足所有用户"自我实现"需求的创新产品很难出现，一般是通过第三方平台作为媒介来体现"自我实现"需求。比如可以通过微博、简书、抖音等网络平台作为媒介，持续性地发布满足自己"自我实现"需求的文章、视频或创意想法。

3. 马斯洛创新法的实操举例

下面结合杯子的实例，来举例说明如何运用马斯洛需求创新法一步步实现这种产品不同层次的创新的。

第一层，基于生理需求层面的创新。这时，杯子的定位就是方便、简单、便宜、好用，那么可以开发价格低但是功能不缺失的纸杯、塑料杯等产品。

第二层，基于安全需求层面的创新。此时，杯子的定位就是安全、结实、干净、卫生，进而开发安全环保的陶瓷杯、干净卫生的玻璃杯、结实耐摔的不锈钢杯、耐高温的保温杯、可过滤净化污水的杯子等。

第三层，基于社交需求层面的创新。此时，杯子的定位是社交、关爱、合群等社交场景属性，白酒杯、红酒杯、啤酒杯、香槟酒杯等各种酒杯就是基于此的产品，另外针对不同的场景可开发公司logo定制杯、婴儿专用杯、户外便携保温杯、具有焖煮功能的杯子、军用迷彩水壶、茶水分离的便携喝茶杯、可充电的烧水杯、可现场制作咖啡的便携咖啡杯等。

第四层，基于尊重需求层面的创新。这时，杯子的定位更多是展示、炫耀的属性，因此可开发999纯银内胆杯、玉石杯、骨瓷杯、能快速降温和升温至最适合饮用温度的55℃水杯等产品。

第五层，基于自我实现需求层面的创新。这时，杯子的定位是个性化属性，因此可研发消费者参与设计的个性化定制杯、配套App让消费者健康喝水的智能水杯等产品。

麦开智能水杯（Cuptime）是全球首款智能水杯，它利用高精度压力传感器精确检测到用户每一次的喝水量，通过LCD显示屏显示每天甚至每月的饮水曲线，并通过3D加速度传感器能准确地判断水是被倒掉的还是喝掉的，从而防止饮水量误统计的发生。它还能根据用户的性别、身高、体重等综合信息告诉您一天该喝多少水，在您身体缺水之前便能准确地预测您需要喝水的时间，而不是等人感到口渴时才喝。当用户拿起水杯时，其人体感应系统会将LCD显示激活，通过杯身的LCD显示屏，用户可以知道杯内的水量、温度等信息，避免匆忙之中被热水烫到的风险。

4. 马斯洛创新法的注意事项

需要注意的是，马斯洛创新法在使用过程中，需求层次与产品需求之间，存在如下规律：

第一，越靠近底层的需求越是刚需；

第二，越靠近底层的需求越可以工具化和量化。基于底层的工具类需求，客户黏性未必是最高的，但一定是在市场中生存最久的；

第三，越靠近高层需求，则新鲜感驱动越明显。基于新鲜感的需求，在使用高峰时或万人空巷；低谷时，或门可罗雀，最后的归宿则可能是烟花散尽不了了之，这点务必需要注意。

另外，马斯洛需求创新法是一个动态的、渐进的、可调整的创新过程。我们还可以从不同年龄段、不同性别、不同职业以及不同兴趣爱好等方面对人性需求进行分析，以便对产品进行二次、三次甚至 N 次的再创新和再完善。

5. 新时代下马斯洛创新法的再定义

进入新时代，在中国家庭规模缩小、老龄化时代到来和移动互联大范围推广等外在因素的推动下，消费者的消费需求因为空间、时间和关系上的变化也在与时俱进地变化，消费者对商品的诉求早已不再满足于其基础功能，而是有了更多进阶的功能需求，但是其仍然顺应经典马斯洛需求的方向，从而形成新的"需求创新金字塔"（图 6-2）。

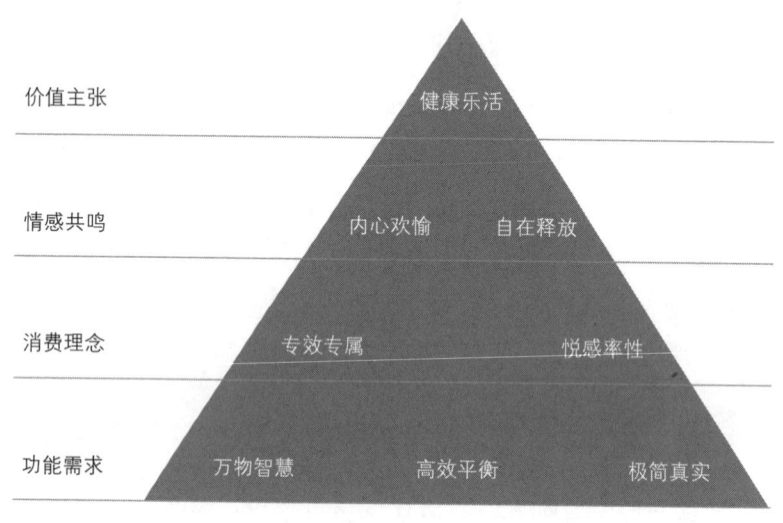

图6-2　新消费时代基于马斯洛需求的创新金字塔

结合新的消费需求，我们将经典马斯洛需求层次理论演进为四层，分别是功能需求、消费理念、情感共鸣和价值主张，而每一层级的跃升都可能带来消费趋势的发生。

在以上四大新需求层次基础上，进而可产生以下八大消费趋势创新，按照层级来分分别是：极简真实、高效平衡、万物智慧、悦感率性、专效专属、自在释放、内心欢愉和健康乐活。

极简真实：物理层面和精神层面双重减负的极简创新、"少即是多"，比如只看功能不看设计；

高效平衡：通过技术手段寻求生活和管理的平衡的创新，比如追求"懒人主义"的各种小电器；

万物智慧：在万物互联的场景下进行"有范儿"的智慧生活创新，比如"数字化+智能化+定制化"的理念；

悦感率性：追求感性下的率性消费创新，比如追求"绿色环保"理念；

专效专属：兼顾使用与专属的升级和进化创新，重在"个性化"，比如针对疫情、"银发族"的产品创新；

自在释放：释放自我、贴近自然的创新，比如追求"户外新风尚""天然"的产品创新；

内心欢愉：为内心的片刻欢愉埋单，让自己变得精致的创新，重在"小而美"，比如追求"国潮国风"的产品创新；

健康乐活：不求宏大，追求日常生活的美好的创新，重在"价值实现"，比如"情绪价值"的产品创新。

【典型案例】乐高利用马斯洛创新法的创新过程

"我们有积木，而你有想法。"1992年乐高产品目录中的这句话，道出了乐高商业模式中最核心的精髓，更让乐高倡导的创新精神一览无余。[①]。

本案例从转型、创新、坚守三个方面来探究乐高的发展过程，是如何和马斯洛创新法相对应的。

第一阶段，解决企业生存问题，凹凸结合造就"连接的力量"。

诞生于1932年的乐高，其创始人是一位一辈子和木头打交道的丹麦乡村木匠——奥勒，奥勒曾经在做"家具"还是"玩具"方面做过艰难的选择，最后选择了他更感兴趣的木质玩具。1947年，经历过二战后的

---

① 沃伦·埃尔斯莫尔，乐高创意指南：历史印记（第2版）[M].北京：人民邮电出版社，2020年1月。

奥勒进行了又一次冒险，成为丹麦第一家拥有塑料注射成型机的制造商，而这种机器的价格相当于企业上一年利润的 12 倍多。这一做法，简直就是一种"对未经测试的技术的大胆投入"。由于用塑料生产的"自动建筑积木"存在"黏合"的稳固性问题，在长达 10 年的时间里乐高都受到了外界的质疑，也包括来自零售商的批评，它的销量最多仅占到企业总销量的 7%。

经过多年的失败试验，乐高二代掌门人哥特弗雷德最终研究出凸起和孔的凹凸结合系统，即一块积木顶部的凸起可以嵌入另一块积木侧面或底部的孔中，并因为摩擦力而连接在一起。1958 年 1 月 28 日，这一设计在哥本哈根申请了专利，被称为"结合的力量"，也是乐高最重要的、因此而腾飞的创新魔方。

第二阶段，解决大规模生产的需求，为企业腾飞插上翅膀。

1954 年，乐高在伦敦游戏博览会上最早提出"游戏系统"这一概念，这形成了一个通向未来的路径，因为系统构成的重复性销售，直指大规模的生产，并把更多的想象力注入到了玩具的价值体系之中。

乐高积木的凹凸结构造就的"向前兼容"这样一个特点，帮助乐高形成了一个不断扩张的世界，用户可以在其中创造出无穷的可能性。基于此，乐高逐渐打造了属于自己的玩具生态。更重要的是，这种玩具生态可以任意连接、有机融合、不断生长。

第三阶段，进入了社交阶段，并以 IP 授权为主导。

早期的乐高管理层仍然没有放下身段加入社交游戏，但乐高集团位于康涅狄格州恩菲尔德的北美总部基地的管理层看到了机会，并提出与卢卡斯影业合作推出乐高星球大战授权系列的建议。自此，玩具行业历史上最成功也最持久的合作关系得以建立。

乐高星球大战系列产品借着《星球大战前传 1》带来的轰动效应一炮打响，上市头几年就成为畅销产品，其销量超过了公司总销量的 1/6。而此后，这种授权合作不断推高乐高的市场份额，并赢得更普遍的关注。

第四阶段，进入了寻求自我尊重的阶段，在挑战中稳步前行。

如果说乐高此前的转型很大程度上都源自内在的驱动力，到了 20 世纪末期，面对来自数码时代游戏的挑战，乐高的转型则带有了被外部环境逼迫的味道。

1998 年，乐高有史以来第一次出现亏损，损失额达 4780 万美元。它面临一个决定未来的挑战：乐高的自由形态和创意拼砌的哲学将怎样在一个被电脑游戏和电视节目占据统治地位的娱乐经济环境中获得竞争力？

在这一阶段，乐高开始采取了一系列果断的行动，吸纳具有不同文化背景的创新人才驶向蓝海市场，以客户为中心，实践破坏性创新，培养开放式创新，探索全方位创新，创建创新型的企业文化。

在蓝海市场的探索方面，乐高从玩具行业转移到了教育领域。20 世纪 90 年代末期，乐高构思了一个从生产教育产品转向提供教育服务的战略，逐步开发日本、韩国、中国的教育市场。如今大乐高机器人、乐高培训中心几乎引领了这一时代的儿童教育，被家长认为可以开发儿童想象力、探索能力以及变革能力。

由此，在更强大的价值挖掘和引导能力之下，数码技术和手机游戏的挑战不仅被乐高轻松转化，而且还借势发展了新产品，比如乐高可编程的玩具，反而开发了更大的市场。

第五阶段，进入了寻求自我实现的阶段，坚持自己的价值观。

企业的创新并非漫无目的、没有边界，相反，只有为创新设立边界、强化坚守的原则，才能将有限的资源进行聚焦，进而实现质的突破。

最突出的一个原则就是"少即是多"。对乐高来说，这既是其成功的经验，也是其曾经失败的教训。在由木质玩具向塑料积木转型的过程中，二代接班人哥特弗雷德做出了一项重要的决定，即停止生产占公司产品种类 90% 的玩具。按照他的思考，"过多的选择反而不利于创造新的游戏体验,这就是'少即是多'。只有将公司有限的资源用在塑料积木这个领域,才能生产出更多赚钱的产品投放市场。只有不用再分心去研究创造其他的木质玩具,产品设计师才可以将全部的才华与精力用来构思新的塑料积木玩具。"

推动乐高不断创新的第二项原则就是听取用户和粉丝的意见,包括经销商的意见。乐高进化到"游戏系统"的概念就是由其经销商提出来的,而在此之后,乐高更是将用户的意见引入创新的过程之中。从乐高的角度来看,这不仅仅是一次用户意见的听取,更重要的是,它与乐高在创新行动上的价值观一致,那就是"只有最好才是更好"。

三、分布协作式创新法,三个臭皮匠超越诸葛亮

在创新领域,有一句很流行的话:"未来已来,只是分布得不均匀而已。"

1. 分布式创新法的定义和特点

分布式创新法,是指创新所需要的技术等相关元素在多个公司或科研院所等其他知识生产机构之间分布时,由一家主导公司发起,选定创新任务后,在研发合作伙伴或者内部分支研发机构之间分配创新任务,最后对创新成果进行集成的研发模式,因此也叫作集成式创新法、协作式创新法、总-分-总创新法。

分布式创新法就像动车组一样,将火车分解为一节节车厢,每一节车厢都可以独立地提供动力,串联起来为列车的前进提供总动力。

分布式创新法,也可不需要一个公司主导,而是通过相关的机制安排,

所有公司参与并以不同的方式分享创新成果，然后根据每个公司的需求自己整合创新成果。这种分布协作式创新法，就是当完全不相干的技术融入一种产品、服务中时，没有任何一家公司可以掌握全部核心技术，更多的是相互依存的关系。

另外，由于创新包含研发、中试、商业化、营销等不同阶段，在不同阶段的创新都可以采用分布式创新法的结构安排。

在创新竞争中，分布式创新法要求企业走出独立的、自足式的知识中心，向更开放、更加合作的知识生产与利用模式迈进。与传统的以企业内部管理为主的创新模式不同，分布式创新管理要求企业精于网络管理，协调跨文化、跨组织的知识流动与交换。

2. 经济全球化加快了分布式创新法的推广

随着经济全球化进程的加快，现在大部分公司都处在一个巨大的网络中，由此造成的价值链的细化和大规模的外包，意味着公司不得不同时关注两个维度的发展：全球化和所在领域的"小圈子"。

外包和企业间的协作将价值链分割得更细，在每个价值点上都有参与者。因为价值链上的参与者越来越多，公司一定会找到符合终端产品性能、质量、业绩和价格标准的合作伙伴，公司的决策和商业运行自然也会更加依靠价值链上的多方合作者。

波音787型飞机从发明、定型、转化到融资几乎都是通过其全球分布式创新网络来实现的。波音787的制造和研发涉及美国、日本、法国、英国、意大利、瑞典、加拿大、韩国、澳大利亚等多个国家和地区的供应商和研发机构，其全球性分布式创新网络为波音787缩短了进入市场的时间，且节省了大量研发费用。

3. 分布式创新法的操作方法

分布式创新法在具体操作时，可分为时间和地域两个维度。时间维度上的分布创新主要是综合不同发展阶段的创新进行整合,地域维度上的分布创新是市场经济的内在需要和组织管理科学化和高端化的必然趋势。

区域层面上的分布式创新法,在运作中企业所采取的具体措施一般如下:

(1)产学研合作创新。与高校和科研院所通过委托研发、专利许可和技术转让等方式,利用国内外大学和研究机构的技术、研发和试验资源;企业则利用贴近市场的优势把重点放在选定创新方向和研发成果的商业化利用上。

(2)联合产业链上的相关企业建立技术联盟进行跨企业协作创新,使分散于各个企业的技术资源得以重新整合,让各方的技术优势能够相互补充,降低创新成本、加快创新速度。

(3)通过第三方的市场中介机构,进行创新外包或者直接购买所需要的技术并加以二次创新等创新运用。

(4)对一个地区(如中国东部沿海区域)企业的优势(如人才、资金、先进设备)进行模块化设计,对另外互补要素分布区(如中国的中西部地区)的企业的优势(如材料、人力、基础建设)进行模块化设计,两个模块分别进行分布式创新,再将两个模块进行创新优化整合。这时往往需要政府部门或公共部门的介入,具体如制定优惠的政策,为科技创新和人力资源开发、基础设施建设等提供支撑,完善创新的投入机制,并为自主创新活动提供相关的信息服务、决策咨询、技术服务、评估鉴定等第三方服务。

2018年,宁夏出台《关于加强东西部科技合作推进开放创新的实施方案》,指导各地各部门加快创新驱动战略深入实施,拓展科技合作领域与渠道,初步形成了"市场主导、政府引导,互惠互利、合作共赢"的东西部科技合作机制。宁夏先后与北京、广东、湖南等10个省市,中国科学院、中国工程院等9个院校签署科技合作协议,柔性引进科技创新团队38个,吸引5500多名区外科技人才及142位院士参与宁夏各类科技创新活动。

宁夏坚持需求为导向,通过科技成果引进对接、联合研发立项等方式,精准对接全国科技力量解决宁夏企业关键技术瓶颈。截至2021年底,宁夏累计组织实施东西部科技合作项目600余项,其中80%以上由企业承担实施。通过项目合作,一些关键技术领域取得大突破:

国能宁夏煤业公司与浙江大学、天津大学等合作的400万吨/年煤炭间接液化示范项目，建成全球单套规模最大的高温浆态床费托合成装置，在多个领域实现"零"的突破；

共享集团与西北工业大学和重庆大学合作研发的铸造砂型增材制造设备已批量生产，并研制出了高水平成形效率绿色智能铸造工厂系列样机；

科技部与宁夏共同实施的"科技支宁"科技扶贫东西部协作行动5个项目顺利验收，其中小杂粮项目2020年在核心示范点亩产713.1千克，再创历史新高……

宁夏用实践证明，东西部科技合作是欠发达地区推进高质量发展的必然选择，更是解决发展不平衡不充分问题、构建"双循环"新发展格局的重要举措。

4. 分布式创新法的挑战和危险性

随着分布式创新的一些成功案例的宣传，一些企业认为，最好的创新方式就是共同承担创新的高成本和分担创新的高风险。很多企业都认为：两个人的智慧胜过一个人，人越多，智慧的力量就越大。在大家分摊风险和成本的同时还可以共享各种具有互补性的知识、资源和能力。这样做既降低了总开发费用，又加快了创新进入市场的速度，为参与其中的各方创造了双赢。

但是，分布式创新法存在着一些自身固有的不安定性和挑战性。比如由于国与国之间的利益博弈、企业与企业之间的竞争，会令分布式创新使用过程中，在关键技术上被"卡脖子"，导致不但没有加快发展，反而行动缓慢而笨重，同时伴随着成本、风险和复杂性的增加。

经过改革开放40多年的高速发展，中国科技创新实现了从"跟跑"到"并跑"再到一些领域"领跑"的转变，但是中国在科技领域"大而不强"的现象较为明显，研发强度和深度与创新型强国之间有较大差距。随着国际形势的变化以及美国单边政策的发布，我国一些如芯片等关键核心技术受制于人、"卡脖子"问题突出。

"欲流之远者，必浚其泉源。"基础研究是科技创新的源头，决定着科技创新的活力和动力。

【典型案例】微软利用分布式创新法研发语音技术

如今，跨国公司已不仅跨地域协调产品生产，而且跨地域协调技术研发和建立平台，因此分布式创新就会在其中起到巨大的作用。微软的做法就颇具借鉴价值。

在微软启动语音技术项目时，位于美国华盛顿州雷德蒙德市（Redmond）的微软总部和北京微软亚洲研发中心共同分担主要功能的研发任务，选择北京的主要原因是其依托于清华和北大的人才库。在收购了诺基亚的移动端业务之后，微软已经具备与苹果IOS系统以及谷歌安卓系统竞争的能力，语音技术的领先优势在其中起到举足轻重的作用。

微软的北京研发中心不仅针对中国市场的需求也针对全球市场，在语音技术、用户界面设计和手机操作系统等方面均处于主导地位。

【典型案例】苹果利用分布式创新，重新定义手机

严格来讲，不是苹果，更不是乔布斯开创了"智能手机"的品类。早在第一款iPhone问世之前，诺基亚、黑莓和Palm等公司已经开始出售智能手机，但所谓的"智能"只是能接发邮件、简单上网。第一款iPhone的市场好评和接受度主要有赖于其设计和用户界面的特殊性——用触摸屏替代了数字键，这使得iPhone成为一款漂亮、优雅的硬件艺术品。

苹果第一款用于2G网络的iPhone 3起到了夺人眼球的效果，而针对3G网络的iPhone 4在2008年则采用了完全不一样的开发模式，独立开发者可以通过苹果商店面向用户出售App。这样iPhone与以前的智能手机相比就有了本质的差别，不再依靠公司内部的研发而是建立了一个研发生态系统。如今苹果商店上架的App已逾百万款，这显然是无法单靠苹果公司的研发团队就能够完成的规模。当然，后来谷歌和微软也都复制了苹果的协作创新模式，依靠独立开发者为安卓和 Windows 手机开发 App。

苹果的硬件设计同样依赖协作创新模式。iPhone 5 的基带处理器和触摸屏处理器由高通提供，App 处理器由三星提供，触摸屏来自全球最大的面板玻璃制造商康宁公司……几乎所有的组件都由世界最顶级的技术合作商提供，组装由来自中国的富士康完成，它们共同组成了苹果的生态系统。

四、搭配创新法，好坏搭配创新不累

搭配创新法也叫做改良式的组合式创新，简言之，就是将已知的若干事物合并成一个新的事物，在这个过程中注意优劣搭配、高低搭配、男女搭配等配置优化，使其在产品性能和/或服务功能等方面发生变化，以产生出新的价值。

在实操中，搭配创新法的具体操作步骤如下：

第一步，拆分基本要素，把复杂的系统、事物、现象拆解为最小的创新单元；

第二步，对各创新单元进行分析对比，并结合自己的优势列举出各创新单元的优势、劣势、差异化特色等区别特征；

第三步，针对性组合，根据要解决的问题和实现的目标进行组合。组合并不是一件易事，需要结合掌握市场变化的规律和节奏，分析最新的信息。

搭配创新法的一个创新方式是俭约创新法，是指在产品、服务、生产流程和商业模式等方面创新时，力争实现投入的原材料最少、环境影响最小、以极低成本运作。迅速崛起的新兴市场，尤其是中国、印度，迫切需要这种搭配创新法的俭约创新的模式。

搭配创新法在管理中的一个应用就是人尽其才,每个人在某个方面都有别人无法取代的优势,好的管理者善于充分利用人才的优点,将其安排到最合适的岗位上。

我国清代有一位名叫杨时斋的将军,他深谙此道并将其应用于选才用人,使军中无废才:让聋子当侍者,让哑巴送密信,让瞎子伏地听,让瘸子守炮座。

搭配创新法的一个很好的改良创新,就是霍姆斯马车创新法①。创新不止是整体以及单独元素的创新,基于管理、组装、工艺和方法的创新,也是必不可少的。

【典型案例】搭配创新法卖辣椒

一个周末的上午,笔者去菜市场买菜,路过一个卖辣椒的菜摊,见到了搭配创新法实际应用的精彩一幕。

一个买主问:辣椒辣吗?卖辣椒的妇女用肯定的语气告诉他:颜色深的辣,浅的不辣!买主挑好付过钱,满意地走了。不一会儿,颜色浅的辣椒就所剩无几了。

又有个买主来了,问的还是那句话:辣椒辣吗?卖辣椒的妇女看了一眼自己的辣椒,随口答道:长的辣,短的不辣!果然,买主就按照她的分类标准开始挑起来。这轮结果是,长辣椒很快售罄。

看着剩下的都是深颜色的短辣椒,笔者心里想:这回看你还有什么说法?当又一个买主问"辣椒辣吗"的时候,卖辣椒的妇女信心十足地回答:"硬皮的辣,软皮的不辣!"

笔者暗暗佩服,可不是嘛,被太阳晒了半天,确实有很多辣椒因失

---

① 霍姆斯马车创新法,说的是上帝造了一架完美的马车,它的所有部件都能相互匹配且恰到好处,当马车的使用寿命终结时,它的车轮、车轴、车身、底盘……所有的部件同时解体报废,没有哪一个零件比其他的更脆弱或更耐久。

水变软了。卖辣椒的妇女卖完辣椒，临走时悄悄对笔者说：大兄弟，不管买辣的还是不辣的，我都不会让一个顾客跑掉。

智慧来自生活：这就是搭配创新法的经典案例，不断地制定搭配标准进行创新。

【典型案例】拼多多，搭配创新胜出的电商巨头

在先下手为强、巨头通吃的电商领域。

拼多多的逻辑就是搭配创新法，通过让大家拼单来获取流量，并差异性地主做三、四线城市以及广大农村的生意。在此过程中，拼多多除了以搭配创新法作为主干创新逻辑之外，还有以下创新：

寻找方向：打破现有市场空间的禁锢（方向创新）。

边缘切入：低线市场匹配低端供应链（市场创新）。

连接再造：从货为中心到人为中心（模式创新）。

普惠价值：同时追求高质量和低价格（价值创造的创新）。

由此可以看出，拼多多其实是重新对市场的供需关系做了评估，最终决定以从低端市场切入的方式进入市场，并以搭配创新法作为主干逻辑不断地进行创新。这正是拼多多实现快速增长的根本原因。

五、层次创新法，重组创新元素的颗粒度

"道生一，一生二，二生三，三生万物。"

创新必须有系统的分层次的方法，不能全靠随机的"灵感"，不然想不出来是不是就不做了？开始创新前必须确定自己对要创新的领域有足够的了解，即了解这个领域的基本原理、流程、问题等。

在具体的实践过程中，层次创新法的步骤可以分为三步，就是拆解、拆分和排列组合。

第一步，拆解。拆解是厘清脉络，找到分类的方法，或者说找到正确的问题。

第二步，拆分。是按拆解后的元素进行分类，并进一步细化颗粒度，主要是细化解决问题的多种可行方案。

第三步，排列组合。排列组合则是把解决方案"颗粒"重新整合成整体，甚至可以用其他物种的"颗粒"来组合，直至找到最适合的解决方案。

对于科技创新而言，从面向世界科技前沿、面向国家重大需求、面向经济主战场的"三个面向"出发，一般分为以下三个层次：

第一个层次，是面向世界科技前沿、探索技术空白点的基础研究。

有些具有前瞻性的研究，在一定时间内不一定能马上转化为可用的产品或者商品，或者有一些可能永远也不能转化，比如对暗物质、黑洞的研究，对宇宙起源的认识等。研究这些东西有什么用？也有一些在当下看不到更好的前景，但是在未来有广阔市场的东西，像电磁场、X光的发现。谁能想到电磁场的发现会在今天应用到几乎人手一部的手机呢？X光的发现能用于人类的健康诊断，并且CT（电子计算机断层扫描）已经做到256层，甚至更高呢？一些学术前沿上的重大探索，尽管当时不能明确看到应用的效果，或者直接的前景，但是却有潜在的前景和能解决科学认知的问题。这些研究同样是非常重要的，它是在探索研究无人区，需要十年二十年磨一剑，甚至一生磨一剑的决心和毅力。

第二个层次，是面向国家重大需求，提高自主创新能力。

面向国家重大需求，就是把国家重大战略需求放在首位，使科技创新与国家的发展、民族的需要、人民的利益同向同行，提高自主知识产权比重，在战略必争领域抢占科技制高点，为国家的繁荣富强提供战略支撑力量、提供充盈的底气。在当前新一轮科技和产业革命浪潮中，我国正在高铁、航天探测、航空发动机、量子通信、智能制造和机器人、深空深海探测、重点新材料、脑科学、生命健康等领域，开辟新的产业发展方向和重点领域，培育新的经济增长点，来凝练基础研究、应用基础研究，使之转化到整个生产技术、创新链条，通过产学研用等多方合作把它打通、实现、落地。

第三个层次，是面向经济主战场，解决人们美好生活、满足多元化的需求。

这个层次的技术特别多，比如汽车的发展、手机的发展、化妆品的发展，日用品当中的一些新的发明和创造不断地改善我们的生活。

层次创新法的一种变形就是渐进创新法，也叫做布勃卡①创新法，就是通过策略性的布局手段实现渐次创新、梯度创新，从而能保证持续创新。

苹果公司虽然声称以"Think different（非同凡想）""Switch（变革）"等为口号，一直坚持创新，但其每年推出的新产品，大部分都会有一个主打的创新点的层次式创新，如：iPhone 5s 的"超前空前"、iPhone 5c 的"生来多彩"、iPad air 的"轻出分量"、iPad mini 2 的"小有乾坤"……近10年来，这一技巧逐渐成了各手机厂家和电子产品厂家扩大产品销量的惯用手段之一。

【典型案例】沃尔沃利用层次创新法对知识产权进行管理

作为一家拥有近百年历史的公司，直到 2014 年之前，沃尔沃都还没有建立完善的集团知识产权战略规划，传统的专利申请和维护构成了知识产权部门的主要工作。

---

① 谢尔盖·布勃卡，苏联著名撑杆跳运动员，曾 35 次刷新撑杆跳室内、室外世界纪录。他一次又一次地创造世界纪录，而且几乎每次都只是策略性将成绩提高 1 厘米。此举一定程度上是为了从赞助商那里不断得到不菲的奖金，同时也给了体育迷们不断的期待。

2014年，沃尔沃聘请了瑞典的一家知识产权咨询机构Konsert公司来帮助自己制定集团的知识产权战略，协助公司的战略升级。

Konsert公司对沃尔沃的知识产权战略规划主要分为以下几个层次：

——知识产权要与企业整体战略协同，以商业目的为驱动来增加收入或降低成本；

——知识产权要形成多部门协调驱动，最终目的是增强企业竞争力和赢利能力；

——知识产权要为高层形成决策通道，搭建自上而下的优先决策与自下而上的计划；

——知识产权要与商业回报形成循环，根据商业回报确定资产组合情况及财务效果；

——知识产权要构建成集成业务平台，吸引关键业务和决策者纳入知识产权因素；

——知识产权要变被动等待为主动出击，将等待发明和评估变为主动开发资产组合。

第一步，拆解、拆分，让相关部门认识到知识产权战略对企业的重要性，并制定可行性方案。

"我们为什么每年只申请200件专利，而不是400件、800件或100件？为什么200件对于我们企业来说是一个合理的数字？""是否提起新的专利申请一般由专利委员会来决定，申请数量目标是按照预算而不是预期的业务贡献来制定的。没有人负责知识产权的商业应用，知识产权申请大都已与其他业务脱节。"

这是沃尔沃在2014年开始做知识产权战略时，遇到的一些问题。它反映出的则是沃尔沃知识产权部门在传统专利申请业务之外，因为缺乏与集团商业发展的契合，导致了知识产权工作陷入了"只顾低头走路，却忘抬头看路"的循环之中。

第二步，排列组合，对企业的知识产权集团化管理和 IP 业务架构重构。

沃尔沃建立了一个跨职能的督导团队并按时举行例会，主要是由整个集团的高级副总裁级人士组成。督导团队决定建立新的体制，将知识产权战略、知识产权开发和应用等责任整合到沃尔沃集团知识产权部（VGIP）中。

随着沃尔沃集团知识产权部（VGIP）的成立，公司其他部门的知识产权资源也因此被重新分配给 VGIP。VGIP 接着建立了新的知识产权战略和资产组合分支，并由新的团队总监挂帅。

产品规划部门还设立了一个管理和规划角色为知识产权业务提供协助；该角色了解企业的各种战略，以将它们整合到产品系统路线图中。在操作层面，还设立了一个类似的管理和规划角色，为特定知识产权规划与决策提供协助。

沃尔沃通过一系列的层次性的知识产权战略制定，并结合企业组织架构调整，最大限度地挖掘了知识产权的价值所在。

【典型案例】 德国 EOS 公司利用层次递进创新法对产品进行创新

德国 EOS 公司开发的 DMLS 技术（3D 打印技术中的一种）是全球金属增材制造行业最领先的技术之一。自 1995 年开始商业化以来，这项应用作为最常用的一种快速模具方法大幅缩短了产品开发过程。

EOSINT M 系列是 EOS 公司针对于金属烧结工艺专门开发的系列产品，从 1998 年至今前后共开发了五代产品，每一次产品换代都能实现增加特定功能的目的，售价也都成梯度地有序提高，可以说是应用层次递进创新法的典范。

第一代产品 EOSINT M250 的工作原理是在基体金属中混入低熔点金属粉末的选择性激光烧结（SLS），通过烧结过程使低熔点金属向基体金属粉末中渗透来增大粉末间隙，产生尺寸膨胀来抵消烧结收缩，使最终收缩率为零，对材料有特定的要求。

第二代的升级产品 EOSINT M250Xtend 逐渐开发了 SLM 工艺（激光烧结熔融），与 SLS 工艺的区别是直接用激光来将颗粒熔化成型，所以无须渗透金属原件。

第三代的 EOSINT M270 系列采用精准的光学系统 F-theta-lens，通过该光学系统能够保证成型模型的表面光滑度和准确度，能够减小纯金属粉末直接激光烧结时产生的孔洞，成为航空航天、机械模具、医疗、汽车、消费品、电子等行业低碳先进快速制造主流设备。

第四代的 EOSINT M280 系列采用 DMLS 技术（Direct Metal Laser-Sintering）进行金属件制作，对材料的要求降低，大大扩展了应用范围，能够用来加工贵重金属、金属件牙齿、口腔修复体等需要较高表面精细度的成型件。

第五代的 EOSINT M 290 系列是 M 280 系列的升级版本，能够更快速、更灵活、更降低成本地从 CAD 数据直接生产金属零件，并定位于一个专门为工业生产设计的更直观的用户界面、更智能的软件、开放及标准化的参数设置、升级的气体循环过滤系统。

六、七何创新法，创新灵感是问出来的

我国著名教育家陶行知，曾写过一首名为《5W2H法》的小诗：
　　我有几位好朋友，曾把万事指导我。
　　你若想问其姓名，名字不同都姓何。
　　何事何故何人何时何地何去，好像弟弟和哥哥。
　　还有一个西洋派，姓名颠倒叫几何。

若向七贤常请教，即使笨人不会错。

1. 七何创新法的定义

七何创新法又叫做"5W2H"分析法，广泛用于企业管理和技术创新活动，对于决策和执行性的活动措施也非常有帮助，并有助于弥补考虑问题的疏漏。

"世间多少好答案，在苦等一个好问题。"

对于创新者而言，提出疑问对于发现问题和解决问题是极其重要的。在发明和设计中，对问题不敏感、看不出毛病是与平时不善于提问有密切关系的。对一个问题追根究底，才有可能发现新的知识和新的疑问。所以从根本上说，要想创新，首先要学会提问、善于提问。

创新力强的人，都具有善于提问题的能力。提出一个好的问题，就意味着问题解决了一半。提问题的技巧高，可以发挥人的想象力。

单次发问，能够帮助解决问题，但是可能治标不治本；多次发问、持续系统发问，追根溯源，才有助于找到根本原因，治标又治本。

2. 七何创新法的特点

七何创新法在技术发明、会议讨论、群体策划等创新性活动中被广泛使用。在实际使用过程中，它具有以下特点和优劣势：

（1）七何创新法简单、方便、易于理解、便于使用，对于项目决策和执行性的活动措施非常有帮助，也有助于弥补考虑问题过程中的疏漏。

（2）七何创新法是一种调查研究和思考问题的好方法，它能让人系统、深入地进行质问，以发掘出问题的真正根源所在并可能创造改善途径。

（3）七何创新法并不太适用于过于复杂的创新，也不利于从整体上全面展开分析，在实际应用过程中因为缺少数据支持，会更多地依赖于创新者的经验。

3. 七何创新法的操作技巧

创新者在设计新产品时,常常会提出:为什么(Why);做什么(What);何人做(Who);何时(When);何地(Where);如何(How);多少(How much)。这就构成了 5W2H 法的总框架。如果提问题中常有"假如……""如果……""是否……"这样的虚构,就是一种设问,设问需要更高的想象力。

图 6-3 七何创新法的七个出发点

扩展开来,即可对问题从七个方面进行设问(图 6-3):

(1)改进、创新或发明对象是什么?(What)

(2)为什么需要改进、创新或发明?(Why)

(3)本次改进、创新或发明从什么地方入手?针对哪儿的市场需求?(Where)

(4)谁来承担任务?谁当负责人?创新产品面对怎样的群体去开发?(Who)

(5)何时完成阶段性任务?何时完成整体任务?(When)

（6）怎样验证可行性？怎样具体实施？怎样商业化实施？(How to)

（7）结果要达到怎样的水平？投入产出比如何？质量水平如何？产业化程度如何？市场化程度如何？(How much)

4. 七何创新法的注意事项

需要注意的是，七何创新法在实操过程中需要逐渐克服两大关键问题：一是怕提问多，被别人看成什么也不懂的傻瓜；二是随着年龄和知识的增长，被知识、经验和阅历束缚了手脚，提问欲望渐渐淡薄。

究其原因，大概率是因为大部分人害怕如果提问得不到答复和鼓励，反而遭人讥讽，结果在人的潜意识中就形成了这种看法：好提问、好挑毛病的人是扰乱别人的讨厌鬼，最好不看、不闻、不问，但是这恰恰阻碍了人的创造性的发挥。

另外，七何创新法在实操过程中的一个变体是，除了多问几个"为什么"之外，还要多问几个深入思考后的"为什么不"。

【典型案例】丰田汽车的"五问创新法"

丰田佐吉是日本著名的发明家，也是丰田汽车的创始人丰田喜一郎的父亲，他最早提出了"五问创新法"。随后，丰田汽车将这种方法发挥得淋漓尽致，扩展到了丰田的很多系统论中，比如持续改善法、精益生产法等，并在此基础上发展出了丰田综合生产管理系统TPS（Toyota Production System）。

作为具体执行者之一，丰田生产系统的总设计师大野耐一曾将"五问创新法"描述为"……五问创新法是丰田科学方法的基础……重复五次，问题的本质及其解决办法随即显而易见。"

丰田汽车应用"五问创新法"的一个著名案例，是通过其迅速找出了生产线主机停机的真正原因。

1问：为什么机器停了？答案1：因为机器超载，保险丝烧断了。

2问：为什么机器会超载？答案2：因为轴承的润滑不足。

3问：为什么轴承会润滑不足？答案3：因为润滑泵失灵了。

4问：为什么润滑泵会失灵？答案4：因为它的轮轴耗损了。

5问：为什么润滑泵的轮轴会耗损？答案5：因为杂质跑到里面去了。

针对答案5的解决办法很简单，就是在润滑泵上加装滤网。

试想一下，如果当初只问了一个"为什么"，很可能在场的相关员工只是换根保险丝了事，但是真正的问题还是没有得到解决。不久之后这个问题可能还会再次出现，影响生产。直到第五个为什么，才找到了本质原因，也从根源上解决了问题。

【典型案例】多次发问发现解决问题如此简单

华盛顿广场上的杰斐逊纪念馆大厦是为纪念美国第三任总统托马斯·杰斐逊而建的，1938年在罗斯福主持下开工，至1943年落成。年深日久，这座白色大理石圆顶建筑的表面变得斑驳，后来竟然出现裂痕。市政部门虽然采取了很多措施，但仍无法解决。

后来专家采用了七何创新法，经过调查发现：冲刷墙壁所用的清洁剂对建筑物有酸蚀作用，而该大厦墙壁每日被冲洗的次数大大多于其他建筑，因此受酸蚀损害严重。

为什么要每天冲洗大厦的墙壁呢？因为大厦的墙壁每天被大量鸟粪弄脏。

为什么这栋大厦有那么多鸟粪？因为大厦周围聚集了特别多的燕子。

为什么燕子要聚在大厦的墙壁上？因为大厦的墙壁上有很多燕子爱吃的蜘蛛。

为什么唯独这栋大厦的蜘蛛多？因为这里有很多蜘蛛爱吃的飞虫。

> 为什么唯独这栋大厦的飞虫多？因为飞虫在这里繁殖得特别快。
>
> 为什么飞虫在这栋大厦繁殖快？因为这里的尘埃最适宜飞虫繁殖。
>
> 为什么这里的尘埃最适宜飞虫繁殖？这里的尘埃本无特别，只是配合了从窗子照射进来的过于充足的阳光，形成了特别适宜飞虫繁殖的温床。于是大量飞虫聚集在此，以超常的速度繁殖，于是给蜘蛛提供了大量的美餐，于是燕子飞来了，谁也无法阻止燕子排泄……
>
> 最终，解决问题的方法非常简单：拉上大厦内部的窗帘，挡住过分充足的阳光。

七、约束创新法，将限制转化为优势

个人、团队和组织都将受益于一定的、合理的约束，只有当约束过于严苛时，才会扼杀创造力和创新。如果说创新是一只翱翔的风筝，规则就是那条线，没有线的约束，风筝就会栽跟头，且不会飞得高。

毫无约束的创新，反而更难进行，最主要的原因是你根本不知道从何着手！

1. 约束创新法的定义

约束创新法，也叫做限制性创新法，是指创新管理者通过强加一些合理的、弹性的约束性和限制性的条件，来让创新团队在创新过程中更有针对性，这些约束不是对创新的束缚，而是防止创新团队思维像脱缰的野马一样不受控制。

约束创新法，就是添加适当的约束条件，将创新工作重点聚焦在更狭窄但是更明确的前进道路上，反而有助于提高创新效率。当创新过程未受到约束时，人们就会产生自满情绪，遵循心理学家所说的"最小阻力路径"——他们会选择头脑中最直觉的想法，而不是致力于开发更好的方法。相反，合理约束让工作重点明确，带来确定性的创造性挑战，激励人们寻找不同来源的信息并将其互相关联，从而产生开发新产品、服务项目或业务流程的新想法新思路。

"小鸟"加林查，是巴西足球历史上一个不可复制的天才，他的两条腿不一样长，结果限制反而变成了他的优势：他的带球天生就有欺骗性，让防守他的人难以捉摸；谷歌（Google）创始人拉里·佩奇的编码能力有限，所以网站的界面很简洁，这反而成了谷歌的优势；推特（Twitter）将发表字数限制在140个以内，反而促进了它的推广，同时也提高了用户的效率；篮球比赛将进攻时间限制在24秒之内，增强了观赏性，让这项运动更加充满了活力。

2. 约束创新法的常见形式

约束创新法经常采用的主动性约束主要包括三种形式：

第一种，是成本约束，如时间、人力资本、资金和可用材料等资源。

第二种，是强制执行特定流程，如为创新路径定义为实现同样功能的专利规避、工艺、方法等限制。

第三种，设置产品或服务规范的特定的功能要求，如乔布斯在苹果电脑Apple II 开发初期就约束为不能用风扇散热，奥迪 R10 TDI 赛车要求必须在无法跑得更快的情况下赢得比赛。

扩展开来，在对创新者施加约束时，一般可以但是不局限于施加如下约束，有时反而有利于创新成果的产出：

（1）解决方案的成本要尽可能少；

（2）必须在限定的时间内完成；

（3）必须在现有技术背景下达成既定目标；

（4）必须不能是纯技术性的创新；

（5）必须不能涉及他人的信仰和道德底线；

（6）必须让事情的执行简单化；

（7）必须包含某个特定的主题……

3. 约束创新法的实操

约束创新法在具体操作时，首先需要转变思维，将约束变为机会，变不可能为可能；其次选择什么样的约束条件，需要根据问题的不同而有所区别。

表6-1 约束创新法的思维转化

约束条件	转变思维后
我们办不到，因为……限制	如果……，我们就能
我们办不到，因为材料成本限制	如果换一种工艺，我们就能使用更便宜的材料
我们办不到，因为没时间培训员工	如果提供入职前实习计划，我们就能令人员储备更多
我们没法承接该订单，因为资金不够	如果拿订单去融资，我们就能令公司快速发展
我们的游戏玩家流失很多，因为没法缩短游戏载入时间	如果利用游戏载入的时间教给玩家一些技巧，提供一些对玩家有用的信息，我们就能更好地留住玩家
我们的飞机乘客很少，因为没法降低飞机票价	如果飞机上不提供餐饮，我们就能提供较低的飞机票价，乘客就会多起来

另外，在实操中还需要协调开放和约束之间的平衡。

谷歌公司很好地达到了协调开放和约束之间的这种平衡。一方面，公司让员工有足够的自由开展他们想要进行的创新项目，比如允许员工有20%的自由创新时间；另一方面，公司又将"创新热爱约束"作为指导创新工作的主要原则之一。

谷歌采取的约束条件包括：为原型开发设立严格期限，产品在不同设备上的可用性，以及对下载文件的大小或下载所需时间方面的性能要求极高。

> **【典型案例】苹果电脑打破电源风扇限制**
>
> 出于对细节的极致苛求,苹果公司的创始人乔布斯一直以来都想制造出一台在使用过程中能够提供安静程度最大化的计算机,从而令用户的思绪不会被扰人的风扇噪声打断。于是在苹果早年的计算机 Apple Ⅱ 上,乔布斯在设计之初就遍访高人,其中一个就是曾经的上司,依然在雅达利公司工作的奥尔康,以求能够令电脑在不采用风扇的情况下供电的方法。奥尔康向乔布斯介绍了罗德·霍尔特。霍尔特设计了 Apple Ⅱ 的电源部分。
>
> Apple Ⅱ 并没有使用传统的线性电源,而是制造了一个示波器等仪器上使用的开关电源。这种电源设计是革命性的发明,电源通断电的次数能够从普通产品的 60 次提高到上千次,从而降低了 Apple Ⅱ 电源的发热量。可以说,正是乔布斯对发明团队提出的无风扇电源约束性创新要求,才使该创新产品得以出现。

八、"专精特新"创新法,让企业成为"隐形冠军"

"隐形冠军"泛指那些在专业化、精细化、特色化、创新化的"专精特新"[①]细分市场占有领先地位,但公众知名度不高"大隐隐于市"的中小型企业,他们更多的是强调产品的深度而不是广度。

往通俗里讲,"隐形冠军",就是圈一块地,春种夏耘,秋收冬藏,脚踏实地,不逐世俗。

---

① 专精特新是指具有"专业化、精细化、特色化、新颖化"特征的工业中小企业。

森海塞尔耳机、贺利氏贵金属、克林贝格齿轮、卡赫清洁、Volocopter 电动直升机、双立人刀具、恒力集团……和世界500强相比，这些企业看起来虽然规模不大，年销售额也不是很高，但在细分市场的地位却不可撼动，甚至有些企业在全球市场的份额超过了90%。

这些"隐形冠军"是如何修炼的？其成功之道又是什么？它们之间有没有共同之处？这些成功企业都普遍具备三个基本特征：专注、专业、创新，以聚焦战略为核心，以技术创新为驱动，以品牌创新为目标，最终在细分市场成就行业龙头地位。

1. 专注于某一细分市场，实施聚焦战略

在发展过程中成长、扩张、做大做强，这是大多数企业选择增长型战略的根本动力。通过投资、兼并、收购实施多元化战略，通过扩大现有业务或产品的市场占有率实施增长战略，通过产品创新或业务模式创新实施蓝海战略等，这些战略措施都可能使企业取得规模上的成功。

与之相反，隐形冠军们则更多的是能克服多元化战略的眼前诱惑，集中精力深耕某一细分市场和小众领域，锚定主业重视工匠精神，实施聚焦战略，最后成为行业龙头，从而拥有一定意义上绝对领先的行业话语权。

德国双立人（ZWILLING）公司于1731年6月成立，这家专注于刀具的公司为世人提供了厨房刀具、西餐具、剪刀、便携式小军刀等两千多种刀具产品，并成为德国历史最悠久的商标之一。从刀体至刀柄，双立人都追求尽善尽美，所有刀具的工序必须多达40道以上，以追求刀刃持久锋利与人体工程学的完美结合。通过多年来在钢材、冷锻加工工艺、SCT 生产标准工艺、MagnaDur 涂层技术等方面的专利技术创新，双立人日复一日地追求高质量，并通过遵循国际 ISO 9001 标准建立起来的完整质量管理体系为整个生产过程提供了可靠的保证。

2. 专注于掌握核心技术，以技术支撑企业发展

无论是《财富》世界500强还是中国企业500强，都是按销售收入进行排名，大多数企业都以能进入500强为目标。但就企业本质而言，赢利才是王道，有些"隐形冠军"虽然规模可能不是很大，但却是所在行业的翘楚，具有超强的市场话语权，甚至具有很高的赢利能力。而这些企业的赢利能力主要源于：舍得在技术创新方面持续进行投入，拥有自己的核心专利技术，往往是所在细分行业和领域的技术标准制定者。

有研究发现，隐形冠军企业的研发支出占比是普通公司的2倍，专利产出是普通公司的5倍以上。比如，西门子是全球所有大公司中人均拥有专利数最高的公司，大约每百名员工拥有10项专利。而顶级的隐形冠军公司每百名员工拥有30—35项专利，是西门子的3—5倍！而且产品创新不是隐形冠军公司唯一的创新点，另外一个很重要的因素是流程的创新和服务的创新。

成立于1945年专注于做螺丝的德国伍尔特（Wurth）公司，是全球装配和紧固件销售额最高的"隐形冠军"，公司的创始人莱恩·伍尔特被称为"螺丝大王"。他有个很小的发明：在建筑业要用到大量的螺丝和螺丝刀，但是要找到大小正好合适的很费时。他们做的创新，就是在同等规模的螺丝和螺丝刀上贴个同样颜色的小标签。这虽然不是高技术的东西，对顾客的价值却非常大，是基于客户需求的持续不断地改进创新。

3. 专注于精心进行品牌建设，专心服务好超级客户

美国营销专家拉里·莱特说："拥有市场比拥有工厂更为重要，而拥有市场的唯一手段是拥有占统治地位的品牌。"

事实上，品牌是企业与消费者接触的第一个层面，成功的企业都是运用所有市场要素来构建品牌，并使之获得成功。"隐形冠军"企业恰恰是在细分领域里拥有强势品牌并充分占领客户和消费者心智的佼佼者，他们不仅仅关

心有多少用户，更关心用超级用户思维①可以服务好多少超级客户，从而让这些超级客户满意、放心、复购甚至以使用自己的产品而自豪。

玛氏公司（MARS），一个由家庭手工作坊成长为全球糖果领域隐形冠军的百年企业，被誉为"食品界的宝洁"，坚持不上市，也很少接受媒体采访，其总部只是一座能容纳80人的两层小楼，门口除了一块写着"私人房产"的牌子外，没有任何标识。但是旗下却拥有德芙、士力架与益达等一众行业巨头，涵盖德芙、士力架、M&M's、彩虹糖、脆香米、麦提莎、绿箭、益达、大大泡泡糖、真知棒、伟嘉等耳熟能详的品牌。

令人感到惊奇的是，玛氏公司的机器大概80%由自己生产。为什么要自己生产机器？他们认为：哪怕你把自己定位为一个终端消费产品的制造商，也可以沿着自己的价值链往深走一两步。虽然付出了代价，但是它能在终端产品价值上给你带来别人所不具备的独一无二的价值，并且别人模仿不了！

"隐形冠军"企业们认为：卓越的品质，要求他们在产品加工制造方面有特殊的造诣、深度和专注度。所以，他们自己做所有能够做的事情。

这给我们以更深层次的启发：这些"隐形冠军"的所有独创性的东西，大部分都必须依靠自己内部的力量来完成；他们不相信战略联盟，也不热衷于业务外包，他们坚信：真正的竞争优势就在于有些事情只有自己才做得了。

【典型案例】晨光生物成为辣椒红色素的隐形冠军

晨光生物科技集团股份有限公司（简称"晨光生物"）在植物提取行业开发出创新性的多种系列产品。该公司成立于2000年，2010年在深交所上市，2019年的营业收入达到32.65亿元；2020年逆势增长，达到39.12亿元。该公司利用国内农产品原料优势，依靠企业内部人员的的勤奋努力、科技创新、诚信规范、专注执着，以及个人与企业共同发

---

① 超级用户思维，就是服务好已有用户，维护好老客户，创造持续复购的黏性服务。

展的理念，仅用 10 来年时间就把辣椒红色素这一产品做到世界市场第一，扭转了中国出口辣椒原料、进口辣椒红色素的状况。

晨光生物的大多数产品属于原始创新，如天然色素产品（辣椒红、姜黄色素、叶黄色素等）、天然香辛料提取物和精油、天然营养及药用提取物、油脂和蛋白等，且用途非常广泛。为开拓新产品市场，晨光生物设立企业研发中心，形成融研发、检测、成果转化为一体的技术创新系统。该公司从以市场为导向的"小试+中试+一级放大+二级放大+工业化生产"模式进行技术研发，让研发人员深入市场，根据市场反馈的各项信息研发前沿产品。由于不断进行产品开拓性创新，晨光生物不仅是全球重要的天然植物提取物生产供应商，同时也是国家高新技术企业和国家技术创新示范企业。

九、连接创新法，让万物互联互通

1. 连接创新法的定义

连接创新法，也叫做互联互通创新法，就是通过创新赋予万物互联互通的机会，打破行业中的固有壁垒，旨在使万物协同发展。

1994 年乔布斯在接受《连线》杂志采访时说：创造就是把东西连起来，如果你问有创造力的人是怎么做出东西来的，他们会有一点负罪感，因为他们并没有真正"做"东西，他们只是能"看到"东西。

2. 连接是技术创新和产业创新的加速器

正如布莱恩·阿瑟在《技术的本质》一书中所述："技术发明是一个联通的时刻，是在问题与能够解决问题的原理之间完全的连接。"

技术创新的核心更多的时候在于发现而不是创造，即通过合适的可行性解决方案及看见合适的工作原理，将问题和解决方式连接起来，想象某些组合构成后会发生什么现象，并进行验证确认后实施推广。对于技术创新者来讲，创新了一个事物，总是让人冥冥之中觉得这是造物主玉汝于成，各个创新点之间的连接是那么理所应当、非他莫属，解决问题的过程中只需要去正当性、合理性、简洁性地将这些"启示"进行组合和连接就可以了。

如果将产业创新看成一个网络，那么在这个网络中，每个技术创新点都可定义为一个节点，每个节点和其他节点相连，当有一些节点已经过时时，就会从活跃技术体系和产业创新体系中消失；但有一些节点是蓄势待发的，就会迅速产生出进一步的创新元素；有些节点是未来趋势，那就做时间的朋友慢慢等待。社会需求以及经济发展决定了调节这些节点的连接关系，所有的技术发展也可以看成一个动态网络的节点互相之间的连接。经济是调节这些连接的一些约束条件，如生产成本等，而人类正是这些技术发生发展最重要的中间媒介。

2. 连接创新法的三个维度

第一个维度是空间的维度。

小到一个企业内部的各个环节要互联互通；企业和企业之间也是需要互联互通的；空间再大一点，产业和产业之间也要互联互通；空间更大一点，地区之间、省市之间也是要互联互通的；从全球范围来看，国与国之间更是需要互联互通。

从一定程度上讲，人类历史的发展进程就是不断追寻互联互通的历史进程。汉代张骞出使西域，成就了我们今天家喻户晓的"丝绸之路"；明代郑和七次下西洋，客观上也成就了"海上丝绸之路"的发展之路；15 世纪哥伦布向西航行"意外"发现了美洲新大陆，为今天全球互联互通连成一体做出了巨大贡献。发展到今天，全球修建了一百多万公里的铁路，几千万公里的公路，成千上万个航空港，遍布全球的港口，乃至利用信息技术构建的无处不在的互联网等，其最终目的就是一个：追求人类的互联互通。

被誉为"科技界的达尔文"的史蒂文·约翰逊在其《伟大创意的诞生》中给出一个数据：如果一座城市比另一座大 9 倍，那么这座城市的创新能量则不是高出 9 倍，而是要高出 16 倍；而如果一座国际大都市的规模是一个小镇的 50 倍时，它的创新能量则约是小镇的 130 倍。为什么？因为连接成指数级地放大了创新！

第二个维度就是功能维度。

互联互通不仅仅是基础设施的互联互通，更是物流和经济乃至思想的互联互通。从社会经济发展的角度看，互联互通至少有这六个功能领域：

（1）互联互通表现在各国经济的全球性。如果没有互联互通，全球化的生产和全球化的产业是不可能实现的。以汽车产业为例，无论是在中国，还是在美国、德国、日本生产一辆车，其原材料和零部件都来自几个国家甚至十几个国家。

（2）互联互通表现在全球贸易的便利性。清政府所采取的闭关锁国政策严重阻碍了自身和全球第一次科技革命的接轨。在鸦片战争之后的一百多年里，特别是改革开放以后，中国对外贸易迅速发展，2021 年中国外贸额首次突破了 38 万亿元人民币。全球也是如此，尽管贸易摩擦和贸易争端不断，但在摩擦和竞争的过程中，全球贸易也得到了长足的发展。其中一个原因就是互联互通推动了贸易的便利化，让全球的贸易发展得更好。

（3）互联互通表现在全球金融体系的协同性。尽管今天互联互通的全球金融治理体系还有待进一步完善，但在互联互通发展基础之上的全球金融对话机制与协调机制也已经开始形成，在协调的过程中使彼此之间经济与贸易流动更加通畅。

（4）互联互通表现在全球投资的高效性。互联互通克服了投资盲目性，反过来能够提高全球投资的有效性，彼此之间是可参考可衔接的，进而实现了投资利益多元化和价值最大化。

（5）互联互通表现在人文交流的常态性。没有便利的交通网，人员流动不起来；没有互联网，文化流动也很困难。有了互联互通，文化、人文之间就能便利地交流起来，而且能够成为常态性的一种交流。

（6）互联互通表现在科技创新的融合性。在互联互通的前提下，科技创新是全球共同的行为，科技创新的成果也为全球所共享。

第三个维度就是水平维度。

互联互通由最初对全球资源的整合，发展到在整合基础之上实现空间与功能层面的优化，再在优化的基础上实现空间与功能层面的协同。随着协同的空间与功能领域不断扩大、延伸，必然又会推动全球互联互通由传统的修铁路、公路发展到通过互联网技术、人工智能、云计算、元宇宙以及大数据技术等现代科学技术的应用，使得互联互通更加智能、更加智慧。整合、优化、协同、智能、智慧不仅反映了全球互联互通发展的程度与水平，也是互联互通必不可少的组成部分与发展内涵。

【典型案例】基于连接的创新——区块链

2008年11月1日，一个自称中本聪（Satoshi Nakamoto）的人发表了《比特币：一种点对点的电子现金系统》一文，阐述了基于P2P网络技术、加密技术、时间戳技术、区块链技术等的电子现金系统的构架理念，这标志着比特币的诞生。两个月后，该理论步入实践，2009年1月3日第一个序号为0的创世区块诞生。几天后，2009年1月9日出现序号为1的区块，并与序号为0的创世区块相连接形成了链，标志着区块链的诞生。

什么是区块链？从科技层面来看，区块链涉及数学、密码学、互联网和计算机编程等很多科学技术问题。从应用层面来看，区块链是一个分布式的共享账本和数据库，具有去中心化、不可篡改、全程留痕、可以追溯、集体维护、公开透明等特点。这些特点保证了区块链的"诚实"

与"透明",为区块链创造信任奠定基础。而区块链丰富的应用场景,基本上都基于区块链能够解决信息不对称问题,实现多个主体之间的协作信任与一致行动。

区块链去中心化、不可篡改的特性被广泛应用到了多个领域中,比如金融领域、数字版权领域、公共服务领域、物联网领域、物流领域、保险领域等,并进行了各种场景适应性的创新。

第 7 章

专利创新魔方,专利不止于保护创新

第7章 专利创新魔方，专利不止于保护创新

习近平总书记在主持中央政治局第二十五次集体学习时指出："创新是引领发展的第一动力，保护知识产权就是保护创新。"

知识产权能够为创新活动进行产权界定并提供激励机制，为创新产业进行资源配置并提供市场交易机制，为创新成果进行产权保护并提供市场规范机制。

美国早在1790年就颁布了《专利法》。正是在成功实施专利制度对创新的促进作用下，美国不但涌现了像爱迪生、特斯拉、乔布斯、马斯克等天才发明家和创新者，也使一个仅有200余年历史的年轻国家发展成了当今世界上拥有最先进的技术和最强经济实力的国家。

专利可以在20世纪初为爱迪生带来每年1万美金的收益；可以为已经破产的拥有131年历史的柯达公司带来比其业务本身高出5倍的估值；诺基亚的手机业务虽然打包卖了，但是光凭手中的3万多件专利，每年还能营收上百亿美元；专利还能让高通公司甘于放弃手机实体业务，专注于做专利技术的开发和许可授权业务来获取更大的利润。

知识产权尤其是专利，用法律给予的垄断肯定人脑创新的价值，并将创新成果进行合法合理的保护，以激励人们不断创新。

知识产权尤其是专利，还能在一定程度上帮助创新者成功跨越"创新死亡谷"，帮助创新者渡过"达尔文之海"。

知识产权尤其是专利，能够在企业遭遇发展困境之时，凭借手中的专利"弹药库"开启佛系生活，择机寻求凤凰涅槃的机会。

专利权是"发明创新之父"，需求是"发明创新之母"。如果能利用专利

的特点将创意连接起来，就能让"创新之母"和"创新之父"共同孕育出更大更多的创新发明。

一、专利信息创新法，一座隐形的创新宝藏

1. 专利信息创新法的定义

专利信息创新法，就是利用专利公开的信息进行技术检索后，进而试图实现技术创新或技术突破的一种创新方法。

"用技术信息公开换取法律保护，是专利的一个根本特点。"截至2022年2月，全球涉及126个国家/地区的专利数量已经超过1.6亿件，并以每年200万件以上的速度逐年递增。这些海量的数据中包含着丰富的技术信息、法律信息、经济信息和竞争情报，且格式统一、规范、标准化、信息公开完整、方案切实可行，是一座巨大的也利于开采的"创新情报金矿"。另据世界知识产权组织统计，世界上每年发明成果的95%左右首先在专利文献中公开。

如果对这些数据进行采集、处理、管理并整理成对企业经营决策具有参考价值的资讯，将对创新过程起到重大作用。另据世界知识产权组织统计，某些行业或领域如若能在研发过程中利用好专利信息，可有效缩短60%的研发周期并节约40%的研发费用。

因此，对于技术创新，尤其是对于处于技术追赶期的企业等创新主体而言，专利信息利用对于技术创新的重要性不言而喻。

技术创新中利用专利信息创新法获得巨大收益的例子非常多。例如，1995年，美国的Agouron制药公司通过专利文献检索获知罗氏的两种蛋白酶对抗HIV具有很好的效果，于是Agouron制药公司迅速确定了这两种蛋白酶的靶标结构，并根据蛋白酶结构知识获得了新的化合物AG1343，作为全新

的抗HIV药物，于1997年获得美国FDA批准，并在1999年被Warner Lambert公司以21亿美元的高价收购。

2. 失效专利的创新性应用

据统计，在全球专利中，失效专利①比例占到85%以上。它们大致可分为三类：一是由于专利权限届满而自然终止的；二是提前失效的，如专利申请人没有按规定缴纳年费，专利权人因专利丧失价值或无力缴纳年费而以书面形式声明放弃专利权的；三是因为已有人公开过，或因不可实施，社会上有人对专利提出异议，而被专利复审委员会宣告失效，被专利局撤销专利权的。企业在技术创新过程中，完全可以有效利用这些失效专利中的技术方案来引导甚至指导产品的创新研发。

比如，上海宝钢分公司一名员工利用专利信息创新法，检索到一篇失效专利后成功研发出了一种煤气柜的密封装置，为企业直接创造的经济效益高达1500万元人民币。

如果将失效专利比喻成一个信息盛筵，笔者有个更贴切的比喻：

免费的早点——缺陷专利

免费的午餐——过期专利

免费的晚宴——意外失效专利

3. 专利信息创新法的实操步骤

利用专利信息创新法进行创新，具体的操作步骤有如下八步：

第一步，将要进行技术攻关的技术进行整理分类，总结出要解决的技术问题，逐项分解专利技术方案的特征；

---

① 失效专利，就是出于各种原因失去专利权的专利技术，而专利一旦确认失效且过了有效挽回期，则认为该专利不再享有专利权，专利权人之外的其他人也可以合理地免费拿来使用。

第二步，将技术特征的关键词、IPC 分类号①进行扩展、统计；

第三步，在全球数据库中利用关键词和分类号组合成检索式，进行一次或多次专利检索；

第四步，对检索出的专利文献进行筛选、标引、分类，挑出最相关的专利文献；

第五步，利用挑选出来的专利文献中的技术，开展技术攻关；

第六步，排查技术攻关后的技术成果，确认是否有专利侵权风险的存在，并确定主要竞争对手；

第七步，对存在专利侵权风险的技术进行专利规避设计，如果规避不了可以提前进行专利许可谈判；

第八步，将进行专利风险排查后的成果申请专利，变成自己的知识产权。

【典型案例】戴森（Dyson）利用专利信息创新法"发明"无叶风扇

2009 年 10 月，英国戴森公司研发的第一代无叶风扇开始上市销售，受到了市场的强烈关注，不仅被美国科技杂志授予了"2009 年全球十大发明之一"的荣誉称号，更是开启了全面占据高端风扇市场的步伐。

实际上，戴森无叶风扇的发明，不是一个从无到有的创新，而是很好地利用了专利信息创新法的一个二次创新过程。

戴森公司最早于 2006 年开始研发无叶风扇，在前期投入了 5000 万英镑都没取得实质性的研发进展的情况下，大家都觉得这像"空穴来风"一样不切实际。这时，公司创始人詹姆斯-戴森动用了专利信息创新法。

---

① 《国际专利分类表》（IPC 分类）是根据 1971 年签订的《国际专利分类斯特拉斯堡协定》编制的，是唯一国际通用的专利文献分类和检索工具，为世界各国所必备。问世的 40 多年里，IPC 对于海量专利文献的组织、管理和检索，做出了不可磨灭的贡献。

通过专利信息检索，研发人员发现了日本东京芝浦电气（现东芝公司）1980年5月28日申请的无叶风扇的发明专利，这篇专利文献将无叶风扇的原理、结构、功能揭示得一览无余：无叶风扇的引擎基座中带有电力马达，能够将空气吸入基座内部，经过气旋加速器的加速后，空气流通速度被增大至16倍左右，并以高速向外吹出。通过专利技术，真正实现了"空穴来风"！

詹姆斯-戴森还发现，这篇专利及相关专利均已经到期失效了，也就是可以放心模仿使用而不用交专利费。于是，戴森公司将其作为自己公司无叶风扇的基本原理进行了二次研发，在风扇底座安装了一个离心式压缩机。戴森无叶风扇通过压缩机将底座四周空气吸入、压缩，然后推送至风扇顶部的中空环装管，这与喷气式飞机引擎及汽车涡轮增压中的技术原理类似，这样的风扇不但更安全、更卫生，而且吹出来的风与自然风更加接近，戴森给它命名为气流倍增专利技术（Air Multiplier）。

同时，为了保护自己的创新，获得最大市场利益，戴森公司在该产品上市前进行了全面的专利布局：于2007年最早在英国申请了无叶风扇的专利，从2008年开始，戴森公司在中国申请了多达216项无叶风扇相关专利，其中发明专利129项、实用新型专利57项、外观设计专利30项，这些专利覆盖了无叶风扇的基座、出风圈、风机等各个部分。

戴森无叶风扇推向市场后迅速取得成功，但是很快很多企业生产和销售类似的无叶风扇产品，且销售价格远远低于戴森的销售价格。这时，戴森果断地举起了专利大棒，将这些企业告上法庭，其中大部分以戴森维权成功结局。戴森通过专利维权很好地维护住了自己的无叶风扇市场龙头地位。

二、专利规避创新法，风险的对面就是机会

风险的对面，往往存在着更大的机会！

创新风险贯穿于创新活动的整个过程，在创新的不同阶段会存在各种问题和风险。

1. 专利规避创新法的定义和特点

专利规避创新法，首先能够避免产品被恶意侵权，避免踏入对手布置的专利雷区，同时还能在规避过程中产生一项或多项新的创新技术专利。

2006 年，贵州省投入 20 亿元开发的微硬盘项目，由于没有进行专利分析评议而造成了巨大的知识产权瑕疵，在项目完成后才发现所研发的微硬盘技术被日本日立公司的 5000 多项专利布局所覆盖，结果项目投产之日就成了下马之日，巨额的投入化为了泡影。

专利规避创新法中，专利规避主要是指针对竞争对手的专利壁垒，利用专利检索和专利分析等手段，找出其在保护地域、保护内容、保护范围、保护时间等方面的漏洞，利用这些漏洞，在不侵犯专利权的前提下，借用该专利技术实现某种创新或突破。

专利规避创新法，在创新战略中是一种重要的辅助方法，即从专利规避设计的角度出发，按照技术特征依次检视自己的产品，强化原有产品的优点，改良缺点，使产品更具技术上和市场上的竞争力。

专利规避创新法的优点主要包括：

第一，可能避免被法院判决专利侵权的风险；

第二，使产品更具竞争力，改良原有产品的缺点，强化原有产品的优点；

第三，可能产生一项或多项技术创新，甚至产生一些新的专利，逐步完善自己企业的专利布局。

2. 专利规避创新法的实操

专利规避创新法，原则上是基于专利侵权判定原则而提出的规避设计创新法，因而在研发过程中应当动态了解现有相关专利权所涵盖的保护范围，针对这些范围作出具有针对性的技术性改进，便不会轻易卷入专利侵权诉讼纠纷中去。

因此，在实践中，专利规避创新法在操作之前首先要了解专利的侵权判定原则[①]。

如图7-1所示，专利侵权判定原则主要遵循全面覆盖原则和等同原则。全面覆盖原则，即全部技术特征覆盖原则，指如果被控侵权产品包含了专利权利要求中记载的全部技术特征，则落入专利权的保护范围。等同原则，即

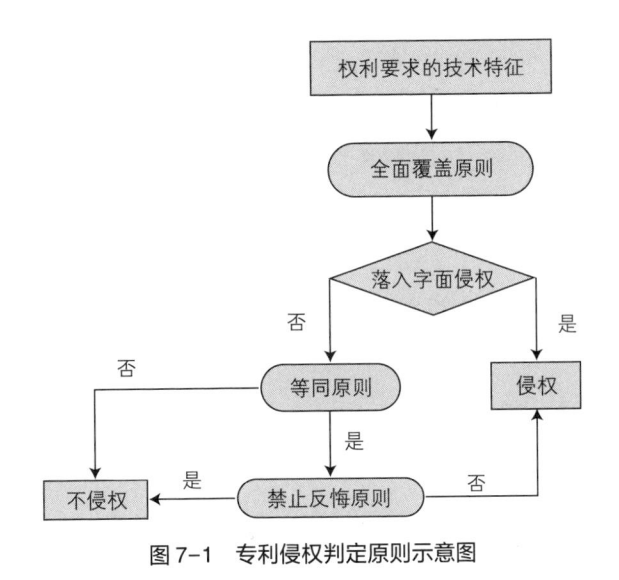

图7-1 专利侵权判定原则示意图

---

① 专利侵权判定原则一直是各国司法实践中的一个难点问题，从国外的侵权判定司法实践来看，经历了一个从整体方案比较到具体特征一一进行对比的过程，中国侵权判定很大程度上借鉴了国外尤其是美国的侵权判定原则。

使某一方侵权产品或方法并没有正好落入某专利的权利要求的字面范围内，但却等同于权利要求所保护的发明时，等同原则允许法庭判决该方侵犯他人专利。

相应地，与侵权判定的原则相对应，利用专利规避创新法对技术作出相应改进、研发也有以下几种方式（表7-1）：

1）删除法：减少技术特征，优化产品结构

在创新方案中，通过精简部件和结构/方法步骤，改进部件、结构和工艺的冗余，来达到规避侵权、优化结构、简化工艺、实现创新的目的。比如，智能手机就是通过删除功能手机的键盘设置，来实现规避和创新。

2）替换法：技术特征的非等同替换

在创新方案中，对原专利技术方案中所限定的主要技术元素需要付出一定创造性的替换，而不是简单的等同替换（比如将常见的螺栓和螺钉进行替换，至少是焊接连接和螺栓连接的替换等）。还可以采用新研发的材料，实现两种或以上功能部件的替换等，来达到不同的技术上的突破或更好的使用效果，同时还能规避专利侵权风险。

3）合并法：多个技术特征合并为一个特征

在创新方案中，将专利技术方案中的多个技术特征合并为一个特征，合并后的技术不是简单的累加，而是从方法/功能/效果上对产品或工艺实现了实质性的改良，或是解决了之前未解决的技术问题。比如，智能手表就是通过将时间、定位、刷卡等功能集成到一个系统中，进行专利规避和技术创新。

4）分解法：技术特征的分解

如果发现需规避专利所构成的技术存在作用不足、产生某些负面作用，在创新方案中，就可以采取分解法对专利技术方案中的一个技术特征进行分解。当然，对技术分解，并不是简单的拆分，而是通过具有创新性的分解方法，从方法/功能/效果上对产品或工艺实现实质性的改良的体现。比如，将牛奶通过工艺创新划分为奶粉、奶酪、奶油等产品进行专利规避和技术创新，同时各个产品又满足了不同口味的用户的需要。

表 7-1　专利规避设计方法

规避设计方法	规避设计方法表达式	规避的侵权判定原则
删除法	A+B+C+D→A+B+C$_1$	全面覆盖原则 等同原则
替换法	A+B+C+D→A+B+C$_1$+D$_1$	全面覆盖原则，等同原则 （C≠C$_1$，D≠D$_1$）
合并法	A+B+C+D→A+B+E	全面覆盖原则，等同原则 （E≠C+D）
分解法	A+B+C+D→A+B+C+D$_1$+D$_2$	全面覆盖原则，等同原则 （D≠D$_1$+D$_2$）

【典型案例】诺贝尔无烟炸药被专利规避创新法抢去一半市场

阿尔弗雷德·贝恩哈德·诺贝尔是瑞典著名的发明家，他一生拥有 355 项专利发明，最鼎盛的时期在 20 个国家开设有大约 100 家公司和工厂，他在活着的时候积累了巨大的财富，后来把所有的遗产捐献出来设立了全球著名的专门用来奖励科学家的奖项"诺贝尔奖"。

但是，好多人不知道的是，大发明家诺贝尔竟然也有过被竞争对手钻空子的经历。

1887 年，诺贝尔发明了混合无烟炸药并于同年在英国申请了专利，发明专利权中无烟炸药的配方是："用分量相同的硝化甘油和可溶硝化棉，加上 10% 的樟脑。"他对无烟炸药在英国进行成功的生产，比对任何其他地方抱的希望都大。英国政府在 1888 年成立了一个炸药委员会，负责"审查新的发明，特别是那些对军用有影响的炸药，并且向国防部提出委员会能够推荐的、关于在这方面引起某些技术改良品的建议"。这个委员会的成员中，包括诺贝尔在黄色炸药时代的老敌手弗雷德里克·艾贝尔，他以委员会的名义与诺贝尔接触，要求诺贝尔将自己的新发明及其发展情况，尽可能完整、秘密地提交给这个委员会。出于对这个委员会的信任，诺贝尔这样做了。从 1888 年到 1889 年秋天，他提供了样品和关于混合无烟炸药配方及其生产方法的完整情报。

艾贝尔经过研究后发现，不溶解的硝化棉比诺贝尔用的可溶硝化棉要好得多；并且在他自己看来，他已经看到了通过"专利规避创新法"使自己成为一个大富翁的机会。艾贝尔发布了基于诺贝尔炸药的改良型炸药：用58%的硝化甘油、37%的硝化棉，加上5%的凡士林，用挥发性的有溶解力的丙酮，将它们作为胶质物，然后挤成索状组织，给它取名为"线状无烟炸药"。之后，艾贝尔立即在英国和其他几个国家申请了发明专利权，并且利用自己的地位和人脉，将"线状无烟炸药"的专利以比诺贝尔专利更低的价格卖给了各国政府。

后来诺贝尔发现了这个情况后，决定向法院提出控告，起诉艾贝尔侵犯其在先的专利权，最早的诉讼于1892年在平衡法院审理，1895年被提交到上诉法院和贵族院审理，仅诉讼文件就有好几英尺高。最终的结果却是，所有的法庭都驳回了诺贝尔向艾贝尔提出的索赔要求。此外，原告诺贝尔的炸药公司，被勒令支付2.8万英磅的诉讼费。

拒绝诺贝尔要求对线状无烟炸药拥有的发明优先权的理由是，在他发明专利权登记上不幸地写了一些细节：他曾将配方写为"以可溶性"硝化棉成分，这种颇为含糊的表达方式，意味着在申请发明专利权的时候并不包括那些被认为"不可溶解的"硝化棉在内。

在最后的一次审理中，诺贝尔得到了精神上的补偿。当时的凯伊高等民事法官，在表明了自己是纯粹依照正式的法律根据后，说了一句日后可以流传千古的话："相当明显的是，一个被允许爬到巨人背上的侏儒，能够比这位巨人本身看得更远些……在这桩案件中，我不能不对原来的发明专利权持有者表示同情。诺贝尔先生搞出了一项伟大的发明，这项发明在理论上是卓绝的，是一项真正伟大的发明。之后，两位聪明的化学家，得到了这项专利产品的详细说明，仔细地阅读了这些说明，然后在他们自己精通化学的帮助下，发现了他们实际上可以使用同样的物质，不过其中之一却改用了有所不同的东西，并且产生了彼此相同的效果。"

> 在诺贝尔发明无烟硝化甘油炸药后的十年间，这种炸药被很多国家引进，但是艾贝尔的"线状无烟炸药"却也抢去了一半左右的全球市场。

三、专利空白点创新法，大胆尝试小心求证

专利空白点创新法，就是通过对专利的技术和功效进行分析，抓住专利布局的技术空白点，提前进行专利布局，进而开发技术、研发产品、抢占市场。

我国拥有 10000 多种中药资源和 4000 多种中药制剂，但是目前有 1000 多种中草药被国外抢注专利，80% 的中草药配方被日本、韩国、德国提前申请专利占有。这些国家正是利用了我国在中草药方面注册专利的空白点，而采取了抢注进而获取市场优势的做法。

运用专利空白点创新法，首先要掌握专利技术功效矩阵图的绘制（图 7-2）。也就是用技术和功效两个维度来分析当今某个领域专利的情况，通过功效矩阵图分析针对什么样的技术问题主要采用什么样的技术手段，进而分别以二者作为横坐标和纵坐标来绘制功效矩阵图，以此来寻找未被研发出来的空白点和新领域。

专利空白点创新法的一般流程为：选择重点专利技术—技术分解—锁定改进点—改进—新颖性创造性的核实。

在具体操作过程中，专利空白创新法一般这样执行：

第一步，对待研行业进行专利检索，并对相关技术点分解为更具体的技术细节，再进行更深入的专利检索；

第二步，对相关专利技术进行技术点和功效的分解和标引；

图 7-2 专利功效矩阵绘制示意图

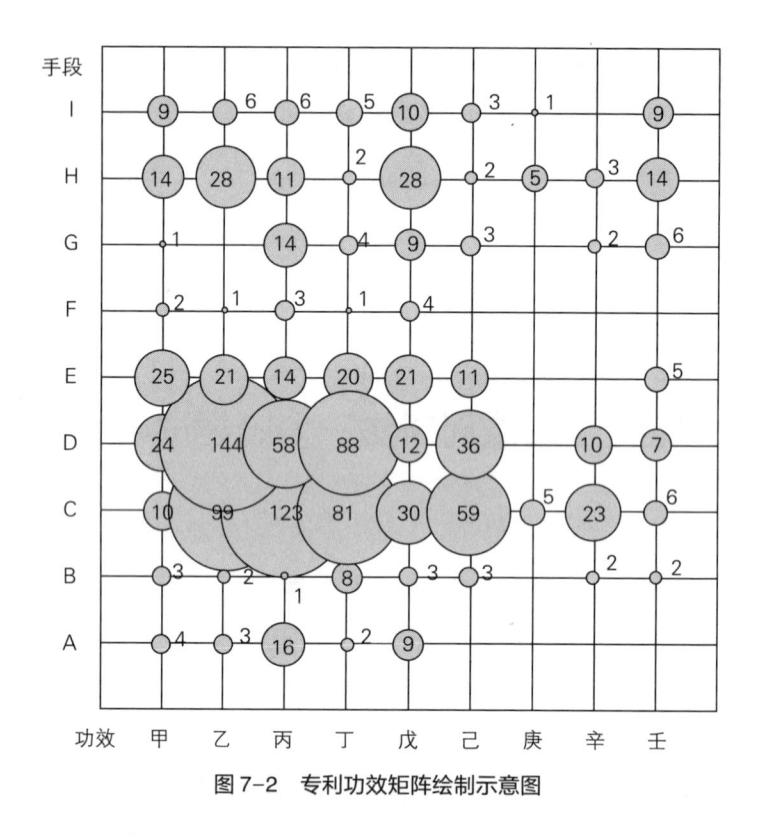

第三步，结合信息化和人工，进行重要专利的筛选去噪、查缺补漏工作；

第四步，绘制专利技术功效矩阵气泡图；

第五步，根据专利功效矩阵图找到技术空白点，同时从三个方面进行技术分析，即专利申请技术分布、确定重要专利以及研发趋势、技术周期分析；

第六步，将分析出来的技术空白点及相关的重要专利交给研发人员，从可行性的角度进行深入研究和验证；

第七步，得到新的技术方案之后，对新的方案进行检索，确认该技术方案是否具有创造性，并进行专利侵权风险评议分析，因为即使是空白点技术，也可能在相关联技术上存在侵权的风险；

第八步，对相关技术进行全面的专利布局，并同步生产推广创新产品。

表7-2 功效矩阵图的解读方法和创新策略

表格区域	气泡面积	技术特点	创新策略
技术密集区	面积大	技术比较成熟；专利雷区多；创新、改进难度大	规避设计
技术冷门区	面积小	专利数量少	改进空间；积极创新，形成主导
技术空白区	无气泡	布局空间大，但是需要综合考量研发成本和技术瓶颈	大胆尝试 小心求证 谨慎布局

参见表7-2，根据气泡图气泡面积的大小来确定技术密集区（热点）、技术冷门区和技术空白，然后根据各个板块的技术特点来制定创新策略。针对技术空白区的创新策略就是，对于技术空白点一定要抓住机会大胆尝试，但是需要通过可行性分析和试验来小心求证，最后综合产品、市场、对手情况进行推广和布局。

【典型案例】汽车儿童座椅专利空白点创新法

某研发人员从一件实用新型专利——在儿童汽车座中找到了技术空白点，并从功能替换的角度出发进行了技术改进[1]。

关于儿童汽车座这项专利保护的主要内容是将旋转方向进行限定，当按下控制按钮后座椅只能向一个方向转动，具体结构和功能如图所示。

利用专利空白点创新法，从以下三个方面对目标专利的功能组件图进行分析：

---

[1] 于海燕，等.基于TRIZ理论的竞争对手专利预警分析[J].图书情报工作网刊.2012（10）：47-52.

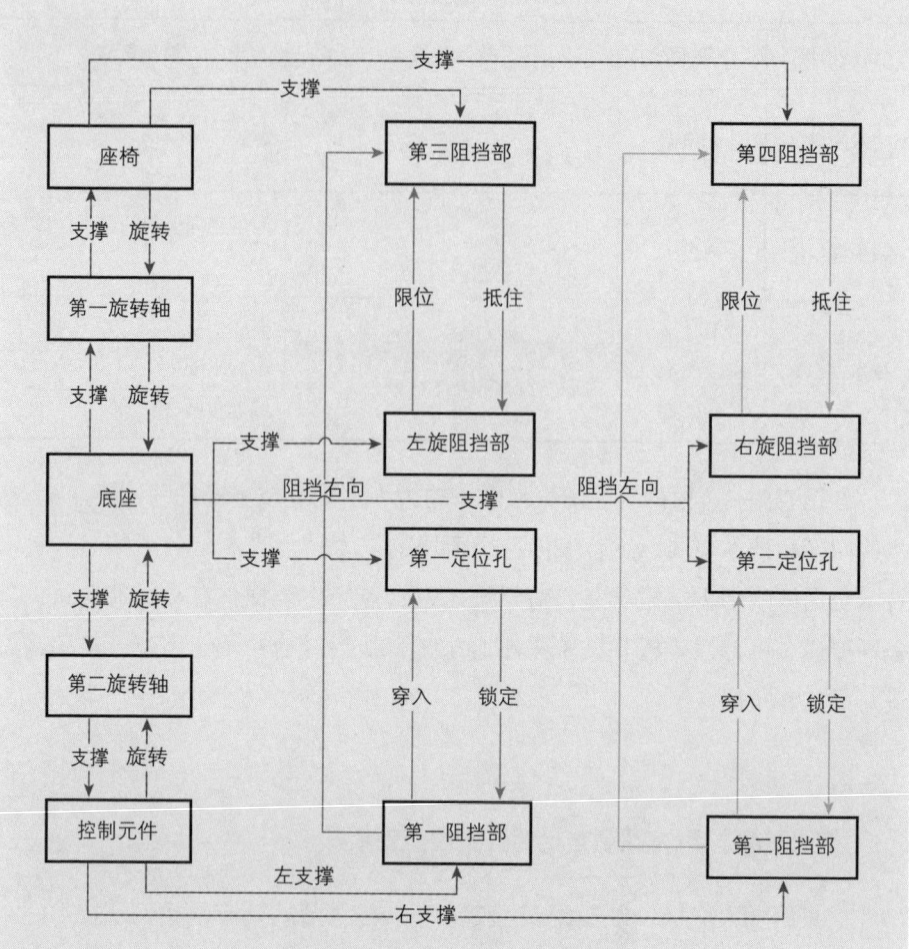

图 7-3　儿童汽车座的功能分解图

第一，是否存在次要零部件。从图 7-3 中可以看出，左右阻挡部的作用是限位，即当向某一方向转动至某一位置时，限制座椅继续向这个方向转动，如果通过改进旋转轴的结构，由旋转轴本身来完成限位功能，即此转轴在转程为一定距离时，就不能再向此方向转动。因此，左右阻挡部为本技术系统的次要组件，取消左右阻挡部在一定程度上简化了系统的结构。

第二，是否存在非现有功能。在发生右转时，第三阻挡部和第一阻挡部以及第一定位孔都不发挥任何作用。同样，在发生左转时，与右转相关的组件也没有起到作用。因此，当发生左转时，右转的相关限位组件都为非现有功能。同理，当发生右转时，左转的相关组件都为非现有功能。可以考虑把两套组件整合为一套，由控制机构负责控制其锁定位置是在左侧还是右侧，并且同时控制锁定，从而实现其左转和右转的定位。

第三，是否存在无用或无效功能。定位孔的锁定功能完全可以由其他方法来取代，例如可以利用插销方式、弹性体，或是磁力场，即使不用定位孔，也完全可以使第一阻挡部定位在需要的位置。因此，判断定位孔为本技术系统的无用组件。

结合上述分析，可以得到以下技术空白点：一个车用座椅的旋转方向限定及旋转范围限定机构，椅座与底座通过转程只有180度或270度的轴承来连接。控制元件可以控制第一阻挡部的所处位置，当需要右转时，第一阻挡部会阻挡第四阻挡部使座椅不能向左转，只能向右转；当需要左转时，控制元件会调节第一阻挡部至相对称位置，阻挡第三阻挡部，只能向左转。考虑用插销或者磁力阻挡的方式替换定位孔，或者考虑直接在控制元件上加锁定装置，对第一阻挡部的位置进行固定。这样的方案，同样能实现对旋转方向的限定，还简化了儿童汽车座的结构，而且不存在对已有专利的侵权可能。

四、专利布局创新法，围起来而攻之

PayPal 公司创始人彼得·蒂尔（Peter Thiel）说过，企业攫取商业利益的核心手段大都服务于如何能够建立及巩固自身的垄断地位，拥有专利技术、建立网络效应、利用规模经济或者具有品牌优势。

利用专利技术来制衡对手并获取垄断地位时，通过单个的专利是很难实现的，因为专利权是一种专有权，它具有独占的排他性、地域性、时间性。专利权人是以"公开"换取"独占"的权利，而专利的地域性、时间性又限制了专利权人的独占权。因此，专利权人为了最大限度地获取专利独占权利，就必须在专利布局上下足功夫，打破单个专利的地域性和时间性限制，产生"1+1＞2"的效果，使专利权人可以最大限度地享有专利的独占权。

马克思曾说过："瓦特的伟大天才表现在他1784年所取得的专利的说明书中，他没有把自己的蒸汽机说成是一种用于特殊目的的发明，而是把它说成是大工业都应该使用的发动机。"

一般而言，专利布局创新法有两种比较典型的操作方式：

第一种，从自家的核心技术或重点产品入手，在自己的技术能力可及的情况下，从所选定技术产品的各组成部分下手，并从中找到可以创新改进的地方，运用各种创新方法产出多个技术方案；

第二种，从一个具体的创新点出发，梳理出这个创新点所关联的各个方面，再从每个关联点中找到可以创新改进的地方，运用各种创新方法产出多个技术方案。

另外，专利布局创新法要想取得最佳的效果，一定要通过专利的技术布局、时间布局、地域布局等多重布局，形成一系列彼此联系、相互配套的专利集合，构建一个专利的立体保护网络。专利立体保护网络一般从"天时、地利、人和"的综合角度出发，延展为从专利的空间、时间、人力、技术、竞争力等不同维度进行专利布局。

1. 从空间角度进行专利布局

从空间的角度上布局，即以专利的地域属性为基础，将专利实施过程分为专利申请和专利产品推广两个特定的方向分而论之。

1）专利申请布局角度

随着经济全球化的发展，企业的经营早已跨越国界的限制，专利保护成为全球性的企业活动。由于专利权存在地域性特征，专利申请国的选择成为企业专利全球化战略的关键点。孙子在《九地篇》中概括了用兵作战的九种地域，分析了各自地域的特点，给出各个地域下的作战方案和注意事项。

在专利申请地域布局中，"九地理论"同样可以借鉴：专利散地，指在自己既成的专利布局中继续申请专利完善布局；专利轻地，指对对手的核心专利布局外围专利；专利争地，指专利许可后的改进专利，专利许可双方能够起到正和博弈的效果；专利交地，指大家都可以使用的现有技术、解密技术和失效专利；专利衢地，指标准必要专利和技术标准的制定；专利重地，指核心专利和重要专利；专利圮地，指难以突破、绕开的基础性专利；专利围地，指"关门捉贼"式专利布局，对手一旦进入我方就可以以少胜多；专利死地，指如果不突破企业就会面临破产危险的专利障碍。

其中，产品制造国对应专利申请的"争地、交地、重地"，产品销售国对应专利申请的"散地、衢地"，技术引进国对应专利申请的"交地、重地"，竞争对手占领国对应专利申请的"轻地、圮地、围地、死地"。

对于产品制造国，申请专利是相当必要的，否则在该国生产制造的相关产品将被全盘封锁或失去产品议价权。在产品制造国申请专利，除了要积极应对大型跨国公司的"专利圈地"，还要大力开展"专利争地"运动，并积极围绕核心专利申请外围专利，利用"专利交地"有效利用现有技术，在"专利重地"中的产业链的纵深方向上布局专利，以保障产品制造的供应链和销售链的畅通。

对于产品销售国，国内销售对应"专利散地"，全球推广对应"专利衢地"。企业在"专利散地"申请专利，占据天时地利人和的优势，应依托于本国国内政治经济大环境和相应的法规政策，善于利用地域性差异和文化差异，制定针对性、特色性的专利申请策略。企业在"专利衢地"申请专利，需要用"走出去"的理念来关注全球相关行业的变化，根据全球市场营销战略和产品销售国的知识产权保护状况申请专利，并为市场开发和拓展打好基石。

对于技术引进国，要力争促成企业间"珠联璧合"式的合作共赢，在"反客为主"之前身处客位时，"背靠大树好乘凉"式的合作是必不可少的。这是在激烈的专利战争中争取有利的专利客位，谋求生存发展乃至寻求"主位"的必经途径。

对于竞争对手占领国，在敌占区内申请专利是主动地从根本上遏制其专利布局的最有效措施之一，属于专利进攻的范畴。在专利布局暂时处于劣势的情况下，可以用"走为上"之计以退为进入侵其"专利轻地"，用"偷梁换柱"之计通过技术替代经过其"专利圮地"，用"围魏救赵"之计攻其必救解围"专利围地"，用"釜底抽薪"之计无效其核心专利破解"专利死地"，置之死地而后生，最终用"反客为主"之计占领竞争对手的专利阵地，来谋求更大的竞争优势。

2）专利产品布局角度

自从1883年《巴黎公约》颁布开始，专利全球化的过程中就确定了专利申请"地域性"原则，即一国授予的专利权只在该国受到法律保护，各个国家根据本国国情对专利下的定义也有差别，各国法律往往有利于保护本国企业和／或产业。即便在经济全球化快速发展的今天，专利权包括专利制度都还是有地域性的，因此立志于开拓全球市场的企业，采取"远交近攻"的策略是必需的。

一般而言，一家公司在海外市场推广自己的专利产品有四种方式：设立当地分公司、设立子公司、建立合资企业、专利许可。前三种方法费时费财费力，还可能因为不了解当地的文化、法律环境等而"铩羽而归"。所以现在好多跨国公司通过专利许可贸易"远交"海外市场，只通过知识产权许可获得收益或间接控制非热点地域和／或蓝海市场，而把主要精力"近攻"市场热点地域和/或红海市场。

2. 从时间角度进行专利布局

由于市场竞争形势的多变性，申请专利的时机也是千变万化、一日千里，应当适时、准确、广泛、生动地根据具体的情况作出正确的选择，或顺应市场需求，谋取近期利益；或着眼未来，作长远打算。

1）先入为主，无中生有

在面临非常严峻的技术竞争的情况下，企业只有未雨绸缪地抢先申请专利，才能占据先机、先发制人，即利用先申请原则，在研发工作全面完成之后的第一时间抑或完成之前对于重要专利抢先提交专利申请，在激烈的专利战中占据有利地位，然后合理利用本国优先权战略在1年期之内将相关技术完善，并结合配套的专利技术将专利布局完备。

也可合理利用PCT申请进入国家阶段期限较长（30或31个月）的特点，争取更多的时间进行资金筹备、技术完善等，然后根据《专利合作条约》第19条对权利要求书进行修改，利用《专利合作条约》第34条、第28条或41条等对权利要求书、说明书和附图进行相应的修改，令保护范围最优化。

2）伺机而动，以逸待劳

对于短期内未打算实施的技术和难以被他人通过反向工程破解的技术，可以借鉴"以逸待劳"："困敌之势，不以战。" 即企业在核心技术研发结束后可暂且作为技术秘密保护，同时研发外围专利。根据产品市场推广的需要、竞争对手的研发情况等因素，等待时机适时提交专利申请。

3）后发制人，反客为主

当竞争对手对于新产品、新技术抢先进行专利布局，企业面临严峻的专利攻势时，可以借鉴 "反客为主"："乘隙插足，扼其主机，渐之进也。"

即在进行专利布局时尽量设法抓住其技术空白点，乘隙插足，"声东击西"地对上下游产业链进行专利攻击，令对手在供需链和推广链中丧失定价权的优势；通过攻击其外围专利布局，"围魏救赵"地在相关技术要点周围布局专利以构成反制，并力主达成双方的专利交叉许可。一旦时机成熟，抓住有利时机敢于"亮剑",反客为主。

3. 从专利技术角度进行专利布局

当一家企业在某一关键技术上取得突破并获得专利权时,需要战略性地进行"远交近攻":如果竞争对手技术力量较弱,在很长时间内没有相关的研究开发实力,自己的专利城堡又难于逾越,那就进行"近攻",尽快将产品生产出来占领市场,获取垄断利益;如果竞争对手实力雄厚,可以在很短的时间内超越自己的专利,那最好授权给它进行"远交",这样就可以在一定程度上阻止竞争对手的研发计划,短时间内在技术上对竞争对手形成一定程度的钳制。

这样,专利权人就可以从专利技术的角度上用"远交近攻"的战略控制相关技术的演进和发展过程。

4. 从企业竞争力角度进行专利布局

对于企业而言,通过 SWOT 分析[①]做专利竞争力测评后,可以公司发展战略为核心,把专利分为三类:未来发展所需专利、当前可经营专利、已失去商业价值的专利。然后,"远交"第一类专利,"近攻"第二类专利,"冷淡"第三类专利:对于企业未来发展可能有关键作用的专利应重视,并投入人力物力进行配套技术的开发研究,并为核心专利申请外围专利进行专利布局;对于当前可经营的专利,应积极促成合资开发或及时出售来获得企业发展资金;对于没有利用和销售价值的专利,应通过终止缴费令专利权自行终止、主动放弃专利权、捐赠给非营利组织等方式果断放弃。

另外,对于经营项目而言,"远交近攻"也适用于企业发展规划,"近攻"

---

① SWOT 分析法是一种综合考虑企业内部条件和外部环境的各种因素,进行系统评价,从而选择最佳经营战略的方法。S 是指企业内部的优势(Strengths),W 是指企业内部的劣势(Weakness),O 是指企业外部环境中的机会(Opportunities),T 是指企业外部环境中的威胁(Threats)。

能充分发挥己方既有优势和技术专长的领域,"远交"甚至"远离"自己所不擅长且风险性较高的产业。

从更宏观的层面看,在全球社会视野中,知识产权制度既需要"近攻"来维护,也要"远交"来完善发展。不能仅仅固守在极少数发达国家所极力倡导的维护技术创新者、技术领先者利益的基本准则之上,还应重视发展中国家和最不发达国家的基本利益,就是要兼顾各类不同发展水平、不同基本社会制度国家和地区的实际状况和切身利益,容忍各国之间在知识产权制度方面存在一定的差异,避免将自己的意愿强加于人,搞"一刀切"。

【典型案例】陶氏化学通过分类搭配将专利发挥到价值最大化

作为一家大型的跨国化学公司,美国陶氏化学公司的有效专利曾达到 3 万多件,这些专利原来处于分散的无组织状态,每年的维护费用达 3000 多万美元。从 1993 年开始,通过分三步走,陶氏化学公司将专利运营价值最大化。

第一步,陶氏化学公司将其所拥有的大量专利分为正在使用、将要使用和不再使用的三类,然后分别确定各个组别专利的使用策略,特别是针对不再使用的专利,从战略高度上确定是许可他人使用还是主动放弃。

第二步,对其专利的有效性进行鉴别,若属有效专利,则由公司各业务部门决定是否对该专利进行投资。然后是专利的价值评估,确定专利的市场价值,并利用价值评估和竞争力测评得出的结果,由公司决定是否采用诸如对研究加大投入,建立合资企业,从外部获取专利技术的使用许可等专利策略。

第三步,公司通过加强专利的动态管理和有针对性的投资,不断减少专利的数量,同时增强专利的质量,最终形成更加有效的专利战略。

1997 年的统计数据显示,通过放弃或赠送对本企业不再具有价值的专利,公司节省专利费用 4000 多万美元,而专利的许可费收益反而从 2500 万美元激增至 1.25 亿美元。

五、专利挖掘创新法，创新的"六脉神剑"

历史上很多具有革命性的技术与产品，其实比其正式面世的时间会早很多年，它们有时会被大公司压在箱底，原因多种多样，其中一个是大公司为了防止新技术、新产品对原有挣钱的老技术、老产品形成冲击，而故意冷藏它们。这反而给了大量新兴的创新公司通过专利挖掘创新法获取新的市场空间的机会。

专利挖掘创新法，就是在专利挖掘的过程中，通过规范、有效的专利挖掘方法，使科研过程中潜在技术创新点显性化，进而通过知识产权对其进行充分保护，最终使其成为企业宝贵的无形资产。

1. 专利挖掘创新法在创新过程中的现实意义

1）梳理技术创新成果

通过专利挖掘，结合企业技术研发重点和相关技术发展趋势，可以更准确地抓住企业技术创新成果的主要发明点。

2）提升专利申请质量

在梳理主要发明点基础上，对专利申请文件的权利要求及其组合进行有效设计，从而避免专利申请的随机性和随意性，大幅度提升专利申请的综合质量。

3）提前规避专利风险

通过专利挖掘，企业可全面梳理并掌握具有专利申请价值的主要技术点及外围关联技术，并尽早发现竞争对手有威胁的重要专利，便于企业及早在技术研发过程中进行规避设计，或采取专利包围等措施以减小专利侵权风险。

4）发掘未来竞争优势

专利挖掘不但可以帮助企业增强已有产品的竞争优势，同时还可以通过对未来技术的挖掘，抢占未来有发展潜力的专利技术，从而形成长期的技术竞争优势。

2. 专利挖掘创新法的创新挖掘维度

专利挖掘创新法，除了把握机遇外，也需要积极、主动地谋划，另外还要有一定的挖掘维度。

按专利挖掘维度的不同可分为：横向挖掘，例如产品自身结构的完善；纵向挖掘，例如产品上下游产业链的完善。

按专利挖掘对象的不同可分为：产品挖掘，包括产品的机械结构、位置关系、材料组分、含量等；方法挖掘，包括方法步骤、工艺参数、用途等。

3. 专利挖掘创新法的六种技巧

1）**技术问题导向**

技术问题导向的动力源是"如何让产品的问题更少、品质更好"，其多数是为解决现实存在的技术问题而提出。

在企业的实际运营过程中，产品生产部门、技术部门、质量管理部门均有可能发现第一手技术问题，而那些具有改进价值的技术问题即可成为专利挖掘的原点。相关人员在现有技术及实际生产经验基础上，借助规范化的专利挖掘机制和流程的指导，以获得解决问题的技术方案。

2）**用户体验导向**

用户体验导向的动力源是"产品如何给用户带来更好体验"，其多数是为满足不同客户个性化需求而提出，根据客户对最佳体验要求的不断升级来推动产品的迭代、技术的更新。

目前在某些专利优势企业中，专利挖掘的基本思路正在由技术问题导向向用户体验导向发生转变。在当前互联网工业高速变革的时代，互联网技术彻底打破了买卖双方信息不对称的状态，原本中心化、中介化的消费格局逐步被以用户体验为中心的格局所颠覆，企业也在逐步由大规模制造向大规模定制痛苦转型。此时，想方设法满足用户个性化需求就变得极为重要，为用户创造最佳体验渐渐成为推动企业自主创新的重要力量。在这种模式下，用户可以参与企业产品的研发、设计、体验，从而为企业专利挖掘提供更广泛和更多元的创意源泉。

3）生产流程导向

生产流程导向的动力源是"如何使产品的生产流程成本更低、运行更顺畅"，从生产流程的重点环节、重点工艺切入，寻找有待挖掘的技术节点，最终确定需要进行专利保护的技术内容。

4）全产业链导向

站在整个上下游产业链及技术链的高度捕捉待挖掘点，从产品构造、关键零部件、产品制造方法、产品外观设计、原材料、产品新用途等方面寻求突破。

5）专利战略导向

对有一定专利数量积累的申请人而言，反思自身专利布局及组合现状，从中找到亟待补强的方面，重点针对与已有专利形成相互补充关系的技术点展开挖掘，从而形成更加全面、紧密的专利组合。

6）市场竞争导向

针对竞争对手的特定产品，寻找其产品不足点或技术缺陷，以之作为切入点进行技术改进，挖掘出更多功能或更好效果的新产品，并同步进行专利布局保护。

4. 专利挖掘创新法的操作方法

专利挖掘工作开始的原点就是一个个新的发明构思，实践过程中，专利挖掘的实施者大都是在上述挖掘思路的指引下，发现技术问题和待改进点，同时借助 TRIZ 理论、奥斯本检核表法、逻辑推理法、头脑风暴法等创新方法来探寻问题解决之道。形成发明构思的一般过程可以是：

第一步，找到技术问题或者待改进点；

第二步，明确要挖掘的技术主题的大致范围；

第三步，以现有技术及实践经验为基础，借助创新方法，提出解决问题的技术方案，重点明确创新点及技术效果；

第四步，完善技术方案，形成完整的发明构思。

六、专利产业创新法，一流企业卖专利

"一流企业卖专利，二流企业做产品，三流企业卖苦力。"

重资产的企业生存压力很大，资产精简是一种与风险投资或运作衍生企业截然不同的创新方式，而专利产业创新法就是一种纯轻资产的运作方式。

专利产业创新法，就是将专利本身作为一项产业，将创新研究成果申请专利保护后，纯粹地将专利作为产业运营，或者以专利运营为主的一种产业创新方法。

专利产业创新法的魅力在于，实际上不需要做很多具体的事情，只需拥有并操控主要的智力资产以及相关的无形资产，同时将在不能赢利的资产、工厂以及设备上的真实资金投资降到最少，以实现资产收益最大化。

内森·梅尔沃德（Nathan Myhrvold，微软前首席战略官和首席技术官，在微软任职13年，硅谷奇才）和爱德华·郑（Edward Jung，微软前首席架构师和高管顾问）在1999年共同创立了高智发明（Intellectual Ventures），专门从事知识产权尤其是专利的开发和交易。高智公司通过自主研发、产学研合作、购买专利等方式，将专利进行组合打包，并将其转化成商业价值，向大公司授权并收取费用，年收入高达数十亿美元。

但是需要注意的是，一个单纯经营知识产权的公司，如果在实际中没有密切涉及商品化与竞争的各个细节，它就很难继续创造新技术和新想法。最后，这些公司虽然可以通过改进对知识产权的利用获得显著效益，但无论其

利润看起来多么丰厚，通常也只是边际利润。而这一公司的客户端——即被许可人——主要依靠从他人那里获得重要创新的专利使用权。这样容易产生大量无法预料的成本，给企业带来很多限制和不确定因素。

好的专利永远离不开好的技术，好的技术离不开产业，产业做好离不开规模化，产业规模化的发展又离不开各方资本的助力。但是，在这个闭环（图7-4）中，不能脱离开这些中间环节直接把专利和资本对接，要做成"伪闭环式"的结构。

在实际操作中，应当让专利在资本市场上实现产融结合的商业、金融价值属性，把专利在全景图谱当中确定核心位置，通过科创基金、国家资本母基金带动社会资本进入，放大专利和产业链之间的效应达到金融属性的最大化，这也是专利的价值所在。

另外，还应全力推动"创新链、产业链、资本链"三链联动，打造"从IP到IPO"的"又高又良"的硬核体系，打造创新引领奋力、专利布局给力、产业集聚发力、资本赋能助力的"四力模式"。

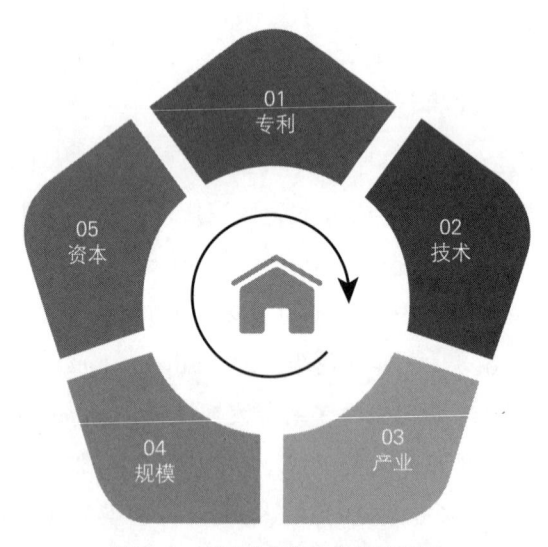

图7-4 专利技术资本化的闭环图

【典型案例】 高通公司利用专利产业创新法成为"巨无霸"

"专利就是竞争力！"这句话在依靠专利产业创新法的高通公司身上体现得淋漓尽致。

1985年，雅各布博士联合几个合伙人创建了一家专注于"高质量通信"的公司，并将该公司命名为"高通"，他们希望通过技术创新，实现自己的财富梦想。此后，高通公司很快就拿到了美国军方的CDMA技术研发项目的一份合同，从而诞生了高通公司的第一批专利，在业内较早确立了CDMA基础及核心技术的专利优势，积累了数量、质量均领先全球的一批专利。

同时，高通公司充分利用核心技术的优势，向上下游全产业链延伸，通过自己研发的专利，自己做电信运营、做基站、做手机终端，集电信运营商、设备商、技术开发商、终端设备商于一体，几乎集合了整个产业链的所有环节。

这一系列操作下来，高通公司掌握了大量的3G和4G移动通信相关专利，并通过专利许可、专利标准化、将芯片和专利许可费进行捆绑销售等方式获得了巨大的经济收益，从而真正确立了高通公司的发展方向。合作方每销售一部手机，就要向高通公司缴纳一笔不菲的专利许可费，这里面包括CDMA专利的入门费和使用费，约占产品售价的6%。高通公司的专利运用策略迅速得到了回报，公司逐渐成长为一家依靠专利创造和运用的高技术创新型企业。

借助专利许可的高收益，高通公司进一步实现产业转型。其手机部卖给了日本京瓷公司，基站部则卖给了瑞典爱立信公司。即使是最核心的芯片技术，高通公司也是只研发不生产，公司只负责技术标准研发，并将主要精力聚焦于知识产权、技术标准，从而使高通公司经历了从重资产到轻资产的蜕变。在不到30年的时间里，高通公司依靠专利的力量，从一个默默无闻的"初生牛犊"已经成长为业界的"巨无霸"。

2013年，在全球通信领域企业中，高通公司市值一度达到历史高点1049.6亿美元，超过一直领先的英特尔公司的1035.01亿美元，站上世界第一的位置。同年，在美国行业协会发布的全球电子硬件产业领域企业拥有专利情况的报告中，高通公司的专利数量和质量位居世界前茅。

七、专利营销创新法，超级专利就是超级符号

真正的营销成本，不是我们通常认为的前期的制作费用或者媒体渠道的购买费用，而是广告营销方案做出之后，消费者对你的营销内容的记忆成本、识别成本和传播成本。虽然你花了很多钱，可是用户根本没记住你，那么也就更不可能购买你的产品了。

怎样才能实现这样的超级营销创意呢？关键就是要拥有超级符号，消费者通过消费完成对自我角色和商品符号之间的连接。

一位女士，拎着一个LV的包，是为了通过这个商品道具的符号意义来传达自己的社交角色定位。一位成功人士，住哪个地段、什么房子、开什么车、穿什么衣服、戴什么样的手表，就是他给自己打造了一个符号系统，这个符号系统把他的身份、角色定义出来，传播出去。

从竞争的角度看，一个成功的品牌应该具有三要素：品牌的科技力、权威力和营销力。这三个因素在专利中都能体现出来，因为专利从某种程度上说具有"三个代表"的特点：代表最先进的科学技术，代表国家行政机关的审批认可，代表消费者的需求认可。

1. 科技力在品牌三要素中处于基础性地位，是成功品牌的基础

品牌并不是单纯靠扑天盖地的广告就能"捧"出来的，任何一个企业的品牌离不开其商品或服务这个物质载体。产品优良的品质离不开品牌的科技力，没有科技力的加持，企业就不能开发出高技术含量的商品，就不可能提高商品性能、改进商品外观，就不能真正地降低商品成本，就不能在竞争激烈的国内、国际市场上立足。

而专利技术，代表的正是专业、创新、高科技、高水准、高大上，代表的是产品技术与现有技术相比具有实质性的贡献和显著的进步，外观设计上具备与众不同的特点。

PCT 国际专利申请量不但反映着企业的创新能力，也代表着国家或地区在知识产权领域的话语权。PCT 是《专利合作条约》(Patent Cooperation Treaty) 的英文缩写，是有关专利的国际条约。PCT 目前有 150 多个缔约国，提交一份 PCT 专利申请即可受到多个国家的专利保护，是企业出海过程中能够护航的重要的专利"铠甲"。目前，PCT 国际专利申请量已成为体现国家竞争力的一个重要风向标。

2. 权威力也是成功品牌不可缺少的因素

授权的专利产品代表国家知识产权局颁发的认证，尤其是能获得"专利金奖"等奖项的专利产品，能够在社会公众面前树立起良好的差异化形象和技术创新形象，赢得社会的普遍好感与信赖，能够赢得股东的投资信任，能在社会公众中形成较稳定的信心归属，形成极大的心理吸引力，降低消费者的选择难度，降低社会的监督成本，有助于品牌营销的大力推进。

在当今社会，很难想象一个号称自己做高科技的企业专利数量却屈指可数。

美国科技产品市场销售额排名前十的企业，也是专利申请量排名非常靠前的企业。美国商业专利数据库显示，2021 年度在美国获得专利授权数量前

十的企业为：第一名是 IBM 8682 件，第二名是三星电子 6366 件，第三名是佳能 3021 件，第四名是合积电 2798 件，第五名是华为 2770 件，第六名是英特尔 2615 件，第七名是苹果 2541 件，第八名是 LG 电子 2487 件，第九名是微软 2418 件，第十名是高通 2149 件。这些企业均拥有大量专利，也印证了企业强大的科技研发实力和掌控力。

3. 营销力是在科技力和形象力的基础上通过品牌推广所形成的开拓市场、征服消费者的能力，是企业诸因素综合作用的结果

《广告法》规定，专利号可以在产品的包装上和广告中进行宣传，能够增加产品的区别点和记忆点，最大限度地保证产品的宣传效果。金龙鱼的"专利好油为冠军加油"、益安宁的"冠心病专利药益安宁"……这些宣传文案都是利用专利提升产品的声誉。

另外，利用专利侵权诉讼的影响力进行营销也是一个非常好的品牌营销路径，这在管理学中叫做"事件营销"。别人侵权说明我的产品在市场上受欢迎，我诉讼官司赢了说明我的技术是原创的，能够吸引各种媒体和社会公众的关注并大量报道，让品牌的影响力不知不觉扩散到消费者的心中，并增加消费者对企业品牌科技价值的广泛认知。当年"加多宝"和"王老吉"的商标之争诉讼中，虽然"加多宝"屡屡败诉，但是加多宝凉茶的市场份额却不断增长。

专利诉讼官司获胜后在以后的企业招投标等业务线开拓中也能起到非常大的作用，远远超出诉讼本身的营销效果。

通过介绍专利工艺的独一无二，可以降低消费者的选择成本，进而提升产品价值，打造产品独特的"卖点"。

赛菲尔珠宝旨在打造"无焊料焊接技术专利品牌"。经过 22 年的钻研，赛菲尔珠宝的研发人员开创了无焊料焊接技术（专利号：ZL 2013 1 0750331.2），通过"高温自熔""镭射点焊""微频等离子""高频等离子"等技术进行黄金饰品的无焊料焊接。这突破了传统黄金首饰制作工艺添加焊料的不足和局限性，生产过程环保，将黄金纯度从 999‰ 提高至 999.9‰，即

"无焊料黄金"。"无焊料黄金"既提高了防腐蚀能力和抗磨损能力，也消除了传统黄金饰品伤害皮肤和容易变色等弊端。赛菲尔珠宝的"无焊料焊接技术"荣获了中国黄金协会颁发的全国黄金行业最高奖项——中国黄金协会科学技术一等奖。

4. 通过专利作为独特卖点，创造超级符号，打造新的营销点

营销上的所谓超级品牌，就是可以自带一定的光环，能够吸引消费者的关注。营销上将专利作为卖点，就是创造以科技赋能产品的符号，以此去进行推广。

有的行业可以"出其不意"地利用专利这个超级符号搞跨界营销，通过专利造成在消费者中的病毒式传播，增加传播流量。"专利"本身可以成为卖点，但更重要的是专利作为一种创新所能带来的特殊价值。

有的放矢地宣传专利所体现的创新，宣传专利能带来的价值，才算抓住了专利真正的卖点。因为用户认不认可一个产品，不会因为它有一个专利号就欣然接受，关键还是要看产品在使用过程中有怎样的优点，或是能够提高工作效率，或是能够节省成本，或是能够提高收益。

因此，把专利作为独特卖点营销时，需要突出强调的重点应是产品的功能与其他同类产品有什么不同、它解决什么样的难题、带来怎样的益处，而不是本末倒置，强调"专利"二字而忽视了创新点。如若不然，专利产品的营销宣传效果将大打折扣。

北京有家"局气餐厅"，该餐厅将其几道主打菜品申请了外观设计专利并将证书放在菜单中，令点菜的顾客眼前一亮，忍不住想尝一下，味道还不错，于是纷纷发朋友圈展示，吸引更多人来品尝。

上海有家"原烹餐厅"，是一家以"蒸"作为主打烹饪方式、推崇将食材的原味与本色呈现在食客面前的餐厅，像很多科技公司一样，一进"原烹餐厅"大门口有道"专利墙"。"原烹餐厅"利用全球首例、荣获三十多项国家专利的新设备可以使锅内高温蒸汽瞬间加热，快速锁住食物的营养，还原食物本来的特质和风味，被誉为"餐饮界的乔布斯"。同时，实现了把蒸锅从厨

房"搬"到餐厅的"即蒸即食"新餐饮模式,食客可亲眼看到食材由生变熟的全过程,带来了一种与众不同的美食新体验,还能在疫情期间保证菜品尽量减少与人员的接触而更加健康卫生。

八、萃智创新法,专利创新的终极武器

萃智创新法,也叫做 TRIZ 创新法或者"萃思"创新法,是指从"发明问题解决理论"中取其"萃取智慧"或"萃取思考"之义。

TRIZ 理论是由苏联的天才发明家和创造创新学家根里奇·阿奇舒勒(G. S.Altshuller)于 1946 年创立。在其著作《怎样学会发明创造》一书中,阿奇舒勒明确指出:"一旦我们对大量的好的专利进行分析,提炼出问题的解决模式,我们就能够学习这些模式,从而创造性地解决问题。"萃智创新法用于解决问题所包含矛盾的创新原理,是基于 250 万件发明专利分析结果提炼出的,建立起一整套体系化的、实用的解决发明问题的理论方法体系——TRIZ(发明问题解决理论),它不是采取折中或者妥协的做法,而且它是基于技术的发展演化规律研究整个设计与开发过程,而不再是随机的行为。

萃智创新法在具体操作时(图 7-5),主要参考以下问题分析、问题解决和方案验证三个步骤进行:

第一步,问题分析

利用萃智创新法解决一个工程技术问题时,问题分析是首要的。通过层层分析,可以透过问题现象找到问题产生的根本原因,也就是找到解决问题的着手点和突破点。

首先,要对问题进行描述与定义,说明问题所在系统的组成、工作原理、问题发生的条件;

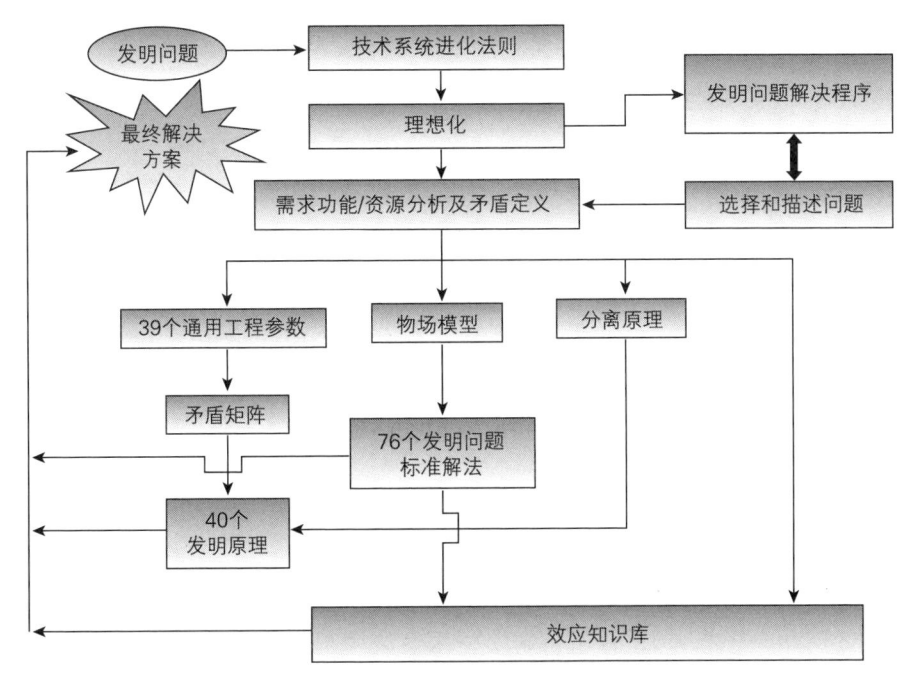

图 7-5 萃智创新法的操作步骤示意图

其次，建立功能模型，分析工程系统和系统组件的功能、组件间的作用关系，分析哪些作用是有害的、不足的，找出造成系统问题的关系因素；

再次，根据前两步分析出造成系统问题的关键因素，选择进行组件价值分析、因果分析或资源分析。

组件价值分析，是根据理想公式计算出系统中各个组件的功能价值，对于理想度低的组件采用裁剪的方法进行系统有用功能的重新分配，同时将问题转化为关键问题。

因果分析，就是通过对问题的层层深入，找到问题产生的根本原因，寻找解决问题的着手点。

资源分析，指的是分析问题所处环境中存在的物体、信息、能源或者材料的属性，通过资源分析，能够找出解决问题所缺乏的资源，可以转化为待解决的问题点。资源分析还有助于找出系统内外各种可用的资源，在后续解决问题的过程中往往可以起到至关重要的作用。

第二步，问题解决

萃智创新法解决问题的模式是将初始问题转化为标准问题模型，通过对标准问题运用 TRIZ 工具，得到解决方案模型，然后转化为工程方案。

萃智创新法提供了四种问题模型以及相应工具和方案模型：

（1）技术矛盾，将待解决的具体问题转化为用 39 个通用工程参数描述的技术矛盾（表 7-3），通过查找矛盾矩阵，找到针对问题的 40 个创新原理（表 7-4），即解决方案模型；

（2）物理矛盾，将待解决的问题准确描述和定义为物理矛盾，解决物理矛盾的核心思想是实现矛盾双方的分离，运用分离原理作为工具来解决物理矛盾，得到解决方案模型；

（3）功能模型，通过分析待解决问题系统中组件及组件间的相互作用关系，建立功能模型，运用知识效应库，产生解决方案模型；

（4）场景模型，将待解决的具体问题转化为利用物质和场来描述的标准场景模型，分析其中不足、过度、有害的作用，查找对应的 76 种标准解法，得到解决方案。

表 7-3　萃智创新法的 39 个技术参数

1-移动件重量	11-压力	21-动力	31-其产生的有害因素
2-固定件重量	12-形状	22-能源浪费	32-制造可行性
3-移动件长度	13-稳定性	23-物质浪费	33-操作流程方便性
4-固定件长度	14-强度	24-信息损失	34-可维修性
5-移动件面积	15-移动件耐久性	25-时间浪费	35-适应性
6-固定件面积	16-固定件耐久性	26-物料数量	36-系统复杂度
7-移动件体积	17-温度	27-可靠度	37-控制复杂度
8-固定件体积	18-亮度	28-测量精确度	38-自动化程度
9-速度	19-移动件消耗能量	29-制造精确度	39-批量生产性

（续表）

1-移动件重量	11-压力	21-动力	31-其产生的有害因素
10-力量	20-固定件消耗能量	30-作用于其的有害因素	

表7-4　萃智创新法的40个技术原理

1-分割	11-事先防范	21-减少有害作用时间	31-使用多孔性材料
2-拆出	12-一一对应	22-变害处为益处	32-改变颜色、形态
3-局部性质	13-发现作用	23-及时反馈	33-同质性
4-非对称性	14-曲率增加	24-中介原则	34-抛弃或再生
5-组合联合	15-动态特性	25-自我服务	35-物理或化学变化
6-多用性	16-未达到或过度作用	26-复制	36-相位变化
7-嵌套	17-一维变多维	27-廉价替代品	37-热膨胀
8-重量补偿	18-机械振动	28-系统性替代	38-加速氧化
9-预先作用	19-周期性运动	29-液压、气压或电动	39-惰性环境
10-预先反作用	20-有效的连续作用	30-柔性壳体或薄膜	40-复合材料

第三步，方案验证

萃智创新法对问题分析、求解，得到的通常是解决方案模型，工程技术人员还需要运用自身的专业知识、工程经验等将解决方案模型转化为实际的工程方案，并进行评估、验证，形成最终的解决方案。

萃智创新法不是针对某个特定的创新问题，而是一套解决问题的方法理论。

萃智创新法也并不直接解决问题，而是通过将一般问题转化为标准问题，建立问题的模型，再运用相对应的工具来进行求解。

萃智创新法的原理和工具不局限于任何特定的应用领域，对所有创新问题的解决都有指导作用，并且可以和其他创新方法集成应用，相互补充，促进技术创新、企业发展和社会进步。

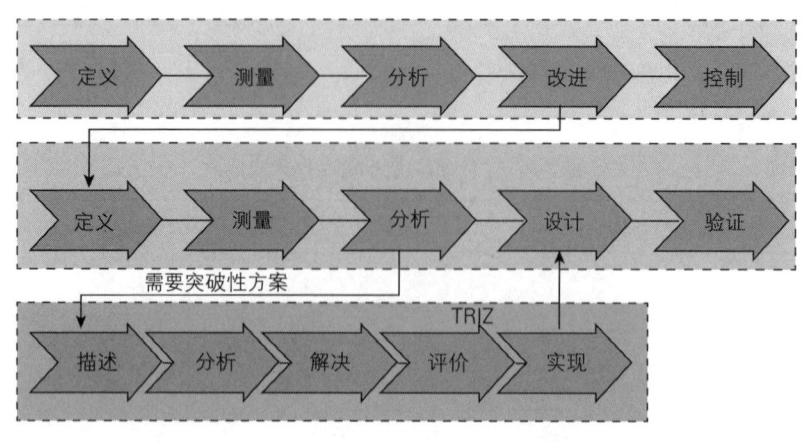

图7-6 三星电子利用萃智创新法的创新模式

实践证明，通过萃智创新法能够有效降低尝试次数和错误迭代次数，降低对共同资源的需要，为新产品想法证明方向，突破竞争对手的专利防御。据三星电子公司统计，在新产品开发过程中通过有效利用萃智创新法，有时候甚至能够缩短50%新产品上市时间，提升60%—70%的新产品开发效率，增加80%—100%的专利数量并能有效提高专利的质量。

运用萃智创新法可大大加快人们创造发明的进程，而且能得到高质量的创新产品，可谓专利技术创新的"终极秘密武器"，被工程技术人员亲切地称为工程领域创新的《孙子兵法》。

【典型案例】雅马哈钢琴利用萃智创新法进行产品创新研发

相比于欧美等的老牌钢琴生产商，创建于1887年以生产簧管风琴起家的雅马哈（Yamaha）生产钢琴的时间不是很长，但是在雅马哈第四任总裁川上源一的领导下，雅马哈钢琴已经达到了世界一流的水平。

其秘诀就是在研发管理中使用了萃智创新法：将音板、琴弦、不同的木材、不同的干燥时间、不同的工艺等因素进行随机组合，在获得了几十万个数据的基础上一次又一次地进行实验,然后再从中找到最佳的组合。利用这种方法很快就超越了单纯依靠技术人员的经验和感觉制造钢琴的传统方法和工艺,从而高效率地制造出高质量的钢琴,使雅马哈迅速成为世界一流钢琴品牌,并一直维续至今。

【典型案例】利用萃智创新法发现空调氟利昂漏点

空调不制冷了,如果发现是因为氟利昂泄漏,要如何迅速而准确地查找出压缩机氟利昂渗漏处?

利用萃智创新法,可以这么操作:假设给出的条件是物 S1(氟利昂),不能构成完整的物–场模型,引入第二个物 S2(荧光粉)和一个场 F(紫外辐射),完善了具有不完整功能的系统。

将掺有荧光粉的润滑油注入压缩机内,在暗室里用紫外光照射压缩机,通过渗漏出的润滑油中荧光粉发出的光,就可以准确地确定氟利昂的渗漏部位,既方便快捷又准确。

九、专利运营创新法,软银攫取的"第一桶金"

什么是专利运营创新法?一般来讲,是指知识产权权利人和相关市场主体优化资源配置,采取一定的商业模式把各个信息孤岛连接起来,通过知识产权供需的对接实现知识产权价值最大化、谋求获取最佳经济效益的商业活动。

通俗而言,专利运营创新法可理解为由"知识产权"变为"知识产钱",由专利权变现的过程。

狭义上的专利运营,是指单纯以专利作为工具,通过专利的交易、许可、转让、诉讼、作价入股、质押融资以及证券化等手段进行商业化运作的过程。

广义上的专利运营,也就是本书所述的专利运营创新法,是指跳出专利本身,以专利作为一种工具和切入口,进行商业化运作的一种方式。即企业为获得与保持市场竞争优势,谋求最佳经济效益,而将专利作为载体进行的将技术、经济、法律、市场、金融等因素相结合后,通过商业化运作来获利。

著名投资人、软银董事长孙正义在参加一档节目时表示,自己19岁的时候不想依靠家人来承担自己的学费,立志每天花5分钟每个月挣1万美元,最后一年靠专利挣了320万美元,被称为孙正义的"第一桶金"[①]。

现在来看,孙正义40多年前的专利运营思路仍然非常先进,这也是非常好的可以借鉴的有效利用专利的产业创新之路,笔者将其总结为如下九步:

第一步,敢于梦想

1976年,孙正义在加州伯克利大学上学时,为了应对自己的生活和上学开支,每天花费大量的时间去思考怎么挣钱。甚至,他每天脑子里都会回荡着一个声音:"搞钱!"

他问周围的好朋友有没有好办法,能让自己完成一个月内挣一万美金的目标。朋友们笑着调侃他:"如果你对挣快钱这么看重,你可以去贩毒。"

第二步,大胆想象

有一天,孙正义在看《爱迪生传记》时突然灵光乍现:"发明!可以用发明专利来搞钱!"

孙正义认为,如果集中注意力进行聚精会神的思考,就能够获得某些灵感,他就去提交专利申请,再结合产业运营,也许他就能够实现目标。

于是,他就把闹钟设置成5分钟,然后对着自己大声咆哮:"快来!发明!!快来!!!"哐当!孙正义的脑袋犹如被牛顿的苹果砸中一般,突然闪

---

① 改编自《孙正义传》,井上笃夫著;孙律译,凤凰出版社,2011.12

现出"语音电子翻译机"这一构思,这让他兴奋不已。

第三步,积极落地

孙正义认为,如果想把构思真正做成实务的话,凭一己之力有些势单利薄。仅就让计算机发出语音来,保守估计自己要花费 10—20 年的时间。

单打独斗绝非良策。左思右想之后,孙正义决定请各领域的顶级专家一同完成语音电子翻译机的研发,如此一来,不仅能够提高研发效率,而且产品技术水准和未来产品营销也都会更上一层楼。

第四步,合作共赢

说干就干。孙正义找到了当时语音合成领域的世界级权威专家,同时也是他所就读院校的校长——莫泽尔博士,满怀激情地介绍了他的想法和思路,解释了他想率先研制出可翻译九国语言的翻译机,并附加上语音功能。

然而,相比于他的慷慨激昂,莫泽尔博士对他的想法却不以为然,没有表现出太多的兴趣,直到他说想把翻译机卖到机场、地铁入口、旅游胜地处等地时,莫泽尔才感受到这个想法的特别之处,顿时对孙正义的"异想天开"感到吃惊不已。

眼前的这个不到 20 岁的青年,虽对技术一窍不通,但想法确实是大胆超前,浑身充满了干劲儿。莫泽尔博士在一番斟酌之后决定赌一把,毕竟可翻译九国语言的翻译机这个设想着实挺独特的,不妨一试。

不久后,孙正义就以莫泽尔博士为中心,组建了一个项目研究团队。在莫泽尔博士的推荐下,计算机硬件方面颇有建树的切克·卡尔森教授也加入到了孙正义的团队中来,正式着手研制具备语音合成功能的电子翻译机。

第五步,提前预售

在带语音合成功能的电子翻译机尚未完成的时候,孙正义就把语音合成器作为单体零件，请莫泽尔博士与美国国家半导体公司（National Semiconduct）进行交流接洽，顺利地获得了销售许可权，这也意味着孙正义迈出了实践的第一步。

与此同时，孙正义的商业合作伙伴陆弘亮在旧金山的一条日本人聚居的街上，把资料翻译成日语后发往各大日企："现有语音合成器装有芯片，是否可以和我们签约，一手交钱，一手交芯片？"没想到居然真的有二三十家大型制造商前来咨询芯片情况，询价从200美元到300美元不等，一时间供不应求，反响超乎预期。

第六步，百折不挠

虽然孙正义之前做了些谈判策略准备功课，但是真正要上"战场"的时候，还是不免有些局促不安。

接连与几家公司接触之后，对方都以外观不好为由拒绝了孙正义的合作请求，卡西欧公司的课长更是直接否决了他的发明，态度极其冷淡，这让他心酸不已。

即使这样，孙正义依然没有打退堂鼓，而是来到位于大阪阿倍野区的夏普机器事业部继续洽谈。这次，夏普的部长并未直接拒绝，而是说："如果能做成产品的话，还是可行的吧。"孙正义一时语噎，因为连他自己都不知道究竟能不能做成产品。

第七步，专利迂回

令人惊喜的是，切克·卡尔森教授仅用了4个月就开发出了语音合成器硬件，且样式精巧便捷，适用于机场等多种场合。没过多久，支持日语与英语双向翻译的试验机就诞生了，孙正义立刻拿着试验机前往东京谈合作。

孙正义这时转换了一个新的进攻思路，决定通过专利为入口进行推广！

他打电话向大阪律师协会求助，希望可以给他介绍一家熟悉夏普的专利事务所，有人向他推荐了任职于西田律师事务所隶属于夏普专利部的西田律师。

第八步，终见曙光

孙正义没敢多耽误工夫，直奔该专利事务所，向西田律师咨询语音翻译机的专利价值。令他欣慰的是西田律师认可了翻译机的专利价值后，还帮他引荐了自己的朋友"日本电子产业之父"佐佐木正。

当佐佐木正看到孙正义的试验机后，预估到了它巨大的发展前景，并当场给了孙正义 4000 万日元作为签订专利合同的费用。第一个合约就这样签订了。

之后，佐佐木正还委托孙正义研发德语版、法语版的翻译软件，合同金额总计达 1 亿日元，按照汇率折算，这是一份价值"100 万美元的合约"。这，就是孙正义的第一桶金。

第九步，专利保护

后来，孙正义把这个产品卖给了夏普公司，让夏普进行了专利申请，而孙正义则挣到了 170 万美金的专利转让费。他正是利用这笔资金，创办了大名鼎鼎的软银。

夏普从 1976 年到 2006 年之间，布局了 129 项专利对翻译机、570 项专利对翻译系统进行保护，来保护自己的市场和利润，可谓双赢。

第 8 章

硬科技创新魔方，知识产权价值投资和股权投资

第 8 章　硬科技创新魔方，知识产权价值投资和股权投资

德鲁克说："创新活动赋予资源一种新的能力，使它能创造财富。"凡是能使现有资源的财富生产潜力发生改变的事物都足以构成创新。

创新，源于技术，成于市场，长于资本。

股权投资就是这样一种创新行为和活动，它通过赋予创新者资金、商业和管理等多种资源，在实现创新的同时还能创造财富。

知识产权制度设立的初衷，也是通过为创新者提供未来获利的可能性和"期权"，来形成追求创新与知识共享的社会激励机制。

根据马克思《资本论》中所说，从社会财富的角度上看，社会生产力的增加值等于劳动力数量与生效效率之间的乘积。在当今面临劳动力下降的形势下，还能如何保持国民生产总值的增长？那么答案只能是：提高生产效率，将经济由要素驱动向效率驱动转变。注意：是提高生产效率，而不是单纯地提高协同效率。

怎么提高生产效率？

除了精细化分工之外，还需要瞄准硬科技产业、专精特新产业，让科技来带动生产效率提高，甚至带来科技革命！

如何去精准执行？

拿到最先进的专利技术（壁垒），找到最好的企业家（洞察力、执行力），找到最好的协同合作产业链去落地执行，通过价值投资去共担、共创、共享共同成就最优秀的企业。

正如改变欧洲近代进程的两个重要因素一样（一个是瓦特发明了蒸汽机推动了产业革命的发展，另一个是亚当·斯密出版的《国富论》从经济角度

和投资角度全面影响了西方的发展进程），未来的创新，也必定是将高科技、硬科技和产业有机融合之后的协同创新，而不再是单纯的组合式、连接式或替换式的创新。

本章旨在探讨硬科技投资和知识产权在创新、科技进步和社会发展中的赋能作用，通过价值投资和知识产权等因素的共同赋能把拥有硬科技的公司做精、做强、做大。

一、硬科技投资时代，追求精益求精的硬核实力

进入21世纪第二个十年之后，所有投资人都能感受到，国际形势的一些变化导致供应链发生了一些变化，一场行业的大震荡和大变革正在中国上演，中国对战略资源和行业资源的分配思路发生了改变，那就是价值回归和产业重筑。

正如巴菲特所说："宏观是我们需要接受的，微观才是我们需要改变的。"

在21世纪最初的20年，中国的投资人主要看"软"，就是用互联网技术模仿美国已经成功的案例，把所有的传统产业，包括原来的新闻、搜索、社交、电子商务、衣食住行等领域，都重新做了一遍。

过去十几年，我们熟悉的很多软行业的流行商业故事是什么样的？

做个PPT，

找完天使找VC，

厕所里堵着个大PE，

融它一个三亿五亿，

最后只能拼先发、拼价格、拼规模。

可是，这样的发展模式真的值得我们长久信任吗？

在较长一段时间内，由于相应的激励政策不够，中国的企业没有动力进

行纵向的技术突破，只能通过在横向领域的扩张、追逐热点来获得发展，可以拿到包括但不限于政策补贴、银行信贷、土地等资源，再结合公司本身的高执行力，中国的工程师红利和产业配套等优势来获得发展。

很多行业，由于没有硬核科技的技术门槛和壁垒，真正构成门槛的就是牌照和独占经营等，冲进来的人越来越多，最终结果一定是血拼价格，所有人都赚不到什么钱，还造成了社会资源的极大浪费。

中国当下已经基本没有市场空白，低垂果实也基本都被摘完，打破这种现状的唯一办法，就是改横向扩张为纵向深挖，已经到了不得不踩着研发梯子去摘高处果实的时候了。

所以就产业投资而言，如果跳出来看，其实这是一个更迭机会！主流投资还是要回归到科技创新上，尤其是以高科技为主的创新上。正如经济学家吴军在《全球科技通史》一书中所说："科技的进步是人类生存的最大杠杆。"

另外，这也是一个恰逢其时、恰当其时的机会。

从研发投入来讲，自2013年起，我国就已经成为"世界第二大研发投入和知识产出国"；2020年，我国研发支出占GDP的比重是2.4%，与欧盟平均水平大体相当；研发人员总量稳居世界第一；专利申请和授权数连续多年位居世界第一；根据世界知识产权组织2021年公布的数据，中国的创新指数位居世界第12位，是唯一进入前20名的中等收入经济体。另外，像载人航天、探月工程、深海工程、超级计算和量子信息等领域，中国从过去的跟跑，到现在有的领域已经进入领跑行列；像航空航天、人工智能、5G、移动支付、高速列车等领域，中国均占据世界领先地位。

从投资角度来看，在人口和行业的红利空间逐渐变得有限的情况下，新技术带来的投资红利可谓唯一的拥有较大可期空间的方向。在第一次科技革命过去200年之后的今天，科技创新的落脚点可能是更加需要聚焦到基础科学的突破和硬核科技的创新上，只有如此，才能更好地与时俱进地推动社会经济的发展进步。

因此，投资高科技尤其是投资硬科技，由于科技赋予经济新动能发展的动力，现在正是硬科技股权投资的黄金时代。

二、硬科技的首要任务，解决"卡脖子"技术

所谓硬科技，就是让腰杆子硬起来的关键核心技术、底层技术和基础技术，是指那些解决"卡脖子"问题的技术。

中科创星的米磊博士将硬科技定义为："真正能够推动人类社会进步、改变世界进程、引领人类社会生活发生根本性变革的科技，都是那些需要长期研发投入、持续积累、对产业发展具有较强引领和支撑作用的关键核心技术"[1]。

硬科技创新是对未来商业格局影响最为深远的一种创新方向，通过在技术层面的进步，与竞争者拉开技术代差，从而突破当前的市场格局，类似于克里斯坦森在其《创新者的窘境》中主要描述的颠覆式创新模式，但是又更偏向于技术上的颠覆。

这种创新不仅仅扭转了当前的市场格局，还会将整个市场推向一个更高的技术等级。这种创新的主要特点是：在发明之初，由于技术不成熟，在整体功效上难以与当前市场中占主导地位的技术相匹敌，但是它解决了某一个非常核心的技术问题，随着时间的推移，技术日趋成熟完善，便可逐渐蚕食当前占主导地位的技术，这是一个不可逆的发展过程。

无人机航拍诞生之初，由于其受操控性差、负载低、滞空时间短等因素的影响，与载人直升机航拍相比差距很大，但使用场景灵活、价格低廉的核心竞争力使其得以飞速发展。

目前以大疆为代表的一系列多旋翼无人机不仅解决了操控性差、负载低、滞空时间短等问题，其技术含量极高的拍摄防抖、人物跟拍、自动返航、地形跟随、路线规划、精准悬停、规避障碍物、手势指示拍照等新技术，

---

[1] 西安市中科硬科技创新研究院. 硬科技：大国竞争的前沿[M]. 中国人民大学出版社，2021.

加上超级低廉的使用成本，已经是载人直升机航拍望尘莫及的了。

笔者理解的硬科技，是指基于科学发现和技术发明之上，经过长期研究积累形成的，具有较高技术门槛和明确的应用场景，能代表世界科技发展最先进水平，引领新一轮科技革命和产业变革，对经济社会发展具有重大支撑作用的关键核心技术，是**面向世界科技前沿、面向经济主战场、面向国家重大需求**的技术。

一般而言，硬科技具有以下六大特点：

（1）**科技引领性**。它是新一轮科技革命中具有带原动力和衍生力的核心和共性使能技术，能够支撑现有科技重大进步，支撑和引领经济社会发展，引领人类生活发生根本性变革。

（2）**技术创新性**。它属于长期研发、持续积累的高精尖原创技术，也指细微领域形成的突破性、颠覆性技术，是现有技术无可比拟或替代的。

（3）**经济基石性**。它是面向国家重大战略需求的、关键领域的核心技术和"卡脖子"技术，可以在多个产业广泛应用，在产业技术发展中起到基础支撑作用。

（4）**创新关键性**。它是当前科技创新中能解决大部分经济社会问题、产生重大影响的"关键少数"技术，是关键的、核心的、重要的、不可替代的技术。

（5）**产权壁垒性**。硬科技可通过比较完善的专利布局、技术秘密、专有技术等知识产权形成比较强的技术壁垒，让"跟风者"很难在短时间内模仿和复制，进而让创新者通过知识产权壁垒在一定时间内享受技术和市场的红利。

（6）**时间累积性**。硬科技通常需要较长时间的技术积累，技术高度极大领先于现有技术标准，技术具有独创性，难以被复制和模仿，只有通过不断技术投入与资本投入才可以实现。

三、硬科技投资逻辑，下"硬功夫"啃"硬骨头"

我国经济已经稳步迈向高质量发展阶段，社会和人口因素发生着结构性变化，科技创新成为重中之重，新旧动能全速切换，资本市场助推融资能力的提升，产业升级迎来全新战略机遇。结构性机会之下，过去的经验已不再奏效，投资与创业的逻辑正在改变。

鉴于硬科技企业具有"五高"的特点——高技术壁垒、高研发投入、高学历团队、高利润期许和高价值未来，因此关于硬科技的投资标准，可以参照以下"521"的标准，选择性地进行，即投资硬科技，需要满足"硬环境"、"硬实力"、"硬汉子"、"硬指标"和"硬通货"的五好标准，准备好啃"硬骨头"和下"硬功夫"的决心，并且按照这个"硬道理"坚定地执行下去。

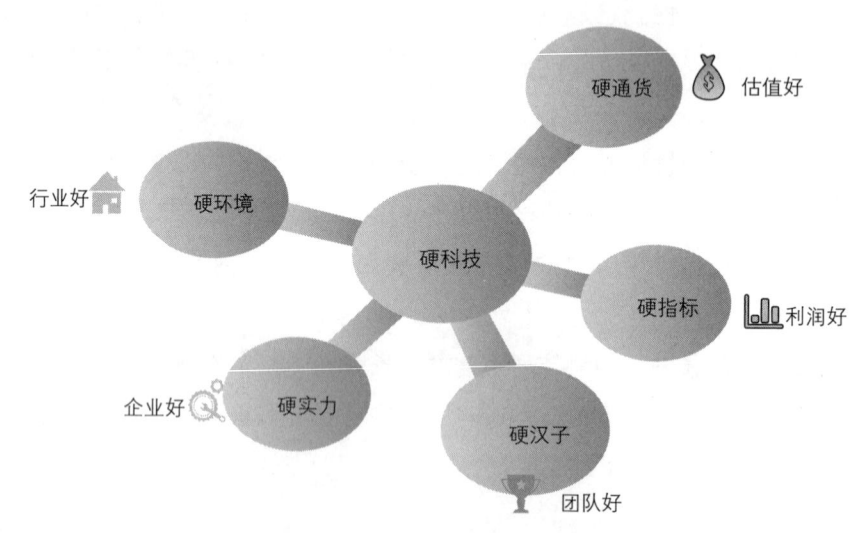

图 8-1 投资硬科技的逻辑示意图

硬环境，是指行业好

首先，所投企业所属行业属于四个面向的行业，即面向世界科技前沿、面向经济主战场、面向国家重大需求、面向人民生命健康。

其次，将 ESG（Environment, Social and Governance）纳入硬科技的投资评价体系，即关注和考察企业环境、社会和治理绩效，在投资时用于衡量企业的可持续性和环境、社会影响所关注的三个核心因素。

硬实力，是指公司好

拟投公司需具有高门槛和高壁垒，这就能意味着公司未来可以在所在的目标市场里面占据足够高的市场份额，已经或有希望占据领头羊的地位。另外，公司在行业有清晰的市场需求和应用，而不是用一个需求不清晰的创新技术拿着锤子找钉子。毕竟做投资并非技术领先就是唯一的投资标准，还需要用技术产生足够的财务回报，最后还要把产品卖出去获取相当的市场才行。有没有真正的应用场景，是不是足够大能够支持未来发展，要考虑细分市场的未来空间和落地实施性。即使已经上市的公司，如果没有好的落地场景，行业难以支撑起其被高估的市值，最终也可能面临无奈退市的结果。

硬汉子，是指团队好

对于硬科技投资而言，好的创始人和团队非常重要，具体体现为以下两点：

一是执行力和组织力。硬科技创始人很多是具有技术背景，但本人可能有能力短板，创业过程中需要组建能力互补团队，帮自己把产品做出来，开拓市场做销售，然后去融资扩张，最后上市。整个过程当中要有很强的组织力，以及把自己的公司按照计划执行下去的能力。

二是学习能力。硬科技创业公司的成长过程中会遇到非常多的问题和挑战,无论从管理激励还是团队招聘,到后续的融资,再到最后的客户关系,都需要创始人有足够强的学习能力,自己能够快速成长,同时带领公司快速成长,做大做强。团队有没有核心的研发优势和后续的研发能力,整个团队的营销能力如何也很关键,这将决定被投企业是不是能够在这个领域里面作为长跑者坚持下去。

硬指标,是指利润好或发展潜力巨大

看企业的利润表不能只看数字的增长,更要看增长的质量,明白现有利润或未来利润究竟从何而来,能否长期保持,这才是价值投资的规则和逻辑。以科创板上市企业为例,2020 年 145 家上市企业中,上一年净利润为亏损的仅有 14 家,占比 9.66%;2021 年 162 家上市企业中,上一年净利润为亏损的仅有 8 家,占比 4.94%。

硬通货,是指估值好

在企业投融资过程中,一个足够接近公司真实价值的估值,是双方交易的基础。在这个过程中,"卖个好价钱"虽然重要,但也不能本末倒置将估值视为一切。选取适合标的企业的估值方法,确定合理的估值区间,促成交易才是估值的真正意义所在。

在具体操作过程中可以参照表 8-1 选取所需的指标(出于篇幅限制,本书只节选了部分指标作为示例),制定自己硬科技投资项目筛选评估的一个参考评分体系。

举例来说,在实操中可以设置满分 120 分。每项指标采用 5 分制,最高 5 分,最低 1 分,每项可以为负分(-1—-5),还可以设置权重分,根据其占整体的权重折合到上级指标。

总之,最终要通过打分的量化指标解决以下问题:

这是不是一个好的行业?

这个行业的核心成功要素有哪些?

目标公司是否具备这些核心要素?

目标公司是否符合价值投资的要求?

表 8-1 硬科技投资"521"打分指标参考（部分示例）

一级指标	二级指标	三级指标
1.行业	1.1 政策面	1.1.1 该行业与国家大政方针高度吻合
		1.1.2 政府重点支持行业
		1.1.3 该行业属于解决国外"卡脖子"技术问题
		1.1.4 该行业属于国产替代重点支持范畴
		1.1.5 该行业相关法律法规健全
	1.2 经济面	1.2.1 行业现状良好，行业生态可预期
		1.2.2 行业发展时机合适，发展前景看好
		1.2.3 行业成长空间大（千亿、万亿元以上）
		1.2.4 行业平均利润率高（20%以上）
		1.2.5 商业模式非常清晰
		1.2.6 商业模式差异化
		1.2.7 行业属于天然垄断（国企、央企、军工）
		1.2.8 行业可以通过自然实现资源垄断
		1.2.9 行业可以通过强壁垒的国家和行业准入资质实现垄断
		1.2.10 行业可以通过技术实现垄断（知识产权）
		1.2.11 行业可以通过品牌垄断
		1.2.12 行业可以通过规模垄断
		1.2.13 行业可以通过渠道垄断（专卖）
		1.2.13 行业可以通过成本优势获得垄断（平台获客）
		1.2.14 行业产品管线丰富，抗风险能力强
		1.2.15 行业不受周期性影响
		1.2.16 行业竞争格局清晰（容易分出头部企业前3名）

(续表)

一级指标	二级指标	三级指标
	1.3 社会层面	1.2.17 行业发展不依赖地域
		1.3.1 与主流文化一致
		1.3.2 不会与未来5—10年政策鼓励的文化相悖
		1.3.3 行业人才能支撑行业快速发展
		1.3.4 外部营商环境能支撑该行业快速成长
		1.3.5 目前国际局势对于该行业有正面影响
	1.4 技术层面	1.4.1 技术研发的阶段处于早期的基础层（周期长，风险大，5—10年）
		1.4.2 技术研发的阶段处于中试阶段的技术完善层（需要找到应用场景，3—5年）
		1.4.3 技术研发的阶段处于大规模商业化阶段的应用层（市场大，变现快）
		1.4.4 属于全球前沿技术和硬科技
		1.4.5 属于国内领先，用于国产替代
		1.4.6 技术和产品有确定的应用场景
		1.4.7 不容易被模仿和复制，能依赖技术诞生单项冠军
2.团队	2.1 创始人特质	2.1.1 正直道德，诚实守信
		2.1.2 有社会责任感，有理想和抱负
		2.1.3 创业动机不只是为了自己发财，有企业家精神
		2.1.4 有开放、合作、共享的心态
		2.1.5 市场嗅觉灵敏，商业洞察力强
		2.1.6 创始人是连续创业成功者
		2.1.7 个人权威，领袖式的企业家
		2.1.8 领导才能，是否有几个能力强的副手长时间跟随
		2.1.9 个人声誉和信用
		2.1.10 个人经历（是否连续创业，虽然创业失败）
		2.1.11 个人抗风险能力强
		2.1.12 心理健康，乐观开朗
		2.1.13 逆境中解决问题的能力、抗压能力，意志坚定，百折不挠
		2.1.14 学历高、学校好
		……

四、知识产权价值投资，专利的创新回报能力

1. 价值投资的演进过程

价值投资最开始出现在 20 世纪 30 年代，其核心理念就是沃伦·巴菲特和查理·芒格提出的：用市场波动、内在价值、安全边界为主要衡量和交互手段。这是因为其时代背景，当时处于股灾而且投资各项政策法规还不完善，相当于投资人要从账面的财务数据来分析公司的实际价值，发现那些高于票面市值的公司来买进赚钱，有点零和博弈的味道，说白点就是占被投资公司的便宜。

随着时代的发展，这种直接捡便宜的机会越来越少。巴菲特等人沿着内在价值的研究，丰富了内在价值的更深层次解读。这时候的分析重点是在寻找那些具备成长成功惯性的公司作为投资对象，相当于护城河式的投资。再后来，随着静态护城河在市场竞争中被颠覆的越来越多，又出现了对护城河的重新定义，从一些静态的相对固定的因素变成动态的能跟时代发展特点和市场发展特点相结合的方式。相当于这时候要寻找一定时代环境下产业或者行业中最合适的商业模式和相对更匹配的企业家的最佳结合方式。

再后来，被投资人对于投资人的需求越来越高，不仅仅要具备慧眼识才还要求有妙手助能。能跟随陪伴和支持企业发展的投资机构才是真正受欢迎的。

2. 知识产权价值投资的必要性

连接，是投资和知识产权的立身之本。投资是连接资本和企业产业的桥

梁，知识产权是连接技术和市场的纽带。

纵观整个价值投资的演进历史，从 20 世纪 30 年代价值投资的概念提出，历经了"捡烟蒂"式、"护城河"式、"动态护城河"式、"价值创造"式和"生态打造"式的价值投资过程，这些理念和知识产权尤其是专利的"专利护城河"、"高价值专利"及"专利生态保护"等价值理念是完全一致的。

从知识产权制度设立的本质上出发，知识产权和创新之间有着以下对应关系：

第一，通过在一定时间内保护创新者的利益来激励更多的发明创新，进而利用创新的溢出效应来促进社会进步；

第二，通过知识产权的共享和流通，来促进全球的协同创新；

第三，通过对知识产权的公开换保护运作，来保证社会上累积性的创新出现。

从价值角度上看，知识产权既是资产，也是风险防御的利器，更是经营模式的推手。知识产权所带来的企业资产价值增值能力、风险预警防御能力、经营机制掌控能力成为企业创业成功和进一步发展必不可少的因素。而资本更看重具有商业价值的知识产权，因此需要将知识产权价值和商业价值相结合。

从投资的角度上看，投资者在确定长期投资目标时，首先要考虑的是企业是否有坚实的护城河。所谓护城河，指企业持续的竞争优势抵御竞争对手的攻击——就像护城河保护城堡一样，具体来说，真正的护城河可以分为五类：知识产权、转换成本、网络效应、成本优势和规模优势。其中，知识产权尤其是专利的护城河作用尤其明显，它们通过帮助企业通过一定时间内的技术垄断，从而令投资者实现更好的回报。

从风控的角度上看，投资和知识产权都具有不确定性。知识产权有时间和权利稳定性上的不确定性，投资有投入收益比上的不确定性。知识产权价值投资的本质就是通过专业运作的手段，尽可能地降低投资和知识产权的风险，与此同时考虑双方价值的最大化。

3. 知识产权价值投资的路径

知识产权价值投资，要从知识产权尤其是专利的视角去分析去挖掘有潜力、有爆发力、有核心技术壁垒、有技术储备的公司，去进行价值投资、长期投资，并且与这些潜力主要体现在研发与创新能力上的科技公司一起做时间的朋友，进行投资与赋能。

知识产权价值投资，要从知识产权尤其是专利的视角去看企业的持续研发能力和成长性，具体是指企业在以创新驱动发展过程中，在保持原有知识产权累计量的基础上，是否能对高价值知识产权布局不断更新和增强，是否能通过专利布局应对技术替代的风险。

知识产权价值投资，要从知识产权的视角去看企业对产业链的专利和品牌布局是否能降低其边际成本，是否能通过专利布局增强产品的市场竞争力壁垒，是否能通过品牌布局增强产品的市场影响力。

知识产权价值投资，要从知识产权的视角着手分析，然后再从知识产权角度出发，从技术周期、技术替代性、持续研发能力、专利侵权诉讼风险、反垄断风险的影响等角度，对价值投资进行风险防范、风险预警和风险应对。

知识产权价值投资，还要关注知识产权作用的差异化，就是在不同的行业中，让知识产权发挥不同的作用以使其价值最大化。比如，同样是对于专利布局，在生物医药和生命科学领域的投资中极其看重强有力的专利布局和专利组合的壁垒作用，而在信息化领域投资则更看重专利在退出场景中的杠杆作用。

知识产权价值投资，还要关注知识产权策略的差异化，就是在不同的产业阶段，选择不同的知识产权策略。比如，在技术、产品和市场完全融合之前，企业可以通过在技术链、供应链和产业链上控制所需的专利技术来降低风险。但是随着行业深陷技术密切融合的情形之中之后，众多的企业没有时间也缺少资源去确保获得未来技术发展路径上所需的所有专利。通过专利交叉许可获得产业链和供应链上交叉许可的机会协同发展而不是通过发动专利诉讼去造成行业"内卷",是最好的选择和路径。

简言之,知识产权价值投资就是挖掘知识产权背后的价值,对硬科技进行辅助性的价值投资。

4. 专利为股权投资赋能示例

2018年世界经济论坛研究显示,私募股权投资进入的行业与私募股权投资没有进入的行业相比,专利数量的产出量高出8%左右,这揭示了两种可能:第一种可能,私募股权会优先选择有专利壁垒的行业进行投资;第二种可能,私募股权投资会促进所投资行业对专利的重视。甚至可以说,知识产权必然赋能硬科技股权投资,股权投资有时候会赋能企业知识产权发展。

没有投资和知识产权的介入,技术创业很难落地并产业化。

在JP摩根的支持下,爱迪生于1890年创立了爱迪生通用电气公司,1892年改名为通用电气(GE),并在纽交所上市。在资本的助力下,GE在无线电、电力等方面加大了投入并将专利技术转化为生产力:第一台白炽灯、第一部音频广播、第一台电烤箱、第一个民用雷达、第一部电影播放机……

好的投资标的,投资更多时候是基于资源置换,这时通过专利战可以以战促和,来获得较好的对价入股拟投资公司。

2000年张汝京带着筹集的10亿美元和众多半导体行业优秀人才来到上海创办了中芯国际。在张汝京的带领下中芯国际发展特别快,很快成为全球第三大晶圆代工厂。2004年,中芯国际登陆资本市场,向美国纳斯达克发起冲击,最终成功上市。

这让曾经的全球行业老大台积电感到了危机,迫切想投资入股中芯国际,但是中芯国际并不同意。2003—2009年,台积电多次对中芯国际发起诉讼,告其专利侵权。2011年9月,双方和解,中芯国际不但赔了1.75亿美元,还让台积电成为其第三大股东,获得了中芯国际8%的股份!

第8章 硬科技创新魔方，知识产权价值投资和股权投资

【典型案例】思科和红杉资本的琴瑟相和

思科强势崛起是在1999年上市之后，市值一度达到5500亿美元，并购重组是它崛起的基本路线，每年少则并购几十家，多则并购上百家。思科知道，IT行业的技术创新日新月异，作为全球领先的网络硬件公司，思科最担心的并不是朗讯、贝尔、华为、中兴、北电、新桥、阿尔卡特的正面竞争，而是某些创业公司提出的颠覆性网络技术的出现。颠覆性技术一旦出现，自己的帝国就会一夜之间土崩瓦解。因此，思科必须建立自己的行业雷达和风险投资系统，在全球范围内准确扫描新技术、新人才，通过风险孵化、并购整合到自己的体系里面来。

但是思科作为上市公司不适合扮演风险投资（VC）的角色，因为上市公司存在决策慢、信息披露等问题，财务审计问题等都是障碍，因此思科需要一家VC公司配合。之前成功投资思科的老东家红杉资本这时伸出了橄榄枝，并扮演了这个风投和孵化的角色。一方面，思科利用自己的技术眼光、产业眼光、全球网络，扫描发现新技术公司，对项目进行技术上和产业上的判断，把项目推荐给红杉进行风险投资。另一方面，红杉投资后联手思科对项目进行孵化培育，如果孵化成功了，企业成长到一定阶段，就溢价卖给思科，变现或换成思科的股票，让投资收益最大化。这个过程是常态性进行的，于是红杉资本就助力思科成为并购大王。

这一模式的运作机理和成功逻辑，就是资本市场机制+产业整合效率，甚至取得了以下多赢的效果：

对于新技术公司：获得了VC投资，赢得了存活和成长；卖给思科，创业者挣钱，思科的大平台也更有利于自己技术的创新和广泛应用。

对于红杉资本：依靠思科的技术眼光和全球网络，源源不断地发现并投资好项目。一旦孵化成功，高价卖出，就能获得高额回报。

对于思科：充分利用自己的上市地位，用现金或股票支付，在全社会范围整合了技术和人才，强化了自己的技术领先优势，造就了产业上

和市值上的双重王者地位。

对于资本市场：思科的技术领先和高速成长，成了明星股和大蓝筹，拉动了资金的流入和交易的活跃，促进了纳斯达克等资本市场的持续繁荣。

五、专利技术量化评估，用精准打分来增加成功投资概率

专利，是一个投资硬科技的重要考量指标。很多投资人虽已看到了专利可量化利用的一面，但没有深入、系统、比较、评估和有机地去进行量化。本节就从系统性量化专利指标的角度进行分析和说明。

1. 量化评估因素

数据来源：来自国家知识产权局公开数据，专利的分类首先要设定整体上的评价指标，可从宏观量化和微观量化两个层次分别进行。

宏观量化层次，可以从增强壁垒和竞争力、有效降低生产成本、有效改进产品特性、有效提升营销效果和有效烘托其他产品等五个因子角度进行分析，分为不同的权重和分值，来综合打分（表8-2）。

表8-2 对专利进行宏观量化的打分表

因子	权重（0—1）	分值（1—10）	得分
增强壁垒和竞争力	1		
有效降低生产成本	0.8		

（续表）

因子	权重(0—1)	分值(1—10)	得分
有效改进产品特性	0.6		
有效提升营销效果	0.4		
有效烘托其他产品	0.2		

微观量化层次，可以从专利稳定性强、权利要求范围大、涵盖关键竞争要素、没有被卡脖子专利路径、专利技术生命周期长等五个因子角度进行分析，分为不同的权重和分值，来综合打分（表8-3）。

表8-3 对专利进行微观量化的打分表

序号	视角类型		具体解释	
因子	权重（0—1）	分值（1—10）	得分	
专利稳定性强	1			
权利要求范围大	0.8			
涵盖关键竞争要素	0.6			
没有被"卡脖子"专利路径	0.4			
专利技术生命周期长	0.2			

2. 一级分类说明

专利价值，是指专利预期可以给其所有者或使用者带来的利益在现实市场条件下的表现。通常来讲，专利价值最终需要通过专利技术的市场化来实现。

当然，产业化专利技术的市场潜力如何、收益前景是否明晰、投资风险几何等问题，依赖于对专利技术产业化后的应用行业、市场容量、需求弹性、市场门槛、生产规模、竞争状况、边际成本、利润空间等诸多因素做出全面细致的分析判断。

从专利技术价值维度、专利法律价值维度和专利转化价值维度进行一级分类对专利进行打分评级，其中技术价值为基础，法律价值为保障，转化价值为体现。

3. 二级分类说明

1）专利技术价值维度

技术先进性，将其分为 6、4、2 三个分值，主要从专利同族数量来体现，满分为 6 分。技术先进性代表一段历史时期较高水平的和对社会经济发展起着领先作用的专利技术，一般是指在世界范围内居于领先地位的技术，有时也指在一个企业、一个地区、一个国家范围内的生产中占领先地位的技术。

技术替代性，将其分为 3、2、1 三个分值，主要从专利同族数量来体现。首先，这是一个周期性的和相对的概念，在前一个时期被视为先进的技术，以后会被更先进的技术所淘汰而成为落后技术；其次，还要看相关技术被取代使用的难易程度。

技术独立性，将其分为 3、2、1 三个分值，主要从专利被引用数量来体现。技术独立性是体现该技术能否独立使用的重要标准，是评判该项技术是否被别人"卡脖子"的标准之一。

技术应用性，将其分为 3、2、1 三个分值，主要从 IPC 分类号的数量来体现。技术应用性主要用来评判该项技术应用的广度和领域，从而能够分析该项技术可使用的场景广域。

技术可实施性，将其分为 3、2、1 三个分值，主要从专利主题类别、许可次数、具体实施数量来分别体现。技术可实施性主要用来判断该项技术具体实施的难易程度、可行程度等。

2）专利法律价值维度

剩余有效期，将其分为 3、2、1 三个分值，主要从剩余的专利寿命中来体现，由于专利是有期限的，所以剩余的寿命对于专利价值维度非常重要。

保护价值度，将其分为 3、2、1 三个分值，主要从权利要求数量、文献页数、有无专利代理机构、是否同报来体现，满分值为 12 分。因为一个专利的保护范围体现部分主要看权利要求，权利要求的数量多寡在很大程度上能反映权利人在该件专利保护上的诉求是多少；文献页数反映了权利人在该项专利上投入的技术说明篇幅；有无专利代理机构，更多的是从"专业的事情交给专业机构来干"的认识出发，来分析权利人对该项专利保护上的投入；而是否发明/新型同报，反映了申请人在该项技术保护上的决心。

专利运营力度，将其分为6、4、2三个分值，主要从许可次数、转让次数、美日欧布局等角度进行评估，满分为18分。许可转让自然意味着运营力度的进行，美日欧的专利布局意味着为去全球化的运营做积累和尝试。

专利保护范围，将其分为3、2、1三个分值，主要从综合打分、有无成功复审经历进行打分评估。

专利发明难易，将其分为3、2、1三个分值，主要从发明人个数进行评估。技术越复杂、越是前沿尖端，价值一般应越高，量化考量时发明人个数多的一般代表智力投入多，技术创新的难度和高度上往往更好些。

3）专利转化价值维度

技术成熟度，将其分为3、2、1三个分值，主要从引用文献个数进行评估。技术所处阶段（成熟程度）不同，对技术受让方开发周期、开发投资、开发风险影响很大，也直接关系到开发技术的效益，当然影响技术价值的评估。

技术应用前景，将其分为3、2、1三个分值，主要从转让次数和质押融资次数进行评估。

技术应用广度，将其分为3、2、1三个分值，主要从技术功效矩阵、有无海关备案进行评估。技术功效矩阵主要基于技术功效通过人工筛选、标引来实现。

技术可规避性，将其分为3、2、1三个分值，主要从有无被无效的角度进行评估。如果一项专利技术能够轻易被无效，那么实施的意义和价值就不大。

技术依赖性，将其分为3、2、1三个分值，主要从权利人数量进行评估。一项技术的技术依赖度，从另一个角度看也是便于转化实施的一个好的途径，比如产学研联合申请。

4. 三级指标说明

专利量化分析的三级指标中的元素见表 8-4（本书只给出了部分示例），在实际操作中可以根据具体项目的需要选择。定量的元素是可以量化的，定性的元素还要结合人工进行。

表 8-4 投资过程中的专利分析指标解释（部分示例）

序号	指标名称	指标定义	指标属性	是否引证指标
1	被引次数	目标专利被后续施引专利引用的次数	定量	是
2	相对被引次数	目标专利的绝对被引次数除以该专利所处技术领域同年公开的所有专利的平均被引次数	定量	是
3	他引率	目标专利拥有的在先专利被他人的在后专利所引用的次数（OCI，他引量）与该目标专利所拥有的总被引次数（CI）的比值	定量	是
4	高被引分析	判断专利技术之间的紧密性	定性	是
5	核心发明人数量	全体发明人中核心发明人的数量及稳定性	定量	否
6	创新度	将其分为已有技术、微变技术、新增附加技术、显变技术、对已知技术的修改技术、改进技术、新颖技术、新颖/创新技术、创新技术、重大创新/技术突破	定性	否
7	扩散指数	引用目标专利的后续专利技术的领域多样性，可用后续专利技术的 IPC 大类数量来表征	定量	是
8	相对扩散指数	目标专利在被引证的所有专利中，将其被引证专利所属的专利分类总数除以被引证专利总数	定量	是
9	专利技术应用范围	专利技术可以应用于什么行业、什么产品	定量	否
10	科技论文引用数量	目标专利引用科技论文的数量	定量	是
11	自引自科学论文数量	目标专利引用申请人或发明人自己的科技论文数量	定量	是
12	科学关联指数	某项专利引用科技文献数量/同类专利引用科技文献的平均数量	定量	是

（续表）

序号	指标名称	指标定义	指标属性	是否引证指标
13	专利的说明书页数/图数/表数	专利的说明书页数/图数/表数/字数	定量	否
14	技术公开程度	专利说明书中的实施例个数以及技术秘密的公开情况	定量	否
15	独立权利要求项数	专利中独立权利要求的项数	定量	否
16	独立权利要求特定技术特征数量	目标专利的独立权利要求特定技术特征数量	定量	否
17	专利名称和摘要	专利的名称和摘要中所涉及的技术内容	定量	否
18	申请人状况	申请人的数量、是否同行、是否跨国合作、是否存在产业链布局	定量或定性	否
……				

从专利技术价值度、专利法律价值度和专利转化价值度进行一级分类对拟投公司专利进行打分评级，其中技术价值为基础，法律价值为保障，转化价值为体现，重点突出技术先进性和专利运营性，保证最终筛选结果的准确性和专利技术的可实施性，最终得出的评估表格（示例）参见表8-5。

表8-5 从技术、法律、市场三个维度对拟投资企业的专利技术评估表（示例）

指标维度 120分	指标细项	分值			
		3分	2分	1分	0分
专利技术价值	技术先进性	达到全球领先技术标准	国内领先技术，达到国际技术标准	国外成熟，国内已经开始使用	不具备先进性
		国外同族大于2个，且有至少一个国外授权（简单同族、同族个数）	国外同族大于1个（含PCT申请）	有国内同族	无同族
		发明专利		实用新型	
	技术替代性	不可替代	可以替代部分	一段时间内（3—5年不可替代）	可能随时替代
	技术独立性	发起诉讼3次以上，均胜诉	发起诉讼2次以上，胜诉1次	发起诉讼，有胜诉	未发起诉讼
		完全独立使用	部分独立使用	可独立使用	不可独立使用
		被引次数大于8次	被引次数5—8次	被引次数2—4次	被引次数小于2次
	技术复杂性	技术运用综合度高	技术运用综合中	技术运用综合低	技术运用综合度极低
		IPC分类号大于10个	IPC分类号6—10个	IPC分类号2—5个	IPC分类号小于2个
	技术实施性	极易实施	好实施	可实施	难实施
		产品+方法	产品	方法	纯理念
		许可大于等于3	许可大于等于2	许可大于等于1	0
		实施例大于3	实施例2个	实施例1个	无实施例

第8章 硬科技创新魔方，知识产权价值投资和股权投资

（续表）

指标维度 120分	指标细项		3分	2分	1分	0分
专利法律价值	有效期		剩余寿命长 发明超过15年，实用新型超过6年	剩余寿命中 发明10—15年，实用新型5—6年	剩余寿命短 发明5—10年，实用新型1—4年	剩余寿命少 发明0—5年，实用新型少于1年
	保护价值度		价值度大	价值度中	价值度小	价值度极低
			权利要求数大于10项	权利要求数6—10项	权利要求数2—5项	权利要求数1项
			专利页数大于25	专利页数11—25	专利页数5—10	专利页数小于5
	专利运营状态		有代理机构			无代理机构
			有3次及以上运营	有2次运营	有1次运营	无运营
			许可数大于3	许可数2	许可数1	许可数0
			转让数大于等于3	转让数2	转让数1	转让数0
	保护范围		美日欧均有3个地区布局（同族国家）	美日欧均有2个地区布局	美日欧均有1个地区布局	无
			保护范围大	保护范围适中	保护范围小	保护范围可以忽略
			TRIZ打分大于等于8	TRIZ打分为4—7	TRIZ打分为2—3	TRIZ打分0—1
			有复审经历			

（续表）

指标维度 120分	指标细项	分值			
		3分	2分	1分	0分
专利市场价值	发明过程难易	大	中	小	无
	技术成熟度	发明人个数大于等于5	发明人个数3—4	发明人个数2	发明人个数1
		非常成熟，直接应用产业	一般成熟，中试已经结束	小试结束，可以应用	应用场景少
		引用文献大于5篇	引用文献3—5篇	引用文献1—2篇	无引用文献
		科技文献3篇以上	科技文献2篇以上	科技文献1篇以上	科技文献0
	技术应用前景	非常明了	一般明了	一般	无
		转让次数大于3	转让次数大于2	转让次数大于1	无转让
		质押融资3次以上	质押融资2次	质押融资1次	无
	技术应用广度	广	大	一般	小
		技术功效TRIZ参数大于5个	技术功效TRIZ参数3—5个	技术功效TRIZ参数1—2个	技术功效TRIZ参数0个
		有海关备案			
	可规避性	难以规避的垄断性技术	可策略性规避部分	能够规避，且效果与成本相当	容易规避
	依赖性	有无效，未被无效	有无效，被无效从权	有无效，被无效大部分	无无效过程
		独立实施	少部分依赖在先技术	大部分依赖在先技术	完全依赖在先技术
		权利人数量大于3	权利人数量大于2	权利人数量大于1	权利人数量为1

六、知识产权尽职调查，风险和价值发现

尽职调查是投资程序中非常重要的环节之一，也是重要的风险防范工具。尽职调查报告中可提供风险发现和价值发现，为最终的投资决策做好支持。

2020年上海证券交易所科创板终止上市的企业共41家，其中有20家涉及知识产权问题，占比高达50%。在这20家企业涉及的知识产权问题中，知识产权权属问题、与知识产权紧密结合的技术先进性信息披露、知识产权纠纷风险等成为被问询的核心点。另有117家企业接受上交所问询时直接涉及知识产权问题，占比80.6%，经过几轮整改及审核后，才最终得以上市。

1. 知识产权尽职调查的目的和意义

知识产权尽职调查是硬科技投资中尽职调查的关键环节，是指对拟投资企业相关的知识产权状况、风险和价值进行调查。

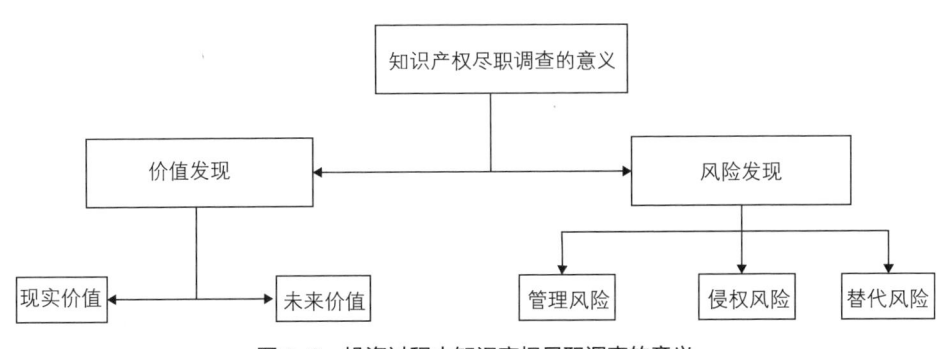

图 8-2 投资过程中知识产权尽职调查的意义

而从知识产权作为法律的功能来看，知识产权法律尽职调查更多的是定

位于风险发现,而非价值发现。价值发现则主要从技术和市场尽职调查中来发现。

如图 8-2 所示,知识产权尽职调查有以下四个目的和意义:

第一,确认目标企业相关知识产权的合法获得、有效存续,以及发展过程中依法合规性。

第二,核查企业所提供文件的真实性、准确性和完整性。

第三,发现和分析目标企业现存的知识产权问题和风险,并提出解决方案。普通知识产权律师能够发现客户有风险,优秀知识产权律师除了能够发现风险还能提出风险应对和解决方案。

第四,出具法律意见并将其作为交易文件的重要依据。

2. 知识产权尽职调查的主要步骤和流程

第一步,提出知识产权尽职调查清单和问题清单;

第二步,企业针对清单提供资料并解答问题;

第三步,现场尽职调查参观企业、产品和业务流程;

第四步,通过现场尽职调查进一步提出补充材料清单和补充问题;

第五步,企业对进一步的清单和问题提供资料并解答问题;

第六步,与企业中高层和知识产权相关部门人员进行访谈;

第七步,咨询产业链上相关客户;

第八步,咨询行业专家和相关政府部门(如国家知识产权局、地方知识产权局等)。

3. 知识产权尽职调查的主要内容

在投资过程中,知识产权尽职调查主要以《保险人尽职调查工作准则》(证监发行字【2006】15 号)作为政策准则,具体核的主要内容包括:

1)知识产权资产状况核查

知识产权资产状况的核查包括专利核查、商标核查、域名核查、著作权核查、专有技术核查，以及其他知识产权的资产核查（如集成电路、商业秘密等）。

其中，专利资产的核查包括：专利共同共有情况和权属是否清晰、有效专利数量情况、专利文本质量情况、国际申请数量情况、其他专利情况核查（费用缴纳情况、是否有警告函）等。

商标资产核查具体包括：商标申请及注册、商标许可协议及被许可商标、商标实际使用情况、商标风险及建议等。

2）专利竞争力及侵权风险分析

专利竞争力分析包括产品路线图及技术路线图、行业厂商专利申请量对比、目标公司主要技术方向专利布局分析、目标公司专利所涉及的技术情况、目标公司重点技术上的专利布局情况、目标公司重点技术行业内专利布局比较、目标公司专利竞争力分析、目标公司专利侵权风险分析等。

3）知识产权相关协议核查

知识产权相关协议核查包括对专利许可合同、商标许可合同、技术支持合同等合同的条款要素、终止及终止的效力、风险分析进行核查。

4）知识产权相关诉讼核查

知识产权相关诉讼核查包括目标公司反馈中国知识产权诉讼公开信息查询、法律文书网公开查询、国际知识产权诉讼公开信息查询等。

5）知识产权财务数据核查

知识产权财务数据核查包括：知识产权申请费用核查、费用缴纳情况核查、许可等运营的营收收入核查等。

6）知识产权内部管理核查

知识产权内部管理核查包括核心人员知识产权管控、竞业条款管控、重大业务合同中的知识产权条款的核查等。

7）知识产权外部风险核查

知识产权外部风险核查包括但不限于：是否存在潜在的专利侵权诉讼风险，是否存在潜在的商标侵权诉讼风险，是否存在潜在的版权侵权诉讼风险，是否存在潜在的其他知识产权侵权诉讼风险。

投资过程中，具体知识产权尽调的内容可参考表 8-6 进行操作。

表 8-6 投资过程中知识产权尽调内容实操举例（部分示例）

一、技术来源/移转/合作开发协议		
序号	尽调内容	需提供材料
1-1	公司及所有关联公司与任何第三方（包括国内的或国外的公司股东或关联方）签订的关于技术移转、开发、服务和合作的所有协议以及付款凭证	提供清单以及所有合同
1-2	公司基于 1-1 的协议，所有产生的技术及产品清单	提供协议与技术/产品对应清单
1-3	公司基于 1-1 协议，相关知识产权（包含专利、商标、著作权、专有技术、专件、商业秘密）转让或许可状况及协议	提供协议的知识产权许可协议或状况说明
1-4	公司正在准备或洽谈中和任何第三方的关于技术移转、开发、服务和合作计划	提供计划清单
1-5	公司的所有产品技术来源及路线演进说明	提供产品技术来源及路线说明清单
1-6	公司涉及引入境外知识产权的，提供技术引进合同以及所涉及的知识产权引入的批准/备案文件	
二、第三方转让或许可		
序号	尽调内容	需提供材料
2-1	公司（作为许可方或被许可方，转让方或受让方）与任何第三方（包括国内的或国外的公司股东或关联方）签订有关知识产权（包含专利、商标、著作权、专有技术、软件、商业秘密）的转让或许可，或者进行技术合作及类似安排的协议或相关文件的复印件以及付款凭证	提供清单以及所有合同
2-2	公司有无正在和第三方谈判知识产权（包含专利、商标、著作权、专有技术、软件、商业秘密）转让或许可	提供对象清单
2-3	公司合法实施第三方持有的知识产权的法律/文件依据	提供第三方对象及对应实施知识产权种类和合法依据清单
……		

七、专利侵权分析，做好专利的侵权预警和应对

主打硬科技的企业在上市过程中遭遇专利侵权诉讼的现象屡见不鲜，许多企业因此不得不暂缓甚至终止上市进程，在面向科技创新型企业的科创板中，这一现象尤为普遍。由于专利侵权诉讼会对企业的上市计划造成极大的负面影响，如何妥善应对专利侵权诉讼成为企业面临的至关重要的问题。

此时，需要在上市之前做好专利侵权风险分析。

1. 专利侵权分析的定义

专利侵权风险分析，又称专利自由实施（Freedom to Operate）分析、专利FTO分析，其本意是实施人对某技术可以自由地使用和开发，并将通过该技术生产的产品投入市场，而不会导致侵犯他人的专利权。

股权投资过程中，专利FTO报告本身至少具有以下内容：

第一，FTO报告需依据各国专利侵权判定原则对需要排查的技术进行侵权与否的判定；

第二，FTO报告需按照专利法的相关规定进行权利要求保护范围的解释；

第三，在专利侵权赔偿额的计算方式上需要具备会计、审计等财务基础知识，在侵权获利或者因侵权造成的损失等方面进行严谨的计算；

第四，在判定有极大可能侵权的情况下，需对产品进行规避设计或做出无效程序的准备工作，降低产品上市导致的专利侵权风险；

第五，对于通过技术手段难以规避的高风险专利，必须在上市前通过和解或许可的形式尽量规避专利侵权风险。

2. 专利 FTO 的作用

1）规避侵权风险

一旦侵权判赔出现，自然会增加股权投资的风险，进而降低股权投资的收益。

2）了解竞争对手的专利布局，在未来竞争中取得优势

通过专利 FTO 报告，可以了解竞争对手的专利布局和市场情况，便于在股权投资决策中进行合理判断。

3）为企业上市扫清障碍

专利 FTO 分析还可以为企业上市扫清障碍，如在证券交易所对该企业核心技术是否有竞争力和科创属性问题怀有疑问时，一份详尽的专利 FTO 报告有助于企业尽快通过审核；或者在竞争对手恶意提起诉讼阻挠上市时，一份详尽的专利 FTO 报告有助于尽快解决阻碍，保证上市的顺利进行。

3. 专利 FTO 的操作步骤

1）明确待调查的技术特征

界定 FTO 的范围非常重要，范围过大会导致成本巨大，范围太小可能无法排查风险。因此，需要和企业深入沟通风险点，引导企业明确需求，从而正确筛选出需要调查的技术特征。

2）侵权比对（Claim-Chart）

第一步，确定专利权的保护范围。在进行侵权比对之前，应当首先确定专利权的保护范围。发明或者实用新型专利权的保护范围应当以权利要求记载的技术特征所确定的内容为准，也包括与所记载的技术特征相等同的技术特征所确定的内容。

第二步，确定待分析产品的技术方案。在这一步骤中，首先应对待分析产品的技术资料信息进行搜集和整合，包括但不限于官网产品介绍、产品演

示视频、产品说明书等资料。随后根据上述整合信息，对待分析产品的实际销售品进行实际演示操作，在加深技术方案理解的同时进一步确认实际产品与上述资料是否存在差异，因为在侵权诉讼当中会以实际产品作为比对物，判断其是否落入专利权的保护范围。在执行完上述步骤之后，整理出产品的技术方案，用于后续侵权比对。

第三步，将涉案专利与待分析产品进行比对。在依据专利法对涉案专利权利要求的保护范围进行解释和确定后，需要进一步判断待分析产品（或方法）是否落入了涉案专利的保护范围，其基本方法就是将待分析产品与涉案专利权利要求的所有技术特征进行一一比对。

4. 作出侵权比对结论

基于所确定的专利权保护范围，将待分析产品技术方案与涉案专利权利要求的相应技术特征进行比对之后，根据"全面覆盖原则"可以得出是否侵权的专业意见。要注意的是，FTO报告中应尽量避免给出绝对性结论，建议以专利侵权的可能性大小作为结论。

5. 提出专利风险规避建议

如果在上一个步骤中，将待分析产品与涉案专利权利要求进行比对后发现涉案专利可能完全覆盖待分析产品的技术特征，构成专利侵权的可能性较大时，专利律师团队需要根据涉案专利权利要求保护范围的边界，参照捐献原则、禁止反悔原则等进行规避设计，以避免被控侵权人承担较高的赔偿额，帮助企业更好地节约成本以及降低侵权风险。

【典型案例】FTO分析助力上市公司解决专利纠纷

2021年10月，主打止血夹产品的科创板上市公司南微医学科技股份有限公司（证券代码：688029，以下简称"南微医学"）面对波士顿科学公司的诉讼，经过专利 FTO 分析之后，做出了最利于公司下一步发展的决定：在全球范围内专利诉讼达成和解，解决了公司和解生效日前因止血夹产品制造销售等行为引起的赔偿、禁售等不确定性风险，公司持续经营将不受影响，有利于公司节约法务成本等费用，使公司更加专注于经营发展和研发创新。

为进一步避免公司止血夹产品在达成诉讼和解后的未来一段时间内再次面临禁售、赔偿等不确定性，保障公司集中精力、免受干扰地在欧美市场扩大止血夹产品市场占有率，南微医学与波士顿科学达成为期 5 年的专利许可。结合未来 5 年公司止血夹产品在欧美预测销售收入，南微医学以一定比例按年向波士顿科学支付年度专利许可费，具体内容包括：

（1）波士顿科学将就其在和解生效日前的全部止血夹相关专利，向南微医学及关联公司授予一份非独家的、不可再许可和转让的全球性许可，允许南微医学及关联公司在公司现有止血夹产品（及经非重大修改的改进产品）上使用波士顿科学的许可专利，专利许可期为和解生效日后 5 年。波士顿科学同时承诺不在许可期内及许可期满后对南微医学在许可期内依据专利许可实施的对公司止血夹产品的制造、销售等使用行为提起诉讼。

（2）在专利许可期内，南微医学每年向波士顿科学支付 240 万美元的专利许可费，支付时间为自 2022 年至 2026 年期间的每年 7 月 31 日前，合计 1200 万美元。

（3）南微医学相应就其在和解生效日前的全部止血夹相关专利，向波士顿科学及关联公司授予一份为期 5 年的、免许可费的、非独家的、不可再许可和转让的全球性许可。

通过专利 FTO 分析促成了南微医学本次专利许可的顺利达成，使得公司 SureClip、LOCKADO 止血夹和 ConMed DuraClip 等现有止血夹产品及公司后续无重大变更的止血夹产品至少在未来 5 年免受波士顿科学专利诉讼影响，有利于公司在欧美市场发挥产品和渠道优势，充分参与市场公平竞争，进一步扩大市场占有率，助力公司可持续发展。